緬甸—發展現況與展望

出版

台灣國際研究學會

經銷

翰蘆圖書出版

國家圖書館出版品預行編目資料

緬甸──發展現況與展望／施正鋒、紀舜傑主編. -- 初
版. -- 台北市：台灣國際研究學會；翰蘆圖書總
經銷，2022.11
面：21×14.8 公分

ISBN 978-626-96766-0-6（平裝）

1. CST：區域研究　　2. CST：緬甸

738.107　　　　　　　　　　　　　111017369

知識分享・文化傳播
翰蘆知識網 www.hanlu.com.tw

緬甸—發展現況與展望

施正鋒・紀舜傑
主編

台灣國際研究學會
www.tisanet.org

緬甸—發展現況與展望

2022 年 11 月初版發行

編　　　者	施正鋒、紀舜傑
發　行　人	紀舜傑
出　版　者	台灣國際研究學會
地　　　址	台北市 100 中正區漢口街一段 82 號 3 樓
電　　　話	02-2331-8101
網　　　址	http://www.tisanet.org/main.htm
製　　　作	金華排版打字行
電　　　話	02-2382-1169

總　經　銷	翰蘆圖書出版有限公司
總　經　理	洪詩棠
法律顧問	許兆慶、曾榮振（依筆劃）
工作團隊	孫麗珠、許美鈴、王偉志、林佳薇、楊千儀
地　　　址	台北市 100 重慶南路一段 121 號 5 樓之 11
電　　　話	02-2382-1120
傳　　　眞	02-2331-4416
網　　　址	http://www.hanlu.com.tw
信　　　箱	hanlu@hanlu.com.tw

ATM轉帳　107-540-458-934 中國信託城中分行（代號 822）
郵政劃撥　15718419 翰蘆圖書出版有限公司

ISBN 978-626-96766-0-6（平裝）

定價　新臺幣 360 元

加入會員，直購優惠：(02)2382-1120
※書局缺書，請告訴店家代訂或補書，或向本公司直購。
※團體購書，向翰蘆直購，取書更快，價格更優。

「緬甸—發展現況與展望」
學術研討會

主辦單位：台灣國際研究學會

時　　間：2022 年 9 月 17 日（星期六）

地　　點：線上會議：https://meet.google.com/fgk-mhxd-eca

時　間	議　　　　　　程	
09：30	主辦單位致詞：台灣國際研究學會理事長　紀舜傑	
09：40 〜 11：00	主持人：台灣國際研究學會副理事長　林健次	
	緬甸的獨立 東華大學民族事務暨發展學系教授　施正鋒	評論人：康培德 教授 國立師範大學台灣歷史研究所
	緬甸的國家認同 淡江大學教育與未來設計系副教授　紀舜傑	評論人：李美賢 教授 暨南大學東南亞學系
11：00	休　　　息	
11：10 〜 12：30	主持人：健行科技大學企管系教授　顏建發	
	第二次世界大戰緬甸外交政策的演變 雲林科技大學教卓中心博士後研究員　鄧育承	評論人：陳志瑋 主任 淡江大學公共行政學系
	緬甸開放改革與農村的巨變： **撣邦東枝 Naung Lay 村落個案 2011-20** 暨南大學東南亞學系講師　彭霓霓	評論人：闕河嘉 副教授 國立臺灣大學生物產業傳播 暨發展學系
12：30	午　　　餐	
13：40 〜 15：00	主持人：陽明交通大學終身講座教授　洪鎌德	
	絲路不是只有一條：滇緬之路早已開通 暨南大學東南亞學系教授　嚴智宏	評論人：范盛保 副教務長 崑山科技大學
	緬甸的族群政治 雲林科技大學通識教育中心兼任教授　謝國斌	評論人：郭秋慶 教授 淡江大學歐洲研究所教授
15：00	休　　　息	

時 間	議　　　　　　程	
15:10 ～ 17:00	主持人：中國文化大學法學院教授　許惠峰	
	永續與東向～緬甸經濟發展之路 淡江大學通識與核心課程中心講師　鄧玉英	評論人：魏百谷 副教授 政治大學俄羅斯研究所
	緬甸武裝部隊發展與國際觀感 台南大學兼任助理教授　吳東林	評論人：王崑義 理事長 台灣國際戰略研究學會
	緬甸語言教育政策的「內部殖民」現象 暨南大學東南亞學系研究生　林大鈞	評論人：李明峻 秘書長 台灣琉球協會

召集人：施正鋒、紀舜傑

聯絡人：曹雅雯

目錄

緬甸獨立的過程[*]

施正鋒

東華大學民族事務暨發展學系教授

We want fools to fight for Burma's freedom.

Aung San（Cady, 1958）

壹、早期歷史發展

孟族（Mon people）與高棉族（Khmer people）相近，同屬孟高語系（Mon- Khmer, Austroasiatic languages），很早就南來定居於下緬甸伊洛瓦底江三角洲，另外有一批前往湄南河三角洲，水稻是經濟基礎，建有直通王國（Thaton Kingdom, -300-1057）、勃固王國（Pegu, Hanthawaddy Kingdom, 1287-1522）、及短暫的後勃固王國（Restored Hanthawaddy Kingdom, 1740-57），主要靠海路跟印度進行貿易、及文化聯繫（Williams, 1976: 13; Wikipedia, 2021: Mon kingdoms）。

---

[*] 發表於台灣國際研究學會主辦「緬甸」學術研討會，2022 年 9 月 17 日。

驃人（Pyū people）隨後沿著薩爾溫江、及湄公河而來，先後建立 12 個聚居地（settlement），又稱爲驃國城邦（Pyu city-states, -200-1050），除了據有北緬甸，還在下伊洛瓦底江建都，逼走孟族到江右；在 8 世紀，王國被新一波的克倫族（Karen people）移民切斷，南部逐漸萎縮、苟延殘喘的北部終究在 9 世紀被來自中國南詔傣族所消滅（Williams, 1976: 14; Wikipedia, 2022: Pyu city-states）。

來源：Wikimedia Commons. (2020: File:Pyu Realm.png)。

圖 1：驃國城邦（約 8 世紀）

最大的族群緬族（Burman[1] people）與驃人相近，同樣是由北沿著伊洛瓦底江的河谷南下，建蒲甘王國（Pagan Kingdom/ Hanthawaddy, 849-1297）；阿奴律陀（Anawrahta, 1044-77）將王國擴張爲帝國，北併驃國城邦（1050）、南吞孟族直通（1057）、東逐克倫族，現代緬甸的版圖大致完成統一，在文化上則與孟族共生（Williams, 1976: 14; Wikipedia, 2022: Bamar people）。

東固王朝（Toungoo Dynasty, 1531-1753 東吁王朝）是緬甸的第一個王朝，爲緬族明吉瑜（Mingyi Nyo, 1510-30）所建立，擺脫撣族（Shan people）在上緬甸的阿瓦王朝（Ava, 1365-1555）自立。東固王朝九度征戰暹羅（Burmese-Siamese Wars）、互有勝負；勃印曩（Bayinnaung, 1550-81，莽應龍）是第三位國王，先在 1554 年攻佔下緬甸撣族的勃

---

[1] 在戰前，Burman 與 Burmese 交互使用，不過，戰後以來，Burman 是指最大的族群「緬族人」，而 Burmese 則是指「緬甸人」（Tucker, 2001: 11）。

固王朝（Pegu, 1287-1552）、次年北伐阿瓦王朝，又兩度（1564、1569）
出兵湄南河谷、納瑄羅阿瑜陀耶王國（Ayutthaya Kingdom, 1350-1767）
爲藩屬；南達勃因（Nanda Bayin, 1581-99，莽應里）儘管北拒中國、
東征暹羅，終究兵疲國衰（Wikipedia, 2022: Burmese-Siamese wars;
Williams, 1976: 106-107；維基百科，2022：明緬戰爭）。

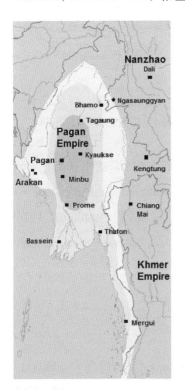 

來源：Wikimedia Commons（2021: File:Pagan Empire -- Sithu II.PNG）。
圖 2：蒲甘王國（約 1200）（左圖）

來源：Wikimedia Commons（2020: File:Map of Taungoo Empire (1580).png）。
圖 3：東固王朝極盛版圖（1580）（右圖）

緬族雍笈牙（Alaungpaya,
1752-60，阿朗帕亞）建立貢榜王朝
（Konbaung Dynasty, 1752-1886），
在 1756 年統一緬甸，四處征伐、他
族叛服不常，他藉端暹羅收留孟族
叛匪而出兵包圍阿瑜陀耶，戰死沙
場；辛標信（Hsinbyushin, 1763-76，
孟駁）爲了東北部邊界撣族諸邦
（Shan States）的獻納與中國四度交
戰（1765-69）、雙方以簽訂『老官
屯和約』（*Treaty of Kaungton, 1769*）

來源：Wikimedia Commons（2022: File:
Seal Suphanburi.png）。
圖 4：緬泰戰爭（1563-64）

言和，在 1767 年攻陷東南方的暹羅阿瑜陀耶王朝，接著出兵西北方的
曼尼普爾邦（Manipur）、佔領西部的若開（Rakhine, Arakan 阿拉干），
自以爲是、好大喜功、不可一世，日後敗於英國（Williams, 1976:
106-107; Tarling, 1966: 144-45; Wikipedia, 2022: Burmese-Siamese wars;
維基百科，2022：清緬戰爭）。

貳、英國併吞緬甸

中國視緬甸爲前往孟加拉灣（Bay of Bengal）的捷徑，元朝在 13
世紀三度（1277-78、1283-85、1287）入侵、滅蒲甘王國，終究在 1301
年被敏象王國（Myinsaing Kingdom, 1297-1313）所驅逐；到了 16 世
紀，儘管東固王朝與中國明朝開戰、收服雲南土司，緬甸此後 200 年
四分五裂、小邦並立，西方覬覦；進入 18 世紀下半葉，中國清朝四度

與緬甸交手，報一箭之仇（Warshaw, 1964: 33; Wikipedia, 2022: First Mongol invasion of Burma; Second Mongol invasion of Burma; Sino-Burmese War; 維基百科，2022：元緬戰爭；明緬戰爭；清緬戰爭）。

西方國家於 16 世紀開始在中南半島磨磨蹭蹭，此時已經可見冒險家、傳教士、及貿易商的身影；英國、及荷蘭嘗試跟緬甸建立貿易關係，未果，法國、及英國也想要在孟加拉灣設置修船廠；其實，最早來到緬甸的是葡萄牙僱傭兵，被看重他們的大砲、及火槍技術，領導者布里托（Filipe de Brito e Nicote）效命若開王敏‧拉扎吉（Min Razagyi），領兵 3,000 擊敗東固王朝、佔緬甸南部，被任命位於勃固河（Bago River）口仰光對岸港市丹

來源：Wikimedia Commons（2021.: File:Namban Elefante Filipe de Brito 1.jpg）。

圖 5：丹林總督布里托（約 1600）

林（Syriam, Thanlyin 沙廉）總督，他建堡鼓勵葡萄牙人前來，又成功對抗若開與東固聯軍，擄若開王儲交換獨立（1603），終究因為捲入東固政爭、在 1603 年被俘處死，4,000-5,000 名葡萄牙人、及家眷被放逐上緬甸內陸開墾，後裔稱葡裔緬甸人（Luso-Burmese, Bayingyi）（Williams, 1976: 107; Donison, 1970: 57-58; Wikipedia, 2022: Bayingyi people; Filipe de Brito e Nicote; Min Razagyi; Natshinnaung; Portuguese settlement in Chittagong; 百科知識，n.d.：菲利浦‧德‧布里托）。

正當緬甸忙於四面征戰，各國冷眼隔岸觀火，一直到 18 世紀，流彈打到孟加拉灣，與英國短兵相接（Williams, 1976: 107）。緬甸在 1785 年滅掉若開人（Rakhine people, Arakanese people 阿拉干人）所建立的

謬烏王國（Kingdom of Mrauk U, 1429-1785 末羅漢），不甘接受異族統治的難民北匿孟加拉（Bengal）的吉大港，游擊隊時而返回故土進行突擊，一度還搶回謬烏王國的舊都摩羅亨（Mrohaung, Mrauk U），緬甸不免懷疑提供庇護的英國在幕後策動，緬軍毫不客氣越界追捕，一再侵犯東印度公司（British East India Company, 1600-1874）的主權，英緬邊境關係時而緊張（Williams, 1976: 107-108; Donnison, 1970: 58-59）。

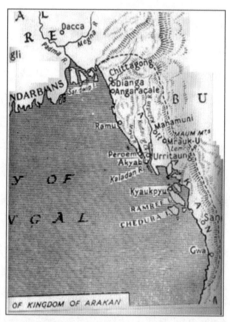

來源：Wikimedia Commons（2022: File:Kingdom of Rakhine.jpg）。

圖 6：若開人的謬烏王國（17 世紀）

英國在 1795 年派 Hiram Cox 為駐仰光參政司（Britain Resident in Rangoon），除了要解決兩國邊界衝突問題，還希望能簽訂商業條約，更重要的是排除與之交戰的法國使用緬甸的港口、及修船設施；由於法國在東方的影響力於大革命戰爭（French Revolutionary Wars, 1782-1802）後逐漸衰退，英國已經不用太擔心對方會跟自己搶地盤，至於緬甸對於貿易索然寡味、甚至於嗤之以鼻，那也是無可奈何的事，最無法忍受的是，緬甸不時強勢越界追捕難民，由若開一路往北延伸到阿薩姆（Assam），完全無視印度背後的英國，英國體會到終需一戰（Donnison, 1970: 58-59）。

在 19 世紀，英國跟緬甸總共打了三次戰爭（Anglo-Burmese Wars, 1824-26, 1852-53, 1885），由南到北蠶食鯨吞。首先，緬甸在 1817-26 年間三度入侵阿薩姆，國王巴基道（Bagyidaw, 1819-37）更在 1819 年任命名將班都拉（Maha Bandula, 1782-1825）為總督，國威彷彿如日中天；緬軍在 1824 年再度越界，英國擔心緬甸大軍壓境吉大港，乾脆先下手為強，派艦艇直撲仰光、未經一戰加以佔領；不過，人算不如天算，

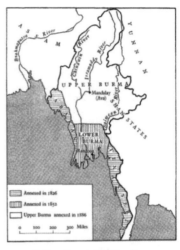

來源：Gopal（1965; xi）。

圖 7：英國併吞緬甸

佯退的緬軍回馬槍包圍仰光，英軍九成染病不能作戰、三分之一死亡（15,000 人），付出慘重代價，而北伐也因為困於雨季而不順遂；終究，雙方簽訂『楊達坡條約』（*Treaty of Yandabo, 1826*），緬甸除了被迫鉅額賠款，還放棄阿薩姆、及曼尼普爾的主權聲索，並割讓若開、及丹那沙林位於薩爾溫江以南靠近海岸的部分；經過這一戰，英國除了穩住印度邊界、也遏止緬甸對暹羅的野心，受制的緬甸宛如被看破手腳的紙老虎（Williams, 1976: 108; Donnison, 1970: 59; Wikipedia, 2022: Burmese invasions of Assam; First Anglo-Burmese War）。

英國食髓知味、刻意生事，接著在 1852 年將無關緊要小事擴大為奇恥大辱，儘管緬甸為了息事寧人撤換總督，盛氣凌人的英軍軟土深耕、挑釁發動戰爭，不費吹灰之力併吞勃固省、逕自改名下緬甸，進軍北伐則因陷於雨季泥淖而枉費心機，兵荒馬亂政變而起的新王敏東

（Mindon Min, 1853-78）拒絕簽訂條約承認既成事實，把收首都北遷曼德勒（Mandalay 瓦城），勵精圖治；終究，由於緬甸與法國眉來眼去[2]，英國決定一勞永逸，在 1885 年底出兵上緬甸，次年併入英屬印度[3]（British Raj, 1858-1947）的一個省，稱爲英屬緬甸（British Burma），末代國王

來源：Wikimedia Commons （2021: File:Kingthibaw beingsenttoexile.jpg）。

圖 8：國王錫袍及家人被放逐印度

錫袍（Thibaw Min, 1878-85）被迫遜位、全家被放逐印度西岸拉特納吉里，死於異鄉（Ratnagiri）（Williams, 1976: 117-20; Donnison, 1970: 60-61; Wikipedia, 2021: Second Anglo-Burmese War; Wikipedia, 2022: Third Anglo- Burmese War）。

---

[2] 當時，英國與法國在曼德勒有所商業、及特許競爭，緬王敏東表面上與英國交好，於 1872 年遣使法國、及義大利，尋求簽訂條約以制衡；在 1885 年，緬甸在法國的撐腰下決定借題發揮，藉口英商採伐柚木是許可的兩倍、賄賂官員、及未支付緬籍員工薪資，打算取消許可證，而英國剛好想要製造事端，發現緬甸與法國正在秘密談判條約、以特許交換軍事援助，最後通牒要求再議未果，便悍然出兵，法國則因爲在中南半島他處、中國、及馬達加斯加精疲力竭，食言而肥（Donnison, 1970: 61-62）。

[3] 印度總督（Governor-General of India）的正式名稱是印度副王及總督（Viceroy and Governor- General of India, 1858-1947），歷任總督見維基百科（2022：印度總督）。

參、民族主義的萌芽

英國在併吞緬甸後，為了清剿土匪（*dacoity*）而焦頭爛額，卻始終無法肅清，關鍵在於農村傳統權力關係被破壞，加上農民土地嚴重流失，社會動盪不安，儘管民間抗拒英國殖民的精神慢慢稍有退卻，卻是野火燒不盡、春風吹又生，出身都會中產階級的民間佛教居士蓄勢待發，他們把逐漸淬礪的民族意識傳遞到鄉下；從 19 世紀末、到 20 世紀初，佛教信眾組織如雨後春筍在各地出現，領導者通常到西方唸過書、或上雙語學校，懂得運用西方的組織技巧、及新生的緬文報紙來動員群眾（Williams, 1976: 182-83; Charney, 2009: 31）。

進入 20 世紀，傳統的武力起義轉變為非暴力的抗爭，緬甸的民族運動才慢慢發展：一開頭，民族主義者針對社會經濟的衰敗要求殖民者著手改革，特別是在一次世界大戰間（1914-18）受到美國總統威爾遜（Woodrow Wilson, 1913-21）所倡議的民族自決權鼓舞；當時，英國以自治交換印度兵的效命，緬甸獲得外溢效應的好處，民族運動的訴求改弦更張為行政革新、自治，要求把直接統治調整為間接統治；進入 1930 年代，新一代的領導者已經不滿意只是殖民統治方式改變，而是嚮往真正的獨立自主（Min, 2009: 103; Warshaw, 1964: 75）。

首先，仿效基督教青年會（Young Men's Christian Association, YMCA）的緬甸佛教青年會（Young Men's Buddhist Association, YMBA）在 1906 年出現，原本關注的是如何復興傳統的緬甸文化，不免捲入民族主義的活動，開始大膽向殖民者要求社會、經濟、行政改革；嶄露頭角是在一次大戰間，儘管緬甸西線無戰事，英國人因為進入佛寺佛塔拒絕入境隨俗脫鞋襪而犯眾怒，稱為「脫鞋爭議[4]」（Shoe Question, Footwearing Controversy），導火線是青年會領導者毛芒[5]（Thein Maung, 1891-1946）在佛寺進口處發現一塊寫著「除非歐洲人或歐亞混血，其他人不可穿鞋入內」的招牌，憤而另外豎立標語「穿鞋者不可入內」；

來源：THAMINEBLOG（2018）。

圖9：漫畫諷刺一些巴結英國人的緬甸人（1917）

青年會打蛇隨棍上，在全國發動在所有佛寺設置禁止穿鞋進入的招牌，殖民政府見狀一方面禁止公務人員加入，另一方面則質疑青年會是否可以從事政治活動、並要求提出脫鞋的佛經依據，終究在1919年迫於民意而讓步，這是佛教與緬甸民族主義連結的濫觴，菁英們領悟，要是群眾力量可以逼英國人讓步，那麼，還有什麼不能改變的（Charney,

---

[4] 英國人在18世紀末前來緬甸尋求商機，除了要說服貿易的好處，同時有意無意展示國力，來使往往故作無知狀，晉見國王不顧赤腳匍匐前進的宮廷禮儀，等到英國佔領下緬甸，更是肆無忌憚；在完全併吞緬甸後，英國殖民政府下令尊重各族群的傳統文化，規定歐洲人進入建築物或是佛寺必須脫帽、不用脫鞋，而緬甸人則脫鞋、不脫帽表面上看來相安無事；在1901年，一名下班的印度裔警員穿長靴硬闖仰光大金寺（Shwedagon Pagoda），被認為是故意挑釁，愛爾蘭裔移工出身的僧侶烏丹馬洛卡（U Dhammaloka）出面要求脫鞋，英方以顛覆加以起訴，引起媒體廣泛討論（Gilberti, 2019; THAMINEBLOG , 2018; Wikipedia, 2022: U Dhammaloka）。

[5] 有關於戰爭前後緬甸政治人物的中譯，中華民國外交部駐仰光總領事館（1947）有既定的用法，譬如U Ba Pe（宇巴帕）、Awng San（旺山）、Thakin Mya（德欽咯）、U Tin Tut（宇廷突）、Thakin Ba Sein（欽巴盛）、U Saw（宇素）、Ba Maw（巴茂），除非維基百科沒有條目才援用；參見維基百科（2022：緬甸人名；小重山，2017）。

2009: 31-32; Donnison, 1970: 104-105; Wikipedia, 2022: Thein Maung; Williams, 1976: 183; Cady, 1958: 189-90; THAMINEBLOG, 2018）？

　　緬甸佛教青年會的創會領導者相當溫和、反對佛教與政治結合，這些人基本上是接受西方教育、當公務員，不願意挑戰殖民政府、破壞社會秩序，跟一般老百姓也有相當距離[6]，相對地，年輕會員則強調必須跟人民站在一起、主張跟穿袈裟的政治高僧（*pongyi*）合作[7]，民族意識一時高昂，他們於 1920 年在毛芒的帶頭下出走，組織更為激進的緬甸人民團體總會（General Council of Burmese Associations, GCBA），強調接地氣，支持學生罷課；不過，緬甸人民團體總會在 1922 年因為戰術看法不同而分裂為兩派[8]，奇萊恩（Chit Hlaing）所領導主流派反對跟英國政府合作、要求取得自治領地位、杯葛選舉，而溫和派則主張在體制內改革，也就是參與選舉，在巴佩（Ba Pe）的帶頭下割席而去、另組二十一人黨（21 Party, 21 GCBA）；緬甸人民團體總會發現都會區的政客只寄望能參加選舉、攫取政治利益，因此調整策略往向鄉下發展，然而，農民並不瞭解自治的意義，往往誤以為是要廢

---

[6] 譬如當過會長的吳梅翁（May Oung），到過英國念法律，跟會員講話用英語（Tucker, 2001: 33）。

[7] 最有名的是吳歐德瑪（U Ottama, 1879-1939），留學加爾各答、周遊列國，由日本返回國後到緬甸佛教青年會演講；他是甘地的信徒，倡議以非暴力的不合作方式激起群眾進行反殖民、及追求自治，多次以顛覆罪被監禁，在 1921 -27 年間，在監獄的時間多於自由之身、相當悲壯，後來發瘋死於獄中；吳歐德瑪在 1929 年代表印度國大黨（Indian National Congress, INC）前往中國，參加孫逸仙的葬禮（Wikipedia, 2022: U Ottama; Donnison, 1970: 105, 108）。

[8] 其實，相當程度是內部政治鬥爭、幹部相互傾軋，無關路線；奇萊恩、Tharrawaddy U Pu、及 U Tun Aung Kyaw 獲得吳歐德瑪的支持，派系稱為 HPK CGSS（Min, 2009: 105-106）。

除稅賦、及恢復王朝；終究，緬甸人民團體總會在 1925 年決議進入體制反體制，一方面清除黨內追求名位的政客[9]，另一方面則組織勞工施壓英國殖民政府、明確要求自治（Charney, 2009: 12, 38; Williams, 1976: 183; Donnison, 1970: 108-109, 111-12, Cady, 1958: 189-92; Min, 2009: 105-106; Ono, 1974: 355-56; 百科知識，n.d.：緬甸佛教青年會；Wikipedia, 2022: Young Men's Buddhist Association (Burma); 2019: General Council of Burmese Associations）。

在 1933 年，仰光大學的學生、及校友組成緬甸人協會（*Dobama Asiayone*, We Burmans Association, DAA 我緬人黨、德欽黨 *Thakhins*），睥睨自稱爲國家的「主人[10]」（*Thakhin*, master），拒絕臣服殖民者，他們在 1936 年發動罷課、罷考，成功逼迫殖民當局撤換冥頑不靈的英籍校長；這當中，仰光大學學生會（Rangoon University Students' Union, RUSU）是新一代領袖的溫床，這些幹部儘管缺乏嚴謹的意識形態、甚至於帶有法西斯的色彩，他們異於 1920 年代的政治人物，視彼此爲

---

[9] 在 1925 年，緬甸人民團體總會的高僧奇　恩等人的開銷，支持 U Soe Thein 另起黨中央，拉走一些人，形同兩個派系各自爲政；只不過，由於 U Soe Thein 後來不顧殖民政府警告大肆煽動，高僧擔心被取締，另外支持 U Su，緬甸人民團體總會裂解爲 HPK、Soe Thei、及 Su 等三派：事實上，早先離去的二十一人黨也難逃裂解的命運，除了說政治人物無力整合、僧侶介入政黨組織運作，關鍵在於缺乏建設性的政策綱領（Min, 2009: 106-107）。

[10] 其實，*Thakhin* 原本是用來尊稱王室成員，英國殖民者前來，要求援例，也許沒有惡意，然而，相對之下，緬甸人就是矮了半截，年輕領導者聽起來相當反感，對他們來說，英國公務人員是「公僕」（*pyi asay*），自己才是眞正的主人（Min, 2009: 113）。有點「恁爸」（你爸爸）的味道。根據 Min（2009: 104）的說法，是仿效愛爾蘭新芬黨（Sinn Féin）的作法，愛爾蘭語 Sinn Féin 意味著「我們自己」。

同志、而非競爭者，包括翁山（Aung San）、吳努（U Nu）、覺迎（Kyaw Nyein）、拉希德（M. A. Rashid）、德欽丹東（Than Tun）（Charney, 2009: 41-44; Williams, 1976: 185-86; Cady, 1958: 375-83; Min, 2009; 103-104, 111-12）。

來源：Wikimedia Commons（2021: File:Rangoon University Students' Union Committee (1936). M. A. Rashid sitting in the center in the front row.jpg）。
說明：前排中間是當時的仰光大學學生會長拉希德。

圖 10：仰光大學學生會幹部（1936）

肆、邁向自治之路

英屬緬甸原先是附屬於英屬印度的一個省[11]、宛如拖油瓶，重大決策必須由印度總督制訂或核可、而非倫敦，也就是直接統治，一直到 1937 年才獲得分開治理、開始實施有限的自治。自始，英國在緬甸

---

[11] 原有的三個省是馬德拉斯（Madras）、孟加拉、及孟買（Bombay）。

的殖民統治並未經過深思熟慮、或精心計畫,而是根據過去的經驗且戰且走;基本上,緬甸是印度與法屬印度支那(French Indochina)之間的緩衝地,並非大英帝國擴張的優先,統治的目標是因陋就簡,自給自足、能省就省,綏靖平亂是首要工作,凡是反抗的緬甸人都是敵人、而非臣民,毫不猶豫動兵清剿燒殺,不分盜匪、僧侶、或民族主義者,不假辭色鎮壓、脅迫、逮捕、流放、甚至處死,仰賴由馬德拉斯、及孟加拉前來遠征的印度軍(British Indian Army)、及維持法治的印度裔警察,游擊民變、稱孤道寡根本不足畏,等到局勢趨緩,英國誇耀自由放任、無爲而治(laissez-faire),被壓落底的百姓對於這段經驗相當嫌惡;殖民統治的方式移植自印度,透過『村落法』(Village Act, 9107)實施中央集權,實質上就是軍事統治爲主、文人統治爲輔的戒嚴政權,也因爲罔顧緬甸傳統非地域的社會連結方式[12],地方動亂一直無法完全消弭,緬甸是大英帝國治安最糟糕的殖民地;其實,眞正的行政革新動力來自印度民族主義者與殖民者的討價還價,緬甸人搭上順風車(Callahan, 2002: 513-26; Furnivall, 1948: Chap. 2; Allen, 1970: 95-97)。

英國國會通過『1909 年印度政府法案』(Indian Councils Act, 1909),允許印度人(及緬甸人)有限度的政治參與,號稱「莫萊—明托改革」(Morley-Minto Reforms)(Wikipedia, 2022: Indian Councils Act 1909)。一次大戰爆發,由於印度除了出兵、還提供後勤補給基地,英

---

[12] 緬甸傳統劃分爲行政圈(circle)、交由地方頭人(thugyi, headman)治理,然而,由於不少頭人帶頭抗爭,英國乾脆加以廢除、引入印度的村落管理方式,恣意整併(Allen, 1970: 96)。

國必須加以安撫，因此允諾擴大政治自治，印度事務大臣[13]（Secretary of State for India, 1858-1937）蒙塔古（Edwin Montagu, 1917-22）在 1917 年 8 月 20 日於下議院宣布，印度將會實施自治，由於緬甸是印度的一部份，緬甸人不免以爲緬甸理當也將隨著獲得自治；殖民地的官員沒有料到緬甸人也會要求自治，譬如前副總督[14] 亞當遜（Harvey Adamson, 1910-15）就認爲，緬甸的知識份子落後印度 50 年，教育、及政治能力還不足以實施自治，而印度民族主義者也體認緬甸納爲印度聯邦有困難（Burma problem）；接任的巴特勒（Harcourt Butler, 1915-17, 1922-23）早先任職於印度，對於派駐緬甸保守官員反對改革相當不以爲然，終究，蒙塔古與印度總督切姆斯福德（Frederic Thesiger, 1st Viscount Chelmsford, 1916-21）在 1918 年 4 月 22 日提出一份印度憲政改造白皮書（Montagu-Chelmsford Report），雖然建議權力下放印度，卻認爲印緬兩地不能相提並論，只答應擴充緬甸立法局（Legislative Council of Burma, 1897-1936）的民意基礎[15]；由於緬甸百姓反應冷淡，隨之而來的『1919 年印度政府法』（*Government of India Act, 1919*）自

---

[13] 後來改爲印緬事務大臣（Secretaries of State for India and Burma, 1937-47），再脫離爲緬甸事務大臣（Secretaries of State for Burma, 1947-48）（Wikipedia, 2022：Secretary of State for India）。

[14] 最早英國在緬的行政官員是最高專員（Chief Commissioner, 1862-97），接著是副總督（Lieutenant Governor, 1897-1923），再來是總督（Governor, 1923-46）（Wikipedia, 2022: List of colonial governors of Burma; Donnison, 1970: Chaps. 5, 7; Allen, 1970: 98）。巴特勒後來（1923-27）接任改制升格的總督。

[15] 緬甸立法局原爲副總督的 9 人非民選顧問會議，4 名官員、5 名平民，後來漸次擴增爲 30 人，主要代表外商利益；克拉多克主張議員分爲兩種，只有都會及少數族群地區直接選舉，而鄉下選區採取間接選舉（Charney, 2009: 34; Allen, 1970: 99; Donnison, 1970: 79, 102-104, 109, 115; Wikipedia, 2022: Legislative Council of Burma）。

然排除緬甸的適用、只含混宣布未來會分開處理，菁英憤而要求與印度分治、並享有同樣的自治權[16]（Charney, 2009: 32-33; Williams, 1976: 183; Donnison, 1970: 105-106; Cady, 1958: 193-94, 199-201; Callahan, 2002: 523）。

新任副總督克拉多克（Reginald Craddock, 1918-22）高高在上、而且帶有嚴重的偏見，目中只有倫敦、及印度，完全不考慮講話是否會冒犯到緬甸人、也無視當地民族主義高漲；他不只斷然反對改革計畫，也不同意緬甸現階段由印度分出來，理由是經過一段時間的政治發展，只要水到渠成，兩地自然就會分治、相信緬甸會做得比印度更好，當下沒有必要多此一舉，因此主張暫且只開放村、區地方會議（circle board, district council）的直選就好，等到選民的教育程度、及政治經驗達到某種程度，再來談中央省級（全緬甸）的議會直選，換句話說，緬甸政治發展被認為必要條件先天不足，不適用印度的憲政模式；還好，印度事務大臣蒙塔古在 1921 年回心轉意，建議國會將緬甸納入『1919 年印度政府法』適用，同意把非關鍵部門（農業、教育、消費稅、森林、地方政府、公共衛生）「轉移」（transferred）給立法局[17] 所推派的兩名議員，其他對於印度政府重要的部門（財政、行政、司法、警政、及稅收）

---

[16] 緬甸佛教青年會在 1917 年 12 月派代表前往加爾各答，與印度事務大臣蒙塔古、及印度總督切姆斯福德會商，以種族、語言、宗教、及習俗不同為由，要求與印度分治（Cady, 1958: 200-201）。
緬甸佛教青年會在 1919、1920 年兩度派團前往倫敦，訴求是跟印度獲得一樣的待遇，特別是在第二團要求脫離印度分治，只不過，並未提出具體方案，一直要到代表團返回緬甸，才明確出現自治、或是以自治領方式來取得獨立的選項（Donnison, 1970: 106-107）。
[17] 在新制下，緬甸立法局增為 103 席，其中 80 席民選，鄉下 49 席、都會 22 席、及其他特別代表（Wikipedia, 2022: Legislative Council of Burma）。

則「保留」(reserved) 給新設置的總督[18] 指派兩人，合組總督會同行
政局 (Governor-in-Council)，分別對立法局、及總督負責[19]，暫且先
實施有限自治，稱為「二頭政治」(diarchy)，也就是訓政 (Charney, 2009:
34-36; Donnison, 1970: 109-10; Cady, 1958: 201-11; MacDougall, 1948:
542)。儘管有局部的開放，殖民政府的公職卻只限於由印度人、華人、
及克倫人，緬甸人忿忿不平 (Warshaw, 1964: 75-76)。

　　對於這樣的政治安排，緬甸菁英有南轅北轍的想法：奇萊恩等人
相信隨著印度的政治發展快馬加鞭，緬甸的獨立應該可以水到渠成，
特別是甘地所從事的不合作主義大有斬獲；相對地，巴佩等人則認為
沒有必要聽命殖民者的安排、把緬甸的命運跟鄰國的進程綁在一起，
應該走自己的路才是正道，尤其是印度人越來越多，擔心聽任支配
(Williams, 1976: 184; Naw, 2001: 18-19)。歷經 1922、1925、及 1928
年三次選舉，由於民族主義份子杯葛，緬甸立法局選舉的投票率低落，
即使注入代議政治而有民主精神，統治正當性明顯不足 (Charney,
2009: 34; Allen, 1970: 102; Wikipedia, 2022: Legislative Council of
Burma; 1922 Burmese general election; 1925 Burmese general election;
1928 Burmese general election)。

　　根據『1919 年印度政府法』，國會將在印度（含緬甸）實施地方
自治十年後必須檢視教育、及代表機構的成效，因此，西蒙委員會
(Simon Commission) 在 1928-29 年前來緬甸考察，建議廢除二頭政
治、開放省級的自治；在第一輪的印度圓桌會議 (Indian Round Table

---

[18] 新任總督由副總督巴特勒真除 (1923-27)。
[19] 少數族群地區則另外安排 (Charney, 2009: 36-37)。

來源：IMAGO（2022）。

圖 11：緬甸圓桌會議第一次全體會議（1932）

Conference, 1930-31），與會代表一致支持緬甸分治，接著在緬甸圓桌會議（Burma Roundtable Conference, 1931-32），幾乎所有的緬甸代表也都同意分治，差別在到底要如何進行（Charney, 2009: 40）。

在 1930 年代，全世界陷於經濟大恐慌，緬甸農民因為外銷稻米價格暴跌而舉債為生，往往被迫出讓擔保的農地，不免怪罪來自印度的放債人[20]（*chettiars*），而都會區本地勞工也因為面對外來移工的削價競爭紛紛失業，對於印度移民的仇視逐漸高漲，仰光碼頭工人爆發一連串騷亂[21]（1930），連人數不多的唐人街華人也不免遭殃（1931）；這些族群衝突並非直接針對英國人，而是被庇護的新移民，特別是外

---

[20] 雖然借款容易，利率很少低於 25%、遠高於西方社會；在一次大戰結束，印度放債人已經擁有下緬甸將近 40% 的土地（Allen, 1970: 99-100; Warshaw, 1964: 76）。

[21] 引爆點是印度裔碼頭裝卸工人要求調整工資，公司不聞不問，而且為了打擊罷工，還臨時聘用 2,000 名本地人擔任工賊（strikebreaker）；終究勞資雙方達成協議，緬甸人照常上工、卻遭到印度人羞辱，衝突不可避免，總共有 250 名印度工人喪生，衍生族群齟齬（Min, 2009: 108: Ono, 1974: 355-56）。

表一看就不同的印度人、及華人，成爲仇視的替罪羊，不過，隨著錫、橡膠、及石油價格陡降，走投無路的老百姓對於殖民者的仇恨日漸升高；在經濟困境下，出身緬甸人民團體總會的僧侶薩耶山（Saya San, 1876-1931）帶領農民起義抗稅，稱爲「薩耶山起義」（Saya San Rebellion, 1930-32），終究被俘而在 1937 年被吊死；由於鎮暴掃蕩的部隊主要是來自印度兵，傷亡的多是緬甸人[22]，造就一批民族運動的領導者，特別是辯護律師巴莫（Ba Maw）、及吳蘇（U Saw），這批菁英此後把重點放在體制內鬥爭，既得利益者貪圖自治政府官位汲汲營營，年輕的一輩則選擇推動獨立（Warshaw, 1964: 56, 76; Williams, 1976: 184-85; Charney, 2009: 13-16; Donnison, 1970: 119-21; Naw, 2001: 18; Tucker, 2001: 36; Wikipedia, 2021: 1930 Rangoon riots; 2022: Saya San; Aung, 2020）。

來源：Aung（2019）

圖 12：薩耶山抗暴義民被斬首示衆（1931）

---

[22] 約 1,000-3,000「叛軍」傷亡，125 人被吊死（Donnison, 1970: 119; Wikipedia, 2022: Saya San）。

在 1932 年的立法局議員選舉，人民黨（People's Party）巴佩與獨立黨（Independent Party）孟吉（Joseph Augustus Maung Gyi）聯手，領導訴求與印度分治的政黨聯盟（Separation League），來勢洶洶；沒有想到窮人黨（*Sinyetha*, Mawmyintbye Party, Poor Man's Party）巴莫與奇萊恩合作的反對分離聯盟（Anti-Separation League）竟然贏得過半席次[23]，他們主張應該繼續跟印度結合、直到取得自治領（dominion）地位為止，否則，很可能在分離後就被丟包而永久沈淪為殖民地；新的立法局上任後決議既反對分治、也反對跟印度結為聯邦，既然緬甸人自己沒有辦法取得共識，英國國會只好由『1935 年印度政府法』（*Government of India Act, 1935*）另外訂『1935 年緬甸政府法』（*Government of Burma Act, 1935*），讓緬甸在 1937 年脫離英屬印度（Charney, 2009: 40-41; Allen, 1970: 102; Wikipedia, 2022: 1932 Burmese general election）。

根據『1935 年緬甸政府法』（憲法），緬甸將不再臣服印度的中央政府，有自己的兩院制議會（Burma Legislature, 1936-47），參議院 32 席、及眾議院 132 席[24]；在 1936 年舉行的首度議會選舉，巴佩所領導的五黨聯盟（*Ngawbinwsaing*, United GCBA, United Party）贏得眾議院 46 席，雖然是議會最大的黨，卻因為人事安排過於排他而組不成聯合內閣，總督科克倫（Archibald Cochrane, 1936-41）轉而邀請只獲得 16

---

[23] 印裔擔心分治而遭驅逐出境，因此贊助反對分離聯盟，相對地，分治聯盟因為反對僧侶參政，將宗教界推向對手（Wikipedia, 2022: 1932 Burmese general election）。

[24] 新的緬甸議會為兩院制，32 席的參議院一半由眾議院依據比例代表制產生、一半由總督任命，132 席的眾議院當中 91 席由一般選區產生、31 席特別選區（Donnison, 1970: 115）。

席的窮人黨巴莫組閣、擔任緬甸首任議會民主的總理[25]（1937-39），只不過，巴莫面對工人罷工[26]、學生示威無計可施，政權不穩，終究由英國人青睞的宇勃（Maung Pu）出面來組閣（1939-40）；這是分治的開端、卻非真正的自治，由於幾乎所有的民族主義者望風披靡加入政府，改革失敗、貪腐嚴重，國人不齒政客被收編（Charney, 2009: 47-48; Donnison, 1970: 117; Wikipedia, 2022: 1936 Burmese general election; Naw, 2001: 19, 39, 41-43; Tucker, 2001: 81-83 Cady, 1958: 389-404; Ono, 1974: 355-56; Warshaw, 1964: 76）。

來源：Wikimedia Commons（2020: File:197945kyatsa.png; File:197945kyatsb.png）。
說明：左為領導者寶‧赫拉‧吉，右為油井及罷工的石油工人。

圖 13：緬甸紙鈔紀念緬曆 1300 年革命（1987）

---

[25] 巴莫本來認同奇萊恩，相信把緬甸跟印度掛在一起是權宜之計，隨時都可以分治，然而在 1932 年立法局議員選舉後，他體會英國的立場為非分即合、沒有灰色地帶，因此倒向巴佩的分治倡議，許多反對分離聯盟的議員也跟著倒戈（Naw, 2001: 19）。有關於英屬緬甸的總理，見 Wikipedia（2022, List of premiers of British Burma）。

[26] 特別是由寶‧赫拉‧吉（Thakin Po Hla Gyi）所領導油井工人在 1938 年 1 月的罷工，要求合理工時、工資等八條件，獲得 10,000 多人支持，工人軍在 11 月 30 日由中北部的巧克鎮（Chauk）出發前往仰光抗議，400 哩行軍在 1939 年 1 月 8 日抵達，總共有 1,500 人走完全程，工人、農民、及學生受到感召，發動一連串的罷工及示威遊行，慶祝罷工一週年，稱為「緬曆 1300 年革命」（1300 Revolution）（Khaing, 2021; Tucker, 2001: 81-82; Wikipedia, 2022: Thakin Po Hla Gyi）。

　　德國在 1939 年 9 月入侵波蘭、引爆二次世界大戰（1939-45），英國對緬甸的輕忽態度丕變，總督科克倫要求緬甸議會對德國宣戰，宇勃以內部沒有共識而婉拒；這時，翁山促成德欽黨[27]、全緬學生協會（All-Burma Students Association）、及巴莫的窮人黨聯合組成緬甸自由集團[28]（Freedom Bloc, *Dobama-Sinyetha Asiayone*, Association of the Way Ou 緬甸出路派組織），聯手要求英國提供確切的獨立日期，以交換緬甸人加入同盟國，被剛上台的保守黨首相邱吉爾（Winston Churchill, 1940-45）回絕，自由集團因此發動反戰群眾大會、及示威遊行展現實力，而巴莫也辭去議員職帶領抗爭、訴求緬甸中立，政府大肆搜捕加以反制、異議人士被迫走入地下，無能為力的宇勃政府面對不信任案黯然下台（Charney, 2009: 48; Tucker, 2001: 85; Casy, 1958: 415-20; Ono, 1974: 357; Wikipedia, 2016: Freedom Bloc）。在亂局中，巴莫開始與日本特務有所接觸，在 1939 年 11 月派遣親信毛芒輾轉經由大連來到神戶，表面上的理由是考察學校、推銷稻米、及文化交流，其實是尋求日本可能的奧援，他的報紙此後毫不覥覥親日（Cady, 1950: 418-19, 434; Warshaw, 1964: 76）。

---

[27] 德欽黨在 1937 年分裂為兩派，獨立目標相同、也贊同派年輕人前往日本受訓，差別在巴盛（Thakin Ba Sein）支持 Thakin Nyi 當主席，德欽妙（Thakin Mya）支持毛芒，分裂為巴盛與敦奧克（Thakin Tun Oke）派、以及德欽妙與哥都邁（Thakin Kodaw Hmaing）派（Ono, 1974; 356）。

[28] 巴莫雖非左翼，倒是認同「帝國主義的困境是自由的機會」的看法，辭掉議員背水一戰；只不過，包括吳努、德欽妙、吳巴瑞（Ba Swe）、覺迎等人在 1939 年另外秘密組織對抗英國的人民革命黨（People's Revolutionary Party, PRP，即後來的緬甸社會黨 Burma Socialist Party, BSP）（Tucker, 2001: 85; Ono, 1974: 359-60; Hein, 2017: 196; Wikipedia, 2016: Freedom Bloc; 2022: Burma Socialist Party）。

　　愛國黨（*Myochit*, Nationalist/Patriot's Party 民族主義黨）的吳蘇臨危受命組閣（1940-42），他相信跟英國人的合作可以促成緬甸獨立，因此在 1941 年 10 月飛往倫敦輸誠，表達緬甸人能行使『大西洋憲章』（*Atlantic Charter, 1941*）第三條所揭櫫民族自決權的企盼、要求英國在戰後賦予緬甸自治領的地位，然而，邱吉爾只敷衍戰後再來討論自治[29]；吳蘇大失所望之餘，轉而求助美國總統羅斯福（Franklin D. Roosevelt, 1933-45），依然徒勞無功，接下來，他原本可能打算順道訪問日本，沒有想到在夏威夷遇上珍珠港事件，只好回頭往大西洋飛，過境里斯本，密訪日本大使館[30]、應允合作參戰，結果因爲日軍密碼被破解，在埃及被英國攔截、關在烏干達的集中營 4 年，直到大戰結束（Charney, 2009: 48-49; Donnison, 1970: 117; Tinker, 1986: 469: Cady, 1958: 420-23, 429-32; MacDougall, 1948: 543）。

伍、在日本佔領下的努力

　　直到二次大戰爆發之前，緬甸民族主義主要受到中國、印度、及日本的影響。由於緬甸從 19 世紀下半葉起歸英屬印度，地利之便，當然深受印度民族運動的感染，只不過，由於英國在緬甸的殖民統治仰賴來自印度的軍隊、及公務人員，當地人難免有相對剝奪感，加上農村放款者的剝削、及低薪契約傭工的競爭，對於印度人不免心生反感，

---

[29] 邱吉爾的立場是先恢復戰前的殖民政府，慢慢地再來談自治，目標是自治領，相對地，在野工黨主張儘快實施自治，最終安排是國協（commonwealth）（Tarling, 1971: 272）。

[30] 吳蘇在 1935 年訪日，回緬後購買報紙宣傳親日，應該是拿日本人的錢（Cady, 1958: 434）。

終於在 1938 年爆發一連串的暴動，店家被搶、住家被焚，造成 1,084 名印度人傷亡[31]；受到印度影響較大的是左翼激進派，包括共黨、社會黨、及德欽黨革命份子，後者在 1938 年後固定派人參加國大黨的年會，也與印度共產黨（Communist Party of India, CPI）、及印度國大社會黨（Congress Socialist Party）有所接觸，切磋勞工、及農民運動的經驗，學習如何杯葛、罷工那，不過，百姓一開頭意興闌珊（Cady, 1958: 393-98, 412-15; Allen, 1970: 97-98）。

中國在 1911 年的革命帶有強烈的反西方帝國主義色彩，一直鼓舞緬甸的民族運動，因此，當日本在 1937 年對中國發動全面戰爭，緬甸人基本上是同情中國人；在緬甸自由集團內，翁山與吳努在 1939 年公開支持中國、反對日本的帝國主義侵略，吳努更帶溫和派前往中國親善訪問、拜會蔣介石夫婦，團員巴喬（Ba Choe）還將孫逸仙的《三民主義》譯為緬文，而國民黨政府也在 1941 年派團投桃報李回訪；後來，一些德欽黨員轉而認為，或許可以獲得中國共產黨的支持（Henderson, et al.: 1971: 38; Cady, 1958: 412, 418）。

日本在 1905 年打敗俄羅斯，白人優越的神話頓時破滅，加上中國的革命成功，東南亞的民族主義者備受激勵（Henderson, et al.: 1971: 38; Tarling, 1966: 213）。日本原本忽視緬甸，一度打算以越北、及緬北收買國民黨在重慶的政府；事實上，日本在東南亞真正垂涎的資源是印尼的石油、及馬來亞的錫與橡膠，至於法屬中南半島、及菲律賓只是進入南海的側翼，戰略、及經濟價值次要，而泰國、及緬甸更是無足輕重，只要能維持中立就好，印度亦然；等到日本在 1937 年對中國

---

[31] 在日軍攻入前，40 萬印度人擔心被報復，倉皇逃跑出境（Tarling, 1966: 271）。

全面開戰，緬甸成為西方國家提供援助的供應鏈，武器、及糧食透過滇緬公路源源不斷運抵重慶，頓時成為眼中釘；德國在 1940 年先後攻下荷蘭、及法國，接下來是英國在敦克爾克大撤退，日本肆無忌憚派軍對峙九龍，在東南亞放膽擴張；日本原本不願意得罪美、英，然而，由於德國久攻英國不下，猛然發現自己必須先取下泰國、才能由陸地進攻新加坡，等到珍珠港事件爆發（1941/12/7），不再瞻前顧後，進軍緬甸不可避免（Cady, 1958: 432-34; Warshaw, 1964: 77）。

　　日軍在 1940 年佔有中國沿海、甚至往內陸逼近，蔣介石的軍隊雖然有美國的撐腰，看來似乎無力阻擋：這時，緬甸領導者對於如何達成獨立的戰術，有南轅北轍的看法：自由集團的左翼認為，雖然日本的威脅可能提供獨立的契機，卻很可能換來新的主人，因此不如在熟悉的『1935 年緬甸政府法』體制內運作，特別是德國在 1941 年 7 月攻打蘇聯，戰爭已經演變法西斯政權（日、德、義）與資本主義－社會主義聯盟的存亡之爭，不妨暫時與蘇聯的盟友英國合作再說，換句話說，新的敵人是日本、抗英是落伍的想法，譬如德欽索（Thakin Soe）、巴亨（Thakin Ba Hein）、登佩敏（Thein Pe Myint）、Thakin Tin Shwe、及德欽丹東，相對地，保守派則主張應該務實一點，畢竟歐亞的歷史條件不同、不應過於教條蕭規曹隨，儘管日本的作為有種種的不是，譬如在中國的暴行、與威權國家德國及義大利結盟、及終極目標是征服世界，不過，還是有可能助緬甸一臂之力，因此主張結合日本來擺脫英國，譬如巴莫、巴盛、敦奧克、及吳努（Tucker, 2001: 39-40; Ono, 1974: 357; Hein, 2017: 197-98）。

　　翁山一開頭的立場模稜兩可，並未主張尋求日本的奧援，而是寄望中國、或蘇聯共產黨伸出援手，他在 1940 年可能風聞因為反殖民政府活動被捕，於 8 月 8 日與同志 Thakin Hla Myaing 佯裝華人海員、倉皇跳上挪威籍貨輪，在 24 日抵達廈門鼓浪嶼的公共租界[32]，久候毫無頭緒，終於被日本憲兵特務找到，在 9 月 27 日出發轉往台灣、飛到九州博多機場被拘留，經過情報確認，於 11 月 12 日抵達東京羽田機場；翁山在 1941 年 2 月 15 日離開日本潛回緬甸，於西南方的勃生（Bassein）上岸，號召「三十志士」（Thirty Comrades）前往海南島、及台灣；軍事訓練完成，他們於 1941 年底搭船抵達西貢、前往曼谷，號召 3,000 人組成緬甸獨立義勇軍[33]（Burmese Independence Army, BIA），在 1942 年隨日軍主力穿越丹那沙林（Tenasserimm, Tanintharyi 德林達依），再由土瓦（Tavoy, Dawei）、及毛淡棉（Moulmein）攻入仰光；由於英軍

---

[32] 翁山與德欽黨多人在 1940 年春前往印度參加印度國大黨的大會，會見印度獨立運動領導者尼赫魯、及甘地等人，並巡迴各地演講倡議共同對抗殖民者，卻因爲反政府言論被英國盯上；他在回緬甸後發現自己被控煽動叛亂而遭通緝，同志力勸前往上海公共租界（Shanghai International Settlement）尋求共產黨奧援，卻苦無聯繫，因此決定先亡命廈門再說（Naw, 2001: 54, 59-63; Wikipedia, 2022: Aung San）。

[33] 英國當時在緬甸招募的軍隊，只要來自克倫族、欽族（Chin people）、克欽族（Kachin people）、及歐亞混血（Eurasians），他們效忠殖民政府，以 1931 年爲例，緬族佔有人口 75%，在軍隊只佔 12%，相對地，人口佔 9% 的克倫族在軍中佔了 38%，人口 2% 的欽族佔 23%，人口只有 1% 的克欽族也佔了 23%；緬甸人協會黨人抨擊，在薩耶山起義（1930-32）、學生罷課（1936）、及工人罷工（1938），出面鎮壓的主要是克倫族部隊（Henderson, et al.,1971: 41; Callahan, 2002: 526-27）。當然，英國可以說，不管是印度、還是緬甸，招募少數族群的作法純然是歷史的巧合，不過，卻難逃以夷制夷的考量，也就是利用少數族群牽制多數族群，特別是憂心後者受到民族主義浪潮影響而心懷二意；到了 1920 年代初期，印度國大黨要求召回所有派往海外的印度軍，也就是用於捍衛印度國土、而非效命大英帝國，然而，緬甸的殖民官員一直到 1935 年的分治，才開始認眞考慮緬族在軍方過少的問題（Callahan, 2002: 523-24）。

在破壞基礎建設[34] 後逃之夭夭、緬甸政府跟隨撤往印度曼尼普爾，緬甸獨立義勇軍扮演接收角色（Tucker, 2001: 40-42; Charney, 2009: 50; Donnison, 1970: 123-24; Ono, 1974: 356-57, 359; Naw, 2001: Chap. 3; Joyce, 2010: Chap. 3; Wikipedia, 2022: Aung San; Japanese invasion of Burma; Thirty Comrades；維基百科，2021：南機關）。

來源：Wikimedia Commons（2022: File:Thirty Comrades.jpg）。

圖 14：三十志士

其實上，日本海軍預備軍官國分正三（Kokubu Shozo）中尉跟妻子早在 1920 年代來到仰光開牙醫診所潛伏，到了 1930 年代，開始接觸緬甸民族主義者，對象是德欽黨內由巴盛、及敦奧克所領導的派系，

---

[34] 英軍臨走之前，破獲所有可能被日軍運用的設施，包括礦坑、油井、及火車站，不是炸毀、就是灌水淹沒（Warshaw, 1964: 87）。

認為翁山是共產黨而反對合作；不過，當時陸軍佔優勢，大佐（上校）鈴木敬司（Suzuki Keiji）看法相左，在台灣鹽水港製糖的資助下，於1940年化名南益世（Minami Masuyo），以《讀賣新聞》記者身分潛入緬甸接觸主要政黨，支持緬甸獨立交換共同對抗英國，尤其是年輕的異議份子，他安排翁山、及 Thakin Hla Myaing 從廈門、經過台北、到日本，此後，毛芒是主要聯絡人；日本陸、海軍在1941年判斷時機已經成熟，商議共同成立情報站南機關（Minami Kikan），主要成員來自陸軍中野學校（Nakano Gakko）訓練的間諜（ABSDF, 1995; Lintner, 1990: 6; Lebra, 2010: Chap. 3; Hall, 2016: 339-46; Naw, 2001: 63-65; Wikipedia, 2022: Suzuki Keiji; Thein Maung; Donnison, 1970: 123; 維基百科，2021：南機關）。

經過半年訓練，海南島三亞的營區關閉，翁山等人於1941年10月8日搭船前往台灣，在花蓮上岸，轉搭火車往玉里繼續接受游擊訓練，待了兩個多月，Thakin Than Tin 在受訓過程死於花蓮[35]（Naw, 2001: 72; Wikipedia, 2022: Thirty Comrades; 維基百科，2022：翁山）。其實，三十志士與其說是親日，倒不如說是

來源：Wikimedia Commons（2020; File:Bo Letya, Bo Sekkya, Bo Teza.jpg）。

說明：由左至右，分別是博萊雅（Thakin Hla Pe）、昂坦（Thakin Aung Than）、及翁山。文字說明寫著拍攝於日本，應該就是後期受訓的地方台灣花蓮玉里。

圖 15：翁山在台灣（1941）

---

[35] 在三十志士當中，21人屬於哥都邁派、9人屬於巴盛派（Ono, 1974: 356）；其中，有23人經歷大戰經幸存，日後在緬甸的軍文扮演重要的角色，特別是緬甸獨立義勇軍（Tucker, 2001: 88-89）。

民族主義者，他們自視為社會主義者、或是共產主義信徒（Warshaw, 1964: 76）。

除了上述兔脫者，大部分德欽黨領導者在 1940 年被關入永盛監獄（Insein Prison Annex）、趁機補修思想學分[36]，日軍一到就釋放這些政治犯，吳努與覺迎等人選擇與日本人合作、加入巴莫政府，德欽妙擔任副總理、翁山國防部長、吳努外交部長、覺迎總理辦公室秘書長；主張抗日的登佩敏、及戈紹爾（H. N. Goshal）前往印度；德欽索、及喬盛（Kyaw Sein）則留下來，不過，德欽索行事風格小心翼翼，另外秘密成立緬甸共產黨[37]（Communist Party of Burma, CPB），而喬盛則公然組織反日，因此很快又入獄；其實，連緬共都有人入閣，譬如德欽丹東擔任農業部長、丁敦（Tin Tun）內政部長秘書、巴亨外交部長秘書，他們一直到戰爭後期才參加緬共的反日行列（Ono, 1974: 356-58; Hein, 2017: 196-97）。

日本起初認為緬甸盛產的稻米四處可得，所以，真正的功能是攻打印度的跳板，等到轉攻為守、敗相漸露，緬甸才搖身一變成為所謂「亞洲堡壘」的西牆；日軍在 1942 年 5 月佔領緬甸，先下手為強設置軍事政府（Japanese Military Administration, JMA），讓緬甸獨立義勇軍

---

[36] 除了吳努、德欽索、德欽丹東、覺迎、巴莫等政治人物，還包括及 200 多名工運、及學運領導者，政治犯在這裡學習民族主義、及社會主義；吳努在 1937 年前往印度朝聖，透過在加爾各答大學唸書的登佩敏跟印共細胞搭上線，回來後組紅龍讀書會（Nagani Book Club），顛峰時期會員高達 2,500 人，主要是年輕的德欽黨人（Hein, 2017: 195, 197; Wikipedia, 2022: U Nu）。

[37] 一開頭，第三國際（Communist International, Comintern）搞不清楚緬甸究竟應該屬於印度、中國、或新加坡，終於在 1939 年 8 月 15 日於印共的幫忙下成立，創黨成員包括翁山、博萊雅、巴亨、及德欽索（Hein, 2017: 196）。

管理解放的城鄉，然而，被釋放的德欽黨人卻不斷要求獲得更多的自主，由於日本有自己的盤算，駐緬甸方面軍司令官飯田祥二郎（Shōjirō Iida, 1942-43）不勝其煩，召來比較老練的政治人物曉以大義，允諾建立中央政府、賦予獨立，交換聯手作戰、參與大東亞共榮圈（Greater East Asia Co-Prosperity Sphere）；巴莫同意跟日本人攜手合作，召集委員會成立過渡政府、及臨時政府，先後擔任行政首長、及總理，實際上臣服於日本軍政府；日本在緬甸實施極權統治，除了禁止政黨活動，還把緬甸獨立義勇軍改制為緬甸國防軍（Burma Defense Army, BDA）、配置日本軍士官，理由是緬甸人必須證明自己是否值得使用「獨立」，雙方關係日益緊張，翁山與同志們怒火中燒，議論紛紛是否跟日方翻臉的時機已到，特別是年輕的軍官（Charney, 2009: 52-53; Donnison, 1970: 124-25; Naw, 2001: 90-94; Tucker, 2001: 46; Ono, 1974: 357）。

　　日本首相東條英機（Hideki Tōjō, 1941-44）於 1943 年初在國會宣布，預計一年後讓緬甸獨立，巴莫在 3 月 11 日率領翁山等人飛往東京研商獨立事宜[38]，日軍同意讓緬甸當樣版、以鼓勵印度人起義；飯田祥二郎責成巴莫成立 22 人緬甸獨立籌備委員會（Burma Independence Preparatory Committee）來草擬新憲，也就是制憲議會；在日本軍方的卵翼下，巴莫於 8 月 1 日宣布緬甸獨立、結束日本軍事統治，被推為元首（*Adipati*），緬甸國防軍改制緬甸國民軍（Burma National Army, BNA），交由尼溫（Ne Win）統帥，分別派駐各地、以防止集結造反，而翁山則出任空殼國防部長，當然，獨立的代價是必須對盟軍宣戰；

---

[38] 鈴木敬司在東京會見翁山，告知自己因為過於親緬而被召回，翁山瞭然於胸，日本並非真心誠意支持緬甸獨立，反抗是遲早的事（Naw, 2001: 99）。

儘管緬甸政府的行政比較不受干預，不過，還是繼續受到日軍的「密切」指導，特別是配合作戰，所以是一個如假包換的傀儡政權，獨立虛有其表；雖然日本刻意推動緬甸民族主義的發展，實際的作為卻是造成反效果，日軍傲慢粗暴，特別是不留情面打耳光（Charney, 2009: 53-54; Donnison, 1970: 125-26; Naw, 2001: 97-100; Cady, 1958: 461-64, 473）。

在 1943 年 11 月，東條英機召開大東亞會議，巴莫應召前往東京與會，翁山則在 12 月派遣反日的登佩敏、及 Thakin Tin Shwe 潛往印度，接觸盟軍、及流亡西姆拉（Simla）的殖民政府[39]；在 1944 年中，巴莫與翁山兩人聯袂飛到東京接受東條英機的授勳，然而，盟軍已經同意幫忙組訓緬軍、並空投武器，翁山也同意等到日本戰敗再來商議獨立事宜，在 8 月成立反法西斯組織[40]（Anti-Fascist Organization, AFO）配合盟軍反攻，他特別下令緬甸國民軍不要仿效日軍剃光頭，以便混在群眾伺機起義；翁山於 1945 年 3 月 24 日誓師佯攻盟軍，出兵中部、及南部 6 個軍區，在 27 日槍口倒向，盟軍在 5 月 3 日攻下仰光，各地日軍措手不及，孤立無援的日本駐緬甸方面軍司令官木村兵太郎（Heitarō Kimura, 1944-45）在 10 月 24 日投降[41]（Charney, 2009: 56-57;

---

[39] 其實，兩人在 1942 年 7 月已經逃離緬甸來到印度，嘗試跟當地的民族主義份子搭線，馬上被英軍逮捕，經過審訊，發現大有宣傳戰的價值，一拍即合；在二次大戰期間，登佩敏是緬甸地下政府與盟軍的聯絡人（Donnison, 1970: 126; Taylor, 1983: 102）。

[40] 由翁山、尼溫、及博萊雅的緬甸國民軍，緬共，以及吳巴瑞、覺迎、及奇萊恩的人民革命黨，捐棄前嫌攜手組成（Wikipedia, 2022: Anti-Fascist Organisation; Tucker, 2001: 52）。

[41] 木村兵太郎是在 1944 年 8 月調來緬甸，戰後被遠東國際軍事法庭判處絞刑；飯田祥二郎在 1945 年 7 月調往關東，被蘇聯關在西伯利亞 5 年（維基百科，2021：飯田祥二郎；2022：木村兵太郎）。

Donnison, 1970: 126-27; Naw, 2001: Chap. 4; Cady, 1958: 467-71; Wikipedia, 2022: Anti-Fascist Organisation; Hein, 2017: 197-98）。

來源：Wikimedia Commons（2021: File:1943 Tokyo conference.jpg）。

說明：前排左起巴莫、張景惠（滿洲）、汪精衛（中國）、東條英機（日本）、那拉底親王（Wan Waithayakon 泰國）、勞雷爾（Jose P. Laurel 菲律賓）、鮑斯（Subhas Chandra Bose 印度）。

圖 16：大東亞會議（1943）

　　當時，不論倫敦、或流亡政府對於翁山都具有敵意，嘲諷緬甸國民軍為「緬甸叛軍」（Burma Traitor Army），不過，盟軍東南亞戰區最高統帥（Supreme Allied Commander for South East Asia, SACSEA）蒙巴頓（Louis Mountbatten）考量掃蕩東南亞日軍的任務才開始，特別是收復馬來亞的作戰艱困，緬甸將會是作戰的基地，要是能與緬甸國民軍結盟最好，就可以釋出部隊全力對付日軍，若是拘泥他們過去與日軍的糾葛，萬一緬甸游擊隊全面作亂，將會引爆一場小型的內戰，英軍勢必腹背受敵、得不償失，更何況大英帝國已經日薄西山，迫切

需要跟亞洲國家年輕一代的民族主義份子建立有好關係，不希望節外
生枝，他因此強勢主導，在 1945 年 6 月 2 日發佈一份政策指導，強調
任何以政治理由的起訴、或判刑都必須立即上報給他，特別是死刑必
須由他來核准，違者將送軍法審判盟軍；好整以暇，6 月 16 日仰光舉
行勝利閱兵，並肩作戰三個月的緬甸國民軍出現在分列式，蒙巴在檢
閱後立即與翁山、尼溫、德欽丹東、及巴亨等民族運動領導者會面，
安排緬甸國民軍的改組、納入正規軍，雙方同意不適任者解甲優退、
不受節制的緬軍將被視為土匪（Tinker,1986: 461-62; Cady, 1958:
499-504, 514-17）。

　　雖然多數左翼在戰爭爆發後倡議跟英國合作抵抗日本，一些德欽
黨人積極尋求跟日本合作來擺脫英國殖民統治,成立人民革命黨(Ono,
1974: 359)。戰爭結束前，緬共與人民革命黨聯合戰線（Vanguard of the
Revolution），然而，雙方終究因為意識形態的差異禍起蕭牆，對於是
否繳械有不同的看法（Hein, 2017: 199）：由於緬共先前支持與日本軍
方合作，轉而投向英國顯得理不直氣不壯，適時由印共傳來美國共產
黨（Communist Party USA, CPUSA）總書記白勞德（Earl Browder）的
和平演變（peaceful evolution）論調，略謂大戰已經弱化法西斯及帝國
主義、沒有必要訴諸武裝鬥爭以摧毀資本主義，緬共見獵心喜，趕緊
靠攏以提昇自己的國際地位、及正當性，因此指控人民革命黨冒進，
並要緬軍交出武器、甚至向英軍通報緬軍的軍火庫；相對地，許多左
派民族主義者認為自動繳械是錯亂的，官兵不服緬共政戰官的意識形
態指導，埋下獨立後社會黨另起爐灶種子。

陸、戰後的英緬談判

在 1945 年 5 月 17 日，保守黨邱吉爾政府針對緬甸的未來向下議院公布一份白皮書（*Burma, Statement of Policy by H.M. Government*），提出所謂的三階段獨立計畫，打算在 3 年內循序漸進實施，首先是由總督在過渡政府（行政會議）的襄輔下實施直接統治，重點在重建、及經濟復甦，接著預期在 1948 年 5 月恢復選舉，將依據戰前的『1935 年緬甸政府法』來召開緬甸（殖民地）議會、推選總理、草擬新憲，最後才是取得自治領地位、加入大英國協，預估 5-6 年走完所有程序；流亡西姆拉的緬甸總督多曼‧史密斯（Reginald Dorman-Smith, 1941-46）在蒙巴頓的安排下於 1945 年 6 月私訪仰光，在英艦坎伯蘭號（HMS *Cumberland*）接觸緬甸領導者，應方提議在 3 年半內取得自治領地位，這時，翁山領導的反法西斯組織已經轉變為反法西斯人民自由同盟（Anti-Fascist People's Freedom, AFPFL），決議民族自決權必須適用緬甸、要求立即通盤自治，會談不歡而散[42]（Lost Footsteps, 2022a; Charney, 2009: 62-63; Hendershot, 1947; Donnison, 1970: 129-30; Tucker, 2001: 106, 110; Tinker, 1986: 463; Cady, 1958: 478-84; 504-11）。

英國政府的立場或許出於善意，認為先前未能捍衛緬甸抵抗日軍入侵而有所虧欠，因此有義務先恢復治安、讓行政上正軌，再來談經濟、及基礎建設的重建，無疑，就必須借重英國人、及印度人的助力；然而，站在反法西斯人民自由同盟而言，此舉無異恢復外國經濟勢力

---

[42] 當時，蒙巴頓大膽提及緬甸國民軍先前跟日本人合作的敏感議題，指出萬一有罪必須判刑，哪壺不開提哪壺，包括翁山在內的賓客相當尷尬（Tinker, 1986: 464）。

在戰前的支配，更不用說，緬甸人在日本佔領期間至少獲得形式上上的獨立，豈有反倒其行的道理？更何況，他們在盟軍反攻之後已經成立臨時政府，當務之急應該是進一步成立合法的政府，沒有道理延宕才對，因此要求主導行政部門、而且反法西斯人民自由同盟的閣員必須集體行動；對於英國來說，這樣的安排無異享有實權的臨時政府，與白皮書的精神背道而馳，當然無法接受（Donnison, 1970: 129-31; Tucker, 2001: 107-108）。

　　流亡政府在 1945 年 10 月由印度班師回朝，總督多曼・史密斯設置 15 人行政會議（Executive Council）、及 50 人立法會議（Legislative Council），邀請翁山共襄盛舉，不過，倫敦或許低估翁山的實力[43]、認為經驗不足，另外迎回被日本人流放新加坡的巴盛與敦奧克[44]、及關在非洲的吳蘇來制衡；由於英國政府不願允諾緬甸獨立，翁山轉而採取不合作主義、在全國展開為期 11 個月的抗爭，一方面要求成立過渡政府，另一方面則發動百姓抗稅、抗租、及拒賣官方米糧，多曼・史密斯被召回倫敦述職，剛贏得大選的工黨艾德禮首相（Clement Attlee,

---

[43] 根據情資，緬甸國民軍在地方上的權力尚未鞏固，不過，蒙巴頓相信仍然可以對英軍構成相當威脅（Tinker, 1986: 463）。

[44] 敦奧克原本在日軍佔領後主政，後來被巴莫取代，被懷疑密謀推翻而跟巴盛一起放逐新加坡，在 1946 年 1 月返回（Hendershot, 1947: 135）。日後，敦奧克指控翁山在 1942 年率領緬甸獨立義勇軍協助日軍入侵，言之鑿鑿親眼目睹他謀殺直通附近回教村落的一名頭人；翁山並未否認殺人，反駁這名頭人是因為被控洩密給英國人、策動村民抵抗日軍，最後是經過軍法審判而被處死，並非濫殺無辜；蒙巴頓息事寧人、倫敦不置可否、總督多曼-史密斯搖擺不定，儘管英軍沒有 79,000 名印度兵的輔助仍然足以鎮壓，不過，或許直通仍在緬軍的控制而有所顧忌，擔心全面叛亂而不可收拾（Donnison, 1970: 132; Tucker, 2001: 113-17; Tinker, 2001: 467-69）。

1945-51）上台，親自主導印度、及緬甸議題，他擔心逮捕翁山會引發全面暴動，在印度總督蒙巴頓的建議下拔掉多曼·史密斯的總督職[45]，換上蘭斯（Hubert Rance, 1946-48）；當下，反法西斯人民自由同盟把政權轉移下的人事異動解釋為英國投鼠忌器，除了公開支持公務人員罷工，更要求言論自由、及民權保障（Charney, 2009: 60-61; Donnison, 1970: 131-32; Tinker, 1986: 464-68）。

蘭斯軍人出身，原本任職英國在緬甸軍事政府（British Military Administration, BMA）負責民政（Civil Affairs Service (Burma), CAS(B)），戰後的緬甸滿目瘡痍、動亂不安，加上吳蘇的愛國黨、及翁山的反法西斯人民自由同盟擁兵自重[46]，他首先必須終結罷工、並清剿各地的土匪，同時還要儘快展開重建工作，疲於奔命，更重要的任務是拉攏吳蘇、及翁山，以便營造預計在次年春天進行緬甸議會改選的條件，沒有想到連警察也呼應罷工（1946/9），火上加霜；或許為了支應倫敦的保守派政客，蘭斯表面上不假辭色，實際上卻是身段柔軟，他在1946年9月邀集緬甸各方領導者討論行政會議的改革，外頭的罷工卻不斷擴大高昇，連警察、郵差、鐵路及油井工人都加入，而翁山的人民志

---

[45] 一說多曼·史密斯是返國治病，辭職抗議層峰不能察納雅言；事實上，剛上任的首相艾德禮對於他的顛三倒四、及敷衍搪塞有所不滿，因此決心把他召回（Wikipedia, 2022: Reginald Dorman-Smith; Tinker, 1986: 468-69）。

[46] 在1930年代中期，幾乎所有政治勢力、或人物都有穿各色制服的「軍」（*Tat*），原本的用意是在民族主義者示威、遊行、或是罷工時提供保護，到後來是隨時準備奪權，包括巴莫的（*Dahma Tat*）、及吳蘇的（*Galon Tat*）；英方樂觀其成，或許篤定他們不敢把槍口指向殖民政府，也有可能是一次大戰的經驗，戰時可以納入指揮調度（Callahan, 2002: 528-30; Donnison, 1970: 117）。在1945-46年間，反法西斯人民自由同盟已有10萬大軍，不惜一戰，英國政府有所顧忌（Warshaw, 1964; 88）。

願組織[47]（People's Volunteer Organization, PVO）則出面維持治安，英方被迫同意未來行政會議的運作將會有如一般的部長會議，而總督也答應盡量不會逕行否決、干涉政務；終究，反法西斯人民自由同盟獲得多數席位分配組閣，翁山擔任量身定做的行政會議的副主席、實質上就是過渡政府總理（1946-47），罷工終於停止（Charney, 2009: 62; Donnison, 1970: 133; Tucker, 2001: 118-19; Tinker, 1976: 470-71; Cady, 1958: 500）。

　　當時對於英國工黨政府來說，印度、及巴勒斯坦才是重頭戲，況且白皮書把緬甸與馬來亞、及新加坡相提並論，看不出推動自治的迫切性（Lost Footsteps, 2022a）。行政會議則認為白皮書所規劃的獨立進程過於慢條斯理，而且規劃中的過渡政府權限不明，加上並沒有任何文可以約束總督的裁量權，因此在1946年11月10日議決要求英國立即成立過渡政府、允諾讓緬甸在一年內獨立、讓緬甸人有權決定是否加入大英國協、及將預定的議會選舉改為制憲會議選舉，否則，反法西斯人民自由同盟將退出行政會議；首相艾德禮雖然老大不高興，卻因為急於脫離泥淖、不願看到緬甸烽火四起，在12月宣布將從善如流檢討緬甸政策，表態不逼緬甸人違反自由意志加入國協，也明白表示緬甸應該如同印度透過制憲會議制訂新憲，同時保證不會介入行政會議的運作（Charney, 2009: 63; Donnison, 1970: 133; Tucker, 2001: 119;

---

[47] 緬甸國防軍在收復仰光後，於1945年6月11日整編、30日改名愛國緬甸軍（Patriotic Burmese Forces, PBF），蒙巴頓希望半數解甲歸田、半數併入正規軍，不過，多數的老兵不願意加入政府軍而維持原來的建制，稱為人民志願組織（Tucker, 2001: 108-109; Tinker, 1986: 464-65, 467-69; Cady, 1958: 511, 514, 519; Wikipedia, 2022: Burma Independence Army）。

Tinker, 1986: 472）。

　　翁山率團於 1947 年 1 月 9 日抵達倫敦商議獨立事宜，在 13-27 日總共開了 10 次正式會議，終於簽訂『倫敦協議[48]』（*London Agreement, 1947*），英國同意讓緬甸儘快獨立、自主決定是否加入國協，雖然並未明確訂下時間表，雙方有共識預定在 4 月舉辦大選、透過制憲議會來草擬新憲；儘管代表團大致達成目標，吳蘇、及巴盛卻在最後關頭無預警拒絕聯名簽字，翁山、及艾德禮希望兩人能說明原委，他們左支右絀，只回答這份協議「有所不足」（did not go far enough），不久就辭掉在行政會議職務；或曰，兩人跟前總督多曼‧史密斯走得比較近，頻頻會商、沆瀣一氣，顯然英國保守派政客不樂見緬甸的重建、落井下石（Charney, 2009: 64; Donnison, 1970: 134; Tucker, 2001: 119-20: Tinker, 29186; 473-74）。

　　制憲議會選舉很快地就在 1947 年 4 月 9 日舉行，反法西斯人民自由同盟獲得大勝，囊括 255 席中的 248 席，而吳蘇的愛國黨、巴莫的窮人黨、及德欽巴盛的德欽黨自知大勢已去而聯手杯葛；制憲議會在 6 月 9 日召開，吳努被推為議長，成立 15 人憲法起草委員會（Charney, 2009: 64-65）。在這回選舉，吳蘇等人結合反對制憲議會，與其說彼此意識形態不同、倒不如說這些人嫉妒翁山，而吳蘇更對翁山跟日本人聯手耿耿於懷；事實上，英國保守份子也不太喜歡翁山，譬如邱吉爾在翁山身亡後不忘痛斥他為「叛匪的頭子」、「叛軍（Quisling army）的組織者」、直等英軍反攻才雙手沾滿英國人及緬甸人的鮮血倒向盟軍云云（Charney, 2009: 68）。在 1947 年 7 月 19 日早上 10 點半，正當行

---

[48] 又稱為『翁山-艾德禮協定』（*Aung San-Atlee Agreement*）。

政會議在討論 200 支布倫輕機槍失竊，5 名著迷彩服的軍人衝進秘書處大樓，朝著主持會議的翁山等人掃射，包括翁山在內 5 人當場隕命、2 人送醫不治（Charney, 2009: 70; Tucker, 2001: 138-39）。

來源：Lost Footsteps（2022b）。

圖 17：倫敦會議（1947）

　　獨立的進程急轉直下，新的憲法草案很快地就在 7 月 31 日呈遞制憲議會、於 9 月 24 日通過，次日，蘇瑞泰（Sao Shwe Thaik）、及吳努分別被無異議推舉為總統（1948-52）、及總理（1948-56），制憲議會同時決議緬甸在獨立後不加入大英國協。英國政府與緬甸臨時政府在 1947 年 10 月 17 日簽訂『緬甸獨立條約』（*Anglo- Burmese Treaty on the Independence of Burma, 1947*），英國國會接著通過『緬甸獨立法』（*Burma Independence Act, 1947*）加以核可，皆大歡喜，緬甸在 1948 年 1 月 4 日公布『獨立宣言』（*Declaration of Independence of Burma, 1948*），正式成立緬甸聯邦（Union of Burma）。

圖 18：緬甸獨立宣言（1948）

附錄：緬甸獨立宣言（1948）

1948 年 1 月 4 日，星期日，我們的緬甸聯邦共和國成爲一個完全獨立的主權國家。

我們這個偉大的國家是一塊完美的土地，也是一個美好的土地。我國所在的土地是好地方。地球上到處都是各種各樣的珍貴珠寶，但是我國是眾生最珍貴的世界，我國蘊藏著取之不盡，用之不竭的真正精髓。在這片神聖的土地上，我們已經團結成一個獨立的國家。在緬甸廣袤的大地上，我們的獨立像太陽一樣閃耀，然而，就像世界中心的太陽王圖里亞斯薩拉德暫時被白雪覆蓋一樣，我們的獨立緬甸大約在四百年前不可避免地遇到了英國殖民主義。在第二次英緬戰爭期間，我們割地賠款，在第三次英緬戰爭中，在這片神聖土地上守衛了數千年的我們的獨立性，完全從我們手中失去了，並被徹底征服了。但是，他不能忍受短暫的陽光直射而被趕走，因爲我們打敗了世界上的殖民主義，而漫長的高速和崇高卻使月光下的純天然水又重新散播了。獨立精神照耀，但它們可能是與殖民政府幾十年如一日的角力，當我們吃飽了母親的奶水，那個稚嫩的嬰兒將自動從此消失，聖潔幸福獨立生活的寶貴生命已經爲我所有。

我們現在擁有的自由不是水、血和水中的雲一樣的自由。在昂山將軍和成熟的領導人的幫助下，他們盡快將我們引導至獨立之路，我們和其他獨立國家一樣強大無比。

我們不想一個民族的一部分的福利，我不想被歧視，我不想被歧視，我不想被歧視，我不想被歧視，我不想被歧視。繩索，繩索，有了僅來自自然資源的這三條善意，我們現在就有機會在世界末日〔請求校對翻譯〕結成聯盟。

我們的國家不是任何個人或團體的遺產。它不是任何個人或團體的私有財產。這不是一個應該被一個團體或另一個團體征服的國家。從過去到現在並在未來的日子裡。只要我們是生活在我們聯盟中的所有國家的男女老少忠實公民，我們將選出一個能夠按照我們人民的意願，按照人類和人類的意志為所有人的利益服務的人。人權，這是我們遺產的好處，我們掌握了緬甸聯邦共和國的偉大。

讓他們知道，從這個幸福的時代開始，我們重新獲得了完全的自由，這是我們最初的財產。建立了具有所有民族平等的血統和平等權利的聯邦共和國。我們將堅定不移地捍衛我們的獨立和王國對世界末日〔請求校對翻譯〕的忠誠。作為一個自由國家，我們將秉承世界所有自由國家的價值觀。當我們熱愛自由時，我們將尊重他人的自由。只要我們想要和平，我們將與志同道合的人一起保護世界和平。

讓全世界聽到我們的宣告。

參考文獻[49]

『緬甸獨立宣言』（1948）（ https://zh.wikipedia.org/zh-tw/缅甸独立宣言）
（2022/7/24）。

小重山，2017（2013）。〈緬甸趣聞，你知道翁山蘇姬姓啥？〉《去緬甸，帶上
佛的微笑》（https://read01.com/4DMgdya.html#.Yty3Er1BzX5）（2022/7/24）。

百科知識，n.d.〈菲利浦‧德‧布里托〉（https://www.easyatm.com.tw/wiki/菲
利浦‧德‧布里托）（2022/7/29）。

百科知識，n.d.〈緬甸佛教青年會〉（https://www.easyatm.com.tw/wiki/緬甸佛
教青年會）（2022/7/29）。

維基百科，2021。〈南機關〉（https://zh.wikipedia.org/zh-tw/南機關）（2022/7/20）。

維基百科，2021。〈飯田祥二郎〉（https://zh.wikipedia.org/zh-tw/飯田祥二郎）
（2022/7/20）。

維基百科，2022。〈元緬戰爭〉（https://zh.wikipedia.org/zh-tw/元缅战争）
（2022/7/20）。

維基百科，2022。〈木村兵太郎〉（https://zh.wikipedia.org/zh-tw/木村兵太郎）
（2022/7/20）。

維基百科，2022。〈印度總督〉（https://zh.wikipedia.org/zh-tw/印度总督）
（2022/7/20）。

維基百科，2022。〈明緬戰爭〉（https://zh.wikipedia.org/zh-tw/明缅战争）
（2022/7/20）。

維基百科，2022。〈翁山〉（https://zh.wikipedia.org/zh-tw/昂山）（2022/7/20）。

維基百科，2022。〈緬甸人名〉（https://zh.wikipedia.org/zh-tw/緬甸人名）
（2022/7/20）。

---

[49] 請參考 *Journal of Burma Studies*（緬甸研究學報）的格式（Northern Illinois University, 2022）。

駐仰光總領事館，1947。〈呈報緬甸政情(020-011101-0001)〉（https://catalog.
digitalarchives.tw/item/00/5e/b1/81.html）（2022/7/24）。

All Burma Students Democratic Front (ABSDF). 1995. "Is Economic Aid a
Lethal Weapon?" (https://www.burmalibrary.org/reg.burma/archives/1995
07/msg00279.html) (2022/8/3)

Allen, Richard. 1970. *A Short Introduction to the History and Politics of
Southeast Asia.* New York: Oxford University Press.

Anglo-Burmese Treaty on the Independence of Burma, 1947 (https://www.cvce.
eu/content/publication/2015/10/19/cd1357f8-0e15-41a7-ae41-f39aa1a6db9b
/publishable_en.pdf) (2022/7/24)

Aung, Wei Yan. 2019. "Cruelty of the British." *The Irrawaddy*, June 8
(https://www.irrawaddy.com/specials/on-this-day/cruelty-of-the-british.html)
(2022/7/18)

Aung, Wei Yan. 2020. "The Day Anti-Chinese Rioting Erupted in British-Ruled
Yangon." *The Irrawaddy*, January 2 (https://www.irrawaddy.com/specials/
on-this-day/day-anti-chinese-rioting-erupted-british-ruled-yangon.html)
(2022/7/18)

Aung San-Atlee Agreement, 1947 (https://burmastar1010.files.wordpress.com/
2011/06/44172419-aungsan-atlee-agreement.pdf) (2022/7/24)

Burma Independence Act, 1947 (https://vlex.co.uk/vid/burma-independence-
act-1947-808095597) (2022/7/24)

Cady, John F. 1964. *Southeast Asia: Its Historical Development.* New York:
McGraw-Hill Book Co.

Callahan, Mary P. 2002. "State Formation in the Shadow of the Raj: Violence,
Warfare and Politics in Colonial Burma." *Southeast Asian Studies*, Vol. 39,
No. 4, pp. 513-36.

Charney, Michael W. 2009. *A History of Modern Burma.* Cambridge:
Cambridge University Press.

Declaration of Independence of Burma, 1948 (https://kaiserreich.fandom.com/wiki/Burmese_Declaration_of_Independence) (2022/7/24)

Donnison, F. S. V. 1970. *Burma.* New York: Praeger Publishers.

Gilberti, Christian. 2019. "The 'Shoe Question' in Colonial Burma." *Myanmore*, May 20 (https://www.myanmore.com/2019/05/the-shoe-question-in-colonial-burma/) (2022/7/31)

Gopal, S. 1965. *British Policy in India 1858-1905.* Cambridge: Cambridge University Press.

Furnivall, J. S. 1948. *Colonial Policy and Practice: A Comparative Study of Burma and Netherlands India.* Cambridge: Cambridge University Press.

Hall, Simon. 2016. "Blinded by the Rising Sun: Japanese Military Intelligence from the First Sino-Japanese War to the End of World War II." Ph.D. Dissertation, University of Adelaide.

Hein, Min Ye Paing. 2017. "Fighting in the Dark: Ideology and State Formation in Post-Colonial Burma." *Journal of Historical Sociology*, Vol. 30 No. 2, pp. 189-216.

Hendershot, Clarence. 1947. "Burma Compromise." *Far Eastern Survey*, Vol. 16, No. 12, pp. 133-38.

Henderson, John W. 1971. *Area Handbook for Burma.* Washington, D.C.: U.S. Government Printing Office.

IMAGO. 2022. "Burma Round Table Conference Holds Its First Plenary Session at St James s Palace under the Chairmanship." (https://www.imago-images.com/st/0080958826) (2022/7/21)

Khaing, Htun. 2021. "'The Ogre' Still Inspiring Oil Workers, 80 Years after Landmark Oil Strike." (https://www.frontiermyanmar.net/en/the-ogre-still-inspiring-oil-workers-80-years-after-landmark-oil-strike/) *Frontier*, July 3 (2022/8/7)

Lebra, Joyce. 2010. *Japanese-trained Armies in Southeast Asia.* Singapore: Institute of Southeast Asian Studies.

Lintner, Bertil. 1990. *The Rise and Fall of the Communist Party of Burma (CPB).* Ithaca: Cornell University Press.

Lost Footsteps. 2022a. "White Paper on Burma: 17 May 1945 - June 1946." (https://lostfootsteps.org/en/history/white-paper-on-burma) (2022/7/23)

Lost Footsteps. 2022b. "Photograph of 31-Year-Old General Aung San: 27 January 1947." (https://lostfootsteps.org/en/history/photograph-of-31-year-old-general-aung-san) (2022/7/23)

MacDougall, Raibeart M. 1948. "Burma Stands Alone." *Foreign Affairs*, Vol. 26, No. 3, pp. 542-53.

Min, Zaw Soe. 2009. "Emergence of the DoBamar Asiayone and the Thakins in the Myanmar Nationalist Movement."《岡山大学大学院社会文化科学研究科紀要》27 期，頁 103-21。

Naw, Angelene. 2001. *Aung San and the Struggle for Burmese Independence.* Chiang Mai, Thailand: Silkworm Books.

Northern Illinois University. 2022. "The Journal of Burma Studies Submission Guide." (https://www.niu.edu/clas/burma/publications/jbs/submission.shtml) (2022/8/16)

Ono, Toru. 1974. "Changes in the Political Leadership of Burma." *Developing Economies*, Vol. 12, No. 4, pp. 354-69.

Tarling, Nicholas. 1966. *A Concise History of Southeast Asia.* New York: Frederick A. Praeger.

Taylor, Robert H. 1983. "The Burmese Communist Movement and Its Indian Connection: Formation and Factionalism." *Journal of Southeast Asian Studies*, Vol. 14, No. 1, pp. 95-108.

THAMINEBLOG (Christian Gilberti, assumed). 2018. "Footwearing

Prohibited: The Legacy of the 'Shoe Question' in Colonial Burma." *Thamine*, July 9 (https://thamine.blog/2018/07/09/footwearing-prohibited-the-legacy-of-the-shoe-question-in-colonial-burma/) (2022/7/30)

Tucker, Shelby. 2001. *Burma: The Curse of Independence*. London: Pluto Press.

Village Act, 9107 (https://www.burmalibrary.org/docs11/The-Village-Act-1907.pdf) (2022/8/18)

Warshaw, Steven. 1964. *Southeast Asia Emerges: A Concise History of Southeast Asia from Its Origin to the Present.* Berkeley: Diablo Press.

Wikimedia Commons. 2020. "File:197945kyatsa.png." (https://commons.wikimedia.org/wiki/File:197945kyatsa.png) (2022/7/22)

Wikimedia Commons. 2020. "File:197945kyatsb.png." (https://commons.wikimedia.org/wiki/File:197945kyatsb.png) (2022/7/22)

Wikimedia Commons. 2020. "File:Map of Taungoo Empire (1580).png." (https://commons.wikimedia.org/wiki/File:Map_of_Taungoo_Empire_(1580).png) (2022/7/22)

Wikimedia Commons. 2020. "File:Pyu Realm.png." (https://commons.wikimedia.org/wiki/File:Pyu_Realm.png) (2022/7/22)

Wikimedia Commons. 2021. "File:1943 Tokyo conference.jpg." (https://commons.wikimedia.org/wiki/File:1943_Tokyo_conference.jpg) (2022/7/22)

Wikimedia Commons. 2021. "File:Declaration of Independence of Burma.jpg." (https://commons.wikimedia.org/wiki/File:Declaration_of_Independence_of_Burma.jpg) (2022/7/22)

Wikimedia Commons. 2021. "File:Kingthibawbeingsenttoexile.jpg." (https://commons.wikimedia.org/wiki/File:Kingthibawbeingsenttoexile.jpg) (2022/7/22)

Wikimedia Commons. 2021. "File:Pagan Empire -- Sithu II.PNG." (https://commons.wikimedia.org/wiki/File:Pagan_Empire_--_Sithu_II.PNG) (2022/7/22)

Wikimedia Commons. 2021. "File:Namban Elefante Filipe de Brito 1.jpg." (https://commons.wikimedia.org/wiki/File:Namban_Elefante_Filipe_de_Brit o_1.jpg) (2022/7/22)

Wikimedia Commons. 2021. "File:Rangoon University Students' Union Committee (1936). M. A. Rashid sitting in the center in the front row.jpg." (https://commons.wikimedia.org/wiki/File:Rangoon_University_Students%27 _Union_Committee_%281936%29._M._A._Rashid_sitting_in_the_center_in _the_front_row.jpg) (2022/7/22)

Wikimedia Commons. 2022. "File:Kingdom of Rakhine.jpg." (https://comm ons.wikimedia.org/wiki/File:Kingdom_of_Rakhine.jpg) (2022/7/22)

Wikimedia Commons. 2022. "File:Seal Suphanburi.png." (https://commons. wikimedia.org/wiki/File:Seal_Suphanburi.png) (2022/7/22)

Wikimedia Commons. 2022. "File:Thirty Comrades.jpg." (https://commons. wikimedia.org/wiki/File:Thirty_Comrades.jpg) (2022/7/22)

Wikipedia. 2016. "Freedom Bloc." (https://en.wikipedia.org/wiki/Freedom_ Bloc) (2022/7/19)

Wikipedia. 2019. "General Council of Burmese Associations." (https://en. wikipedia.org/wiki/General_Council_of_Burmese_Associations) (2022/7/19)

Wikipedia. 2021. "1930 Rangoon riots." (https://en.wikipedia.org/wiki/ 1930_Rangoon_riots) (2022/7/19)

Wikipedia. 2021. "Mon kingdoms." (https://en.wikipedia.org/wiki/Mon_ kingdoms) (2022/7/19)

Wikipedia. 2021. "Second Anglo-Burmese War." (https://en.wikipedia.org/ wiki/Second_Anglo-Burmese_War) (2022/7/19)

Wikipedia. 2022. "1922 Burmese general election." (https://en.wikipedia.org/ wiki/1922_Burmese_general_election) (2022/7/19)

Wikipedia. 2022. "1925 Burmese general election." (https://en.wikipedia.org/ wiki/1925_Burmese_general_election) (2022/7/19)

Wikipedia. 2022. "1928 Burmese general election." (https://en.wikipedia.org/ wiki/1928_Burmese_general_election) (2022/7/19)

Wikipedia. 2022. "1932 Burmese general election." (https://en.wikipedia.org/ wiki/1932_Burmese_general_election) (2022/7/19)

Wikipedia. 2022. "1936 Burmese general election." (https://en.wikipedia.org/ wiki/1936_Burmese_general_election) (2022/7/19)

Wikipedia. 2022. "Anti-Fascist Organisation." (https://en.wikipedia.org/wiki/ Anti-Fascist_Organisation) (2022/7/19)

Wikipedia. 2022. "Aung San." (https://en.wikipedia.org/wiki/Aung_San# Thakin_revolutionary) (2022/7/19)

Wikipedia. 2022. "Bamar people." (https://en.wikipedia.org/wiki/Bamar_ people) (2022/7/19)

Wikipedia. 2022. "Bayingyi people." (https://en.wikipedia.org/wiki/ Bayingyi_people) (2022/7/19)

Wikipedia. 2022. "Burma Independence Army." (https://en.wikipedia.org/ wiki/Burma_Independence_Army) (2022/7/19)

Wikipedia. 2022. "Burma Socialist Party." (https://en.wikipedia.org/wiki/ Burma_Socialist_Party) (2022/7/19)

Wikipedia. 2022. "Burmese names." (https://en.wikipedia.org/wiki/Burmese_ names) (2022/7/19)

Wikipedia. 2022. "Burmese invasions of Assam." (https://en.wikipedia.org/ wiki/Burmese_invasions_of_Assam) (2022/7/19)

Wikipedia. 2022. "Burmese-Siamese wars." (h Burmese–Siamese_wars) (2022/7/19)

Wikipedia. 2022. "Filipe de Brito e Nicote." (https://en.wikipedia.org/wiki/ Filipe_de_Brito_e_Nicote) (2022/7/19)

Wikipedia. 2022. "First Anglo-Burmese War." (https://en.wikipedia.org/wiki/

First_Anglo-Burmese_War) (2022/7/19)

Wikipedia. 2022. "First Mongol invasion of Burma." (https://en.wikipedia.org/wiki/First_Mongol_invasion_of_Burma) (2022/7/19)

Wikipedia. 2022. "Indian Councils Act 1909." (https://en.wikipedia.org/wiki/Indian_Councils_Act_1909) (2022/7/19)

Wikipedia. 2022. "Japanese invasion of Burma." (https://en.wikipedia.org/wiki/Japanese_invasion_of_Burma) (2022/7/19)

Wikipedia. 2022. "Legislative Council of Burma." (https://en.wikipedia.org/wiki/Legislative_Council_of_Burma) (2022/7/19)

Wikipedia. 2022. "List of colonial governors of Burma." (https://en.wikipedia.org/wiki/List_of_colonial_governors_of_Burma) (2022/7/19)

Wikipedia. 2022. "List of premiers of British Burma." (https://en.wikipedia.org/wiki/List_of_premiers_of_British_Burma) (2022/7/19)

Wikipedia. 2022. "Min Razagyi." (https://en.wikipedia.org/wiki/Min_Razagyi) (2022/7/19)

Wikipedia. 2022. "Natshinnaung." (https://en.wikipedia.org/wiki/Natshinnaung) (2022/7/19)

Wikipedia. 2022. "Portuguese settlement in Chittagong." (https://en.wikipedia.org/wiki/Portuguese_settlement_in_Chittagong) (2022/7/19)

Wikipedia. 2022. "Pyu city-states." (https://en.wikipedia.org/wiki/Pyu_city-states) (2022/7/19)

Wikipedia. 2022. "Reginald Dorman-Smith." (https://en.wikipedia.org/wiki/Reginald_Dorman-Smith) (2022/7/19)

Wikipedia. 2022. "Saya San." (https://en.wikipedia.org/wiki/Saya_San) (2022/7/19)

Wikipedia. 2022. "Second Mongol invasion of Burma." (https://en.

wikipedia.org/wiki/Second_Mongol_invasion_of_Burma) (2022/7/19)

Wikipedia. 2022. "Secretary of State for India." (https://en.wikipedia.org/wiki/Secretary_of_State_for_India) (2022/7/19)

Wikipedia. 2022. "Sino-Burmese War." (https://en.wikipedia.org/wiki/Sino-Burmese_War) (2022/7/19)

Wikipedia. 2022. "Suzuki Keiji." (https://en.wikipedia.org/wiki/Suzuki_Keiji) (2022/7/19)

Wikipedia. 2022. "Thakin Po Hla Gyi." (https://en.wikipedia.org/wiki/Thakin_Po_Hla_Gyi) (2022/7/19)

Wikipedia. 2022. "Thein Maung." (https://en.wikipedia.org/wiki/Thein_Maung) (2022/7/19)

Wikipedia. 2022. "Third Anglo-Burmese War." (https://en.wikipedia.org/wiki/Third_Anglo-Burmese_War) (2022/7/19)

Wikipedia. 2022. "Thirty Comrades." (https://en.wikipedia.org/wiki/Thirty_Comrades) (2022/7/19)

Wikipedia. 2022. "U Dhammaloka." (https://en.wikipedia.org/wiki/U_Dhammaloka) (2022/7/19)

Wikipedia. 2022. "U Nu." (https://en.wikipedia.org/wiki/U_Nu) (2022/7/19)

Wikipedia. 2022. "U Ottama." (https://en.wikipedia.org/wiki/U_Ottama) (2022/7/19)

Wikipedia. 2022. "Young Men's Buddhist Association (Burma)." (https://en.wikipedia.org/wiki/Young_Men%27s_Buddhist_Association_(Burma)) (2022/7/19)

Williams, Lea E. 1976. *Southeast Asia: A History*. New York: Oxford University Press.

緬甸的國家認同

紀舜傑
淡江大學教育與未來設計系副教授

壹、緒論

　　近來緬甸受到台灣媒體關注，是因爲台灣年輕人被誘騙至柬埔寨和緬甸從事詐騙工作，受騙者指控緬甸的 KK 園區裡的工作環境惡劣，台灣青年受到極爲惡劣的對待，一時緬甸 KK 園區「惡名昭彰」，讓台灣媒體大加撻伐（蘋果新聞網，2022）。新北市中和地區有一條知名的緬甸街，這條華新街是由 1960 年代遭受緬甸政府排華而群體移居於此的緬甸華人的新故鄉，也有後來到台灣的新住民加入，整條街飄散的不只是緬甸的食物風味，也成了台北地區東南亞多元文化的生活場域。與華新街對應的緬甸聯邦共和國，曾被類爲與古巴、伊拉克、利比亞、北韓、蘇丹、敘利亞等國同是全世界最違反民主法治與人權保護的國家（Norberg, 2003）。英國經濟學人雜誌（*Economist*, 2021）也稱緬甸是亞洲下一個崩壞的國家。另一方面，緬甸也被稱爲「光與花瓣的國度」，也是對外國旅客而言，一個安全輕鬆友善的多元文化社會（王珉瑄、洪家寧，2017）。

　　從 1990 年代以來，翁山蘇姬（Aung San Suu Kyi）是緬甸的國際形象代表，她領導民主改革對抗軍政府，卻受到軍政府長期軟禁，成為緬甸民主的苦難象徵，這為她贏得國際聲望，諾貝爾和平獎的加持更讓人將緬甸的光明未來寄託在她身上，但是近幾年因為羅興亞人（Rohingya）遭受迫害的新聞傳遍全球，不但重創翁山蘇姬的國際形象，也成為緬甸的國家負面形象的焦點。

　　緬甸國土超過 67 萬平方公里（世界排名 42），人口超過 5,700 萬（世界排名 25），是個族群多元組成的國家，最多數族群是緬族人（Bamar, 68%），其次是撣族人（Shan, 9%）、克倫族（Karen, 7%）、若開人（或稱阿拉干人）（Rakhine, 4%）、華人（Chinese, 3%）、印度裔人（Indian, 2%）、孟族（Mon, 2%）、以及其他族裔[1]。宗教信仰也是多元並存，最多數的是佛教徒（87.9%），基督教與天主教徒次之（6.2%），再來是穆斯林（4.3%），其他則是更小不超過 1% 的教徒如印度教（0.5%）等（CIA, 2022）。

　　緬甸的天然物產豐富，著名的有石油、紅寶石、翡翠、柚木、錫、鎢、鋅、鋁等天然資源，加上東南亞最長的海岸線，帶來豐盛的漁業產量。在 1962 年軍政府掌權之前，緬甸的經濟發展和泰國大約相當，落後南韓不遠，仰光的現代化程度不輸給新加坡，甚至還高過曼谷。但是到了 1980 年代，緬甸就遠遠落後（吳丹敏，2021）。我們檢視緬甸的各種國際排名（表 1），會發現緬甸整體排名都在百名之外，特別是在各種自由、民主、人權、清廉方面都是居於最後段國家之列。幸福、和平、創新等也都是百名之外。只有能源指數明列前 100 名之列。

---

[1]　在 CIA（2022）的族群分類資料中，並沒有列入羅興亞人。在維基百科（2022）的資料中，在 2016 年難民潮之前，緬甸的羅興亞人約為 100 萬。

表 1：緬甸的國際排名

	國　際　評　比	緬甸排名
1	2021 人均國內生產總值排名	164
2	2021 人均國內購買力排名	150
3	2021 清廉印象指數排名	140
4	2022 全球幸福報告排名	126
5	2021 全球創新指數排名	127
6	2022 年世界上財富排名	148
7	2021 全球民主指數	166
8	2022 全球和平指數	139
9	2022 世界經濟自由度	149
10	2022 世界新聞自由指數	176
11	2022 全球最佳居住城市排名	147
12	2022 年人權和法治指數	169
13	2022 年國家出生率	17.7
14	2022 全球自由度評分	9（不自由）
15	2021 國家能源指數	83
16	2022 城市污染物排放指數排名	2

來源：1. Statistic Times（2021）；2. Statistic Times（2021）；3. Transparency International （2021）；4. Helliwell 等人（2022）；5. Dutta 等人（2021）；6. Ventura（2022）； 7. Economist Intelligence（2021）；8. Institute for Economics and Peace（2022）； 9. Heritage Foundation（2022）；10. Reporters without Borders（2022）；11. World Population Review（2022a）；12. GlobalEconomy.com（2022）；13. World Population Review（2022b）；14. Freedom House（2022）；15. World Energy Council（2021）；16. Numbeo（2022）。

　本文重點在檢視緬甸的國家認同議題，多年來書寫研究各國的國家認同，我已經習慣找出一般性的認同要素，例如血緣、民族、語言、宗教等原生條件，同時也要檢視歷史、制度、社會結構等建構要素。除了找出各國的認同內涵外，也能發掘許多特有的國家特色與性格，充分領略世界多元性的美妙與精采。

　首先我們認知國家認同的所有概念都有界線，界定團體內外的成員，差別在這些界線是包容還是排他，以民族文化為基礎是較具排他性國家認同，這種原生論以共同的祖先、出生地的限制、種族、宗教，或是語言等民族文化為認同的基礎，這些標準客觀存在，個人沒有選擇的自由，這屬於是非題，而不是個人意願的選擇題。Smith（1991）認定國家認同背後的民族主義是具有民族象徵性（ethnosymbolism），這些民族象徵性包含民族名稱、共同祖先、共享的歷史記憶、以及共同的故土，其中民族文化是最重要的凝聚力，而且對民族歷史的共同記憶是整個民族一脈相傳的薪火，因此民族是一群人具有特定名稱，佔領固有領土，分享共同的神話和歷史記憶，形成一個大眾文化，共同經營經濟發展與政治制度所以，民族主義的形成不是主觀的認定、或想像。

　與原生論相對的是建構論，這種偏向公民認同的標準較具包容性，且屬主觀認定。Anderson（1983）認為民族不完全是血緣關係的結合，而是一種「想像的政治共同體」（imagined political community），民族的認同都是經過想像、塑造、或是捏造出來的。國家認同則是透過在歷史、語言、意識形態、以及權力的交叉作用的想像建構而成。不同的文化群體在這個建構的過程中，可能因為競爭而造成國家認同的爭議。

　　本文主要希望以上述原生論與建構論的脈絡，檢視緬甸的國家認同議題，特別是英國殖民、族群（緬族為主）、宗教（佛教民族主義）、與軍政府在國家建制與民族形塑上的角色，並探究少數民族在單一認同的壓力下如何回應與反抗。

貳、英國殖民的長遠影響

　　英國在 19 世紀對緬甸產生興趣來自與法國在此區域的競爭，法國已經攻佔越南、柬埔寨、跟寮國等地區，英國則是殖民印度，想將力延伸至緬甸，除了可與法國抗衡之外，也可以藉由佔領緬甸連結中國的西南部區域，形成一塊很大的貿易區域，享受這豐富的經濟利益。於是在 1824 年首度爆發英緬戰爭，當時緬甸的貢榜王朝軍力非常強大，緬族將領自信可以像打敗泰國一樣地擊退英國。

　　然而英國的優勢武力征服緬甸，歷經 1824、1852 到 1886 年徹底瓦解貢榜王朝（1752-1886），而且將緬甸納入印度的管轄，這個「以印治緬」的手段對緬甸人是莫大的傷害。特別是貢榜王朝在強盛時期甚至想入侵印度，現在反而成為印度底下的殖民地，而且直到 1937 年才脫離印度成為獨立的殖民地。這種以印治緬被征服而且隸屬在印度之下的羞辱，埋下緬甸人反抗英國殖民的深深仇恨，所以在被殖民期間與英國的武力衝突不斷，在英國殖民者的眼裡，是個比較不平順的殖民地。

　　英國的殖民策略也採取對各族群「分而治之」政策，直接統治緬族，間接統治其他族群。並且引進基督教進入少數族群區域，形成緬甸人內部的宗教差異，衍伸出不同的信仰和文化系統，也種下族群衝突的根基。也因爲英國讓各種商業貿易發展進入緬甸，英國商人、以及印度商人掌握經濟優勢，形成高利貸業者，剝削緬族農民，及掠奪土地。

另外英國人面對緬族的強力反抗，反向利用先前受緬族貢榜王朝壓迫的少數族群，如克欽族、克倫族、撣族等，給予相對較多的經濟資源與扶持，成爲英國壓制緬族與平順治理緬甸重要助力。由經濟不平等而來的不滿，都是仇恨累積與武力衝突的引爆點。這激發了大緬族民族主義情緒，將少數族群與英國殖民者歸爲同類的敵人，這種情緒在獨立之後仍然深植在緬族人心裡。

另一方面，英國人殖民緬甸將他描繪成一個美麗的多元社會拼圖，英國殖民官 John Sydenham Furnivall 在 1920 年代，首次以多元社會（plural society）形容當時荷蘭屬地雅加達與英國殖民的仰光的多元種族，因爲這兩地區各色人種與不同的族裔共存，彼此並存但不混合，各自保有自己的語言、宗教、與文化（Furnivall, 1956）。這種殖民者視角的多元社會對緬族的人而言，不是緬甸發展的美好景象，他們並沒有享受到多元社會發展跟繁榮的成果，反倒是像印度人因爲與英國殖民者較爲友好，順利佔去許多公職和較佳工作的機會，讓印度人的社經地位凌駕在緬甸人之上。而且在最多元的仰光地區，在 20 世紀初期緬甸人只佔 1/3 的人口，外來移民反而成爲多數。對緬甸人而言，這種外人眼裡的美好多元景象，是自己家園被外來霸權勢力、投機分子和少數族裔所佔據。

因此 1948 年正式獨立後高漲的民族主義，認爲凡是與殖民帝國過往還有瓜葛的人都很可疑，必須加強排斥，獨立必須是完整且立即性的獨立，不能與過往的殖民帝國還有任何牽連。獨立後的軍政府，不願面對緬甸多民族的事實，反而是仇視這樣的多元性，並轉而想辦法去摧毀這種多元性，企圖打造一個同質性的緬族社會，因此 1960 年掌權的緬甸將軍們，以大緬族民族主義爲名摧毀多元社會，操作種族與宗教議題，塑造一個等一民族單一文化的國家。

參、憲政體制與軍政府

緬甸在 1948 年 1 月 4 日獨立，之後仍然紛爭不斷，建國過程並不順遂。有許多緬族人相信占星術，就有人認爲以占星術來看，緬甸人選錯獨立的日子，因此導致緬甸國家發展不順利（Rogers，2016：42）。事實上，獨立前六個月，領導緬甸對抗殖民統治的翁山將軍（Aung Hcan），連同他的半數內閣閣員一起遇刺身亡，這群領導精英的喪命應該影響更加深遠。特別是在 1947 年翁山在彬龍舉行的會議中（Panglong Conference），希望建立緬甸境內所有少數族群都平等的基礎，翁山認爲在緬甸獨立後應該形成一個聯邦，因爲緬甸的多元性建立一個單一國並不可行，必須透過聯邦再加上妥善規劃的法規保護少數族群的權益。他們承諾邊境地區的少數族群原則上可在內部事務上享有充分自治權，也將享有在民主國家中最基本的權益。可惜翁山沒有機會在獨立建國後，親自建構這些多元共存共榮的憲政設計。

緬甸人的族群和身分認同一直是緬甸政治發展的核心議題，從英國殖民時期到獨立後都是如此，本來建國之後的憲政建制應該設法根本性地解決這個核心問題，對外爭取獨立的國家身分，對內處理族群的歧異而建立新的國家認同。一般國家在建國初期透過憲法、國界、官方語言、軍隊、首都、貨幣等建制達成一致認同標準，這些關鍵的一致性的國家認同標準如果沒有妥善建立，國家發展可能會不穩，或者遭到扭曲、不平衡的發展，並威脅未來的團結和穩定性（Dittmer,2010）。

可惜翁山在遇刺後，『彬龍』提出的包容性的認同建構並沒有實現，反而是朝著族群文化跟宗教的單一同質化，將多元的族群性強力壓制。1947 年憲法設立了兩院立法機構，一個獨立的司法機構，並確定了人民的基本權利。但憲法只有明確承認最大的族群體的四個所在邦；即克倫族、克倫尼族、撣族、和克欽族，其中只有兩個撣族和克倫尼族被賦予在 10 年後有分離的權力。其他少數族群沒有得到憲法的明確承認，這樣的憲法規定，被指責是與殖民時期分而治之同樣的手法，這引起少數族群的不滿與抗爭，最後讓軍政府藉著對付抗爭而趁勢而起。因此在 1962 年尼溫（Ne Win）發動政變，推翻文人政府，之後軍政府一直統治緬甸，成為全世界統治時間最久的軍事政權。

尼溫是緬甸獨立軍的軍官，在獨立後晉升為總司令，他對第二次世界大戰期間緬甸與英國、日本等國的紛爭，導致外部勢力和國內少數族群與外國合作而分裂的情形極為痛恨，因此掌權後不但將緬甸帶到近乎鎖國，對內也在大緬族主義之下，進行單一緬族化的統治。尼溫上台後廢除憲法並解散國會，宣告議會式民主不適合緬甸，改以透過革命委員會作為權力機構。並且將外國企業收歸國有，也開始驅趕外國人，特別是印度人。並且將首都遷往奈比多（Naypyidaw），因為具有最現代化發展和多元色彩的仰光，被視為是殖民的象徵，緬甸需要擺脫殖民者的所有遺跡。而奈比多代表的是「太陽皇城」，不但是要喚起緬族人的意識，更要恢復緬族人的光榮歷史。如前所述，許多緬甸人相信占星術，因此以占星術推定奈比多具有幸運數字的色彩，同時也包含為避免外國人從海上進攻，而隱密地建造並遷都至內陸的國防考量（Cockett, 2016）。

軍政府打壓緬族以外的語言，不只殖民者的英文，其他少數族群的語言也難逃打壓。學校教育完全以緬族為主的歷史觀，對其他族群幾乎隻字未提，或是污名化少數族群，例如將撣族描寫成是吸食毒品的人；克倫族是分離主義者，欽族則是落後而且未開化，克欽族被描述成為居住在北部山區的野蠻人，對印度的移民也說成是靠英國人庇護而來。

軍政府在 1989 年將緬甸的國名由 Burma 改為 Myanmar，也將仰光 Rangoon 改名為 Yangon。軍政府認為 Burma 一詞僅僅涵蓋了緬甸最大的緬族（Barma），而沒有包含其他 134 個少數族群。只以緬族主體民族的名字來作為國名，對其他族群是種歧視。另外一個解釋是，Burma 是英國殖民時期對於緬甸的稱謂，緬甸軍政府為擺脫英國殖民時期的痕跡而為國家改名。事實上 Burma 和 Myanmar 的詞源相同，都是緬族人的稱號，在 19 世紀前都會被交互使用，只是英國殖民者來之後使用 Burma 這詞，於是變成緬甸的主要稱號。軍政府號稱 Myanmar能代表其他族群是不正確的說法（易林，2021）。

顯然地 Burma 與 Myanmar 這兩個名稱象徵著兩種截然不同的歷史經歷和身分認同，各自都堅持自己的聲稱合法性和政治忠誠。堅持Burma 者帶有對軍政府的抗議意味，因為軍政府的改國名並沒有經由各方討論而成，只是軍政府玩弄緬族民族主義的手段。受到軍政府監禁的翁山蘇姬曾公開表示，她喜歡稱自己的國家為 Burma（黃維德，2013）。認同軍政府的人則認為，擺脫英國殖民者選定的名號，是緬甸新的國家認同的確立。

　　這個改名事件在國際上也有不同的反應，可分為接受、拒絕承認、與兩者並陳的不同反應。在聯合國包括法國、日本、中國和印度等國都承認緬甸的改名。而美國、加拿大和英國則拒絕承認改名。他們認為改名並沒有經過人民的同意，所以新名字是沒有法律效力的，而且堅持以舊名 Burma 具有否定軍政府合法性的一種表示。第三種則是像澳洲採取混合策略，交替使用新舊名字，既展現在外交上的尊重，也藉由使用舊名對軍政府的極權統治有所警惕。

　　軍政府能夠長久掌權的一項制度性原因，根據『緬甸聯邦共和國憲法』（2008）（圖 1），總統雖然有權任命聯邦部長和副部長，但是國防、安全與內政、邊境事務的部長和副部長，只能從國防軍總司令提名的軍職人員中任命。其他部會的部長人選則應徵求國防軍總司令的意見。而且國防軍總司令的實質權力甚至凌駕在總統之上。第 40 條 C 款規定當國內出現武裝叛亂或暴力活動，可能引起聯邦與民族分裂、國家主權喪失時，總統在國防與安全委員會同意後得宣佈國家進入緊急狀態，但是卻由國防軍總司令接管並執行國家主權，實質上成為國家領導人。

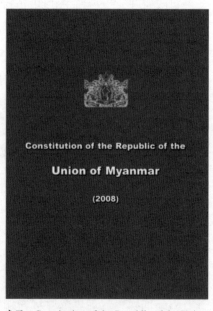

來源：Constitution of the Republic of the Union of Myanmar（2008）。

圖 1：緬甸憲法封面

　　同時緬甸憲法也保障軍方佔有上下議會的 25% 席次，而修憲必須獲得議會 75% 以上的贊成票才可通過，等於軍方所掌控的 25% 席次，確保了軍方的絕對否決權。這些憲法規定讓軍政府享有至上的權力，任何民主改革都將需要軍政府同意，可能危及軍方權益的行動都讓軍政府有加以鎮壓的法源基礎。2010 年後的民主改革上路，雖然帶給緬甸人民主自由的契機，但是軍方所享有的制度性特權是所有追求民主化人士心中的陰影。然而在一份跨 2015 年與 2019 年的民意調查中，我們看到對於這條軍方的保障條款是否需要被移除，最多數人選擇不回答（2015 有 57%，2019 有 43%），贊成取消的只有 2015 的 37%，2019 的 41%（Welsh, et al., 2020: 69）。而且對軍方的信任度從 2015 年只有 46%，到了 2019 提升到 73%。（Welsh, et al., 2020: 63）這項軍方根深蒂固的權力優勢，是緬甸民主進展顛簸的重要原因，以西方民主發展模式觀之，是制度上根本性的威脅。

肆、佛教民族主義

　　佛教在緬甸的歷史久遠，從 11 世紀的緬族蒲甘王朝開始就已經是當時主要的宗教（Lewy, 1972）。緬甸歷代國王均遵奉佛教，緬甸成了一個佛教的國度，緬甸文化與佛教關係密切，當有外族入侵或是民族意識出現時，佛教是對抗與動員的重要的力量。因此緬族的認同意識裡，緬甸是以緬族和佛教組合而成。這個最高權力與佛教的結合，也被稱作「業力王權」（Karmic Kingship），即通過征服、平定和皈依佛教來擴大國家，王權的權力基礎來自佛教的信仰與修行（Jordt, 2021）。獨立後的軍政府繼承業力王權模式，軍事將領們將其政治合法性建立在聲稱他們是王國的保護者、佛教的守護者和主權的捍衛者。傳播佛教對掌權者而言是一種美德且合法的志業，因此對異教徒的壓迫都是為了緬甸國族發展的必要手段。因此佛教是緬甸文化與群體認同的同義詞，這個認同的重要內涵就是成為緬甸人就是成為佛教徒。因此，住在緬甸和獲得公民身份，必須尊重佛教價值觀和緬族的文化和語言。

緬甸在獨立前一本由穆斯林出版的書，強烈貶低佛教，因而點燃佛教徒對伊斯蘭教的仇恨，佛教團體認定穆斯林將摧毀緬甸佛教（Smith, 1965）。即使到了 21 世紀民主化改革後，佛教民族主義份子對伊斯蘭教徒的威脅仍然充滿敵意。民族主義僧侶與軍政府反對緬甸單一國家及其文化（佛教）主導地位受到外國勢力和異族所侵襲，特別是針對羅興亞穆斯林的仇視，大緬族民族主義者批評他們得到聯合國開發計劃署援助和伊斯蘭激進基地組織的支持。2012 年在佛教激進份子威拉杜（Ashin Wirathu）領導的 969 運動，打著反「亞洲伊斯蘭化」（Islamification of Asia）的口號，號稱要保證緬甸民族純潔，保衛緬甸聯邦神聖主權完整，不讓緬甸因為豐富的資源再次淪為外國的殖民地。在威拉杜的煽動下，反穆斯林的騷亂導致清真寺被燒毀和伊斯蘭教徒的傷亡。

美國時代雜誌（*Time*）以「緬甸賓拉登」形容威拉杜，稱他是佛教恐怖分子（Beech, 2013）。甚至是以「佛教恐怖分子的面孔」為封面標題（圖 2），指

來源：*Time*（2013）。

圖 2：時代雜誌報導威拉杜
　　　的封面照片

控威拉杜帶領佛教走向宗教暴力。這篇報導引起緬甸政府與人民的憤怒，雖然他們也不贊同威拉度的激烈言詞與暴力手段，但是他們認爲這篇文章是對他們宗教的妖魔化，他們反駁聲稱非暴力原則是佛教的核心教義，並且大多數佛教僧侶對其他信仰持寬容態度。他們認爲這篇文章忽視了緬甸宗教問題背後複雜的歷史和力量糾葛，這樣的報導是對緬甸人的敵意展現，也證明西方缺乏對佛教的理解。

即使在民主改革之後，緬甸的國內仍是佛教民族主義高漲，佛教僧侶自「番紅花革命」（Saffron Revolution）[2] 後對國家政治的參與與日俱增，他們也是翁山蘇姬的強力支持者。自 2013 年起陸續在國會中有宗教相關法案被提出，試圖要限制不同宗教信仰的男女通婚，也將限制穆斯林生小孩的上限，並阻止佛教徒皈依其他宗教。因爲佛教民族主義力量強大，讓翁山蘇姬在民主進展與權力穩固的權衡下，很難強勢地與這股勢力對抗。我們可以看到緬甸人認同的最主要對象都是宗教對象，分別是 2015 年的 53%，2019 年 44%。而且絕大多數的人都認爲宗教信仰應該是公民身分的要素，在 2015 年贊成的有 81%，2019 年則有 68%（Welsh, et al., 2020: 74-77）。

我們如果以全球觀點來看，宗教在國的身份政治上的主導力量似乎越來越明顯。緬甸的宗教民族主義就可看成是全球宗教間鬥爭的一部分，爭執的是普世價值是否穿越國界與文化界限，這些普世價值包含現代自由、權利和個人主義的主張（Csordas, 2009）。目前宗教鬥爭的局面因而成爲一場全球性的戰爭，不僅激進的宗教運動有所增加，

---

[2] 「番紅花革命」是在 2007 年由佛教僧侶帶頭發起反對軍政府的靠譯活動，他們要推動緬甸民主改革。這場運動隨即遭到軍政府殘酷鎮壓，造成多人死亡，數百名僧侶遭解職和逮捕。

而且世界宗教變得更加社區化和種族化（Juergensmeyer, 2008）。所以，緬甸的佛教民族主義，來自殖民歷史中的衝突與身分認同掙扎，也有當前對於全球佛教面臨危機的可怕的想像，認爲在全球的宗教衝突中，其他宗教如伊斯蘭教和基督教都將試圖消滅佛教。佛教衰落將會造成道德混亂黑暗的時代，這個災難陰影造成緬甸佛教民族主義者在政治和身分認同上的危機感，所產生的恐懼與不信任感，就會導引出強烈的怨恨和組織暴力。特別是來自伊斯蘭教的侵犯更是緬甸佛教發展的危機（Gravers, 2015）。因此，我們便接著討論緬甸強力佛教民族主義下，最爲突顯的受害者，及羅興亞人的議題，對緬甸國家認同所造成的影響。

伍、羅興亞人的議題挑戰

上述緬甸的佛教民族主義，藉著大緬族主義運動成爲緬甸單一化的主要動力，強力同化的結果就是造成其他宗教信仰的生存問題，特別是伊斯蘭教徒的處境引起最多的關注。緬甸的伊斯蘭教徒從來源上大致分爲四個群體：來自中國雲南的「潘泰」（Panthay）穆斯林、緬族穆斯林（Burmese Muslim）、印度裔穆斯林（Indian Muslim）和羅興亞穆斯林（Rohingya Muslim）（翁婉瑩，2017）。前兩類的伊斯蘭教徒進入緬甸較早，與緬族人相處經驗較多，在語言與風俗習慣上沒有太大的差異，緬甸人的身分認同較爲清楚，而且與佛教徒通婚的情形也不算罕見。英國殖民之後，也將這兩類伊斯蘭教徒認定爲緬甸人。在1982 年軍政府制訂的『緬甸公民法』（*Burma Citizenship Law*），對緬甸人的公民身分加以區分界定，以 1824 年第一次英緬戰爭爲標準，在戰前就已經居住在緬甸境內的族群，都界定為緬甸公民。這兩類的穆斯林也因此確認為緬甸公民身分。

印度裔穆斯林和羅興亞穆斯林則是在英國殖民後才逐漸移居至緬甸境內。印度裔穆斯林後來可以經過歸化手續成為緬甸公民，但是羅興亞人則是一直被排除在獨立後的緬甸國民身分之外。而且不能擔任公務員和教師、護士等公職。學校教育也是緬族制定的單一教育體系內容，無法以其民族與宗教信仰自立教育系統。這些不平等待遇引起羅興亞人的不滿，也導致與緬族人長期的抗爭和衝突。

第二次世界大戰期間，日本人入侵緬甸時，緬族人與日本人結盟對抗英國，而羅興亞人則是站在英國陣營與緬族激烈爭戰。兩國族群間的仇恨加深，即使後來緬族獨立軍轉向與英國結盟，但是對羅興亞人的恨意依舊。1947 年翁山領導的「彬龍會議」，試圖在獨立前整合緬甸各族群的矛盾與歧見，對各族群發出平等對待的善意，但是羅興亞人都沒有被包含在這個族群和解的會議中。1948 年緬甸獨立後，羅興亞人發動聖戰，希望脫離緬甸而加入孟加拉。這場聖戰延續多年，是緬甸軍政府與少數族群間最激烈的戰鬥。1978 年緬甸軍政府強力鎮壓羅興亞反抗軍，造成數十萬羅興亞人逃難至孟加拉。

另一波羅興亞人的逃難潮發生在 2012 年，據傳三個羅興亞人搶劫並輪姦後殺害了一個若開邦的女性佛教徒，引起若開邦的喧然大波，兩方人馬爆發激烈衝突，稱為 2012 年若開邦暴動。軍政府出兵強力鎮壓，造成許多羅興亞人流離失所，逃離緬甸往鄰近國家尋求立身之處。2012 年緬甸總統登盛曾經對外表示，要求國際社會協助將整個羅興亞人撤出緬甸並安置到第三國（Saw Yan Naing, 2013）。到了 2015 年羅興亞難民潮引起國際注目，聯合國甚至指責緬甸政府是對羅興亞人進行種族滅絕（genocide）（Ellis-Petersen, 2018）。翁山蘇姬在國際媒體大肆報導羅興亞人的悲慘遭遇後，受到許多責難，認為她身為緬甸民主改革的領導人與象徵，竟然對這樣的殘暴作為無所作為。

羅興亞人被稱為是沒有國家的民族（Rogers，2016），在緬甸境內生存超過百年，但是緬甸人連他們的名稱都有意見。緬甸學者指出在英國殖民期的人口普查中，並沒有羅興亞人的名稱出現，這個名稱是在緬甸獨立後才出現（朱諾，2016）。大多數緬族人都不用羅興亞人這個稱號，而是稱呼他們 Gala，而且 Gala 這個名詞指的是所有的穆斯林，也泛指所有外來的人（Yang, 2017）。所以，緬甸政府曾多次抗議外國政府─在以羅興亞人的稱號指控緬甸政府鎮壓自己的國民，因為在緬甸官方的態度上，羅興亞人根本不存在。

翁山蘇姬對羅興亞人的事件沒有積極作為，有其國內政治鬥爭的難以抗拒因素，如果與國際輿論一起痛罵軍政府，或是帶領抗爭行動，可能遭到軍方的強力反制，對其政黨和她個人的安危都是很大的風險。另外，羅興亞人的國際關注，與緬甸內部人的反應有很大的落差，許多緬甸人不理解為何這群從孟加拉來的外來人，不但沒有融入緬甸社會，還一直與緬甸政府對抗，害得緬甸的國際形象受損。然而在緬甸逐步改革開放，希望融入世界經濟發展體系之際，國際普遍的人權標準是緬甸政府和人民很難置之不理的。緬甸還沒有強大到像中國一樣，可以讓人權與經貿脫鉤，即使同樣受到國際指責人權狀況不良，中國可以憑藉經濟實力加以對抗，但是緬甸還無法承擔因為人權議題而來的經濟制裁或是道德責難。人權紀錄對中國可能是阿基里斯腱炎，偶而發病影響行動。但是對緬甸可能就是槍傷，如果未能妥善治療，可能會造成重大傷害或永久影響身體正常運作。

陸、結論

從英國殖民時期到獨立後，緬甸人的族群和身分認同一直都是政治發展的核心議題。執政者都嘗試對緬甸的人民進行分類，這些份類對公民身份、基本權利、政治和武裝衝突都有相當影響。由分類和後續治理而來的衝突導致族群間衝突不斷，最後因爲族群的武裝化讓整體認同的建構困難重重（Myo Aung, 2020）。1947 年翁山在彬龍會議中提出建立緬甸成爲一個多元族群平等並存的聯邦，他已經清楚看出緬甸在族群和宗教的多元存在現實，因此想建立一個單一認同基礎的國家是不切實際的。可惜翁山沒有機會在獨立建國後，親自建構這些多元共存共榮的憲政設計。

長期執政的軍政府以大緬族主義，將原生論中的族群和宗教立爲單一認同的標準。他們繼承王朝時代的「業力王權」，認定他們的政治合法性建立在他們是緬甸國家的保護者、佛教的守護者和主權的捍衛者。大緬族主義加上佛教民族主義就讓佛教成爲緬甸文化與群體認同的同義詞，成爲緬甸人就是成爲佛教徒。即使在 2010 年代民主改革之後，表面上緬甸將煥然一新，國際上也對新的緬甸發展寄予厚望，但是軍政府和佛教民族主義仍然對緬甸發展具有決定性的影響力。

翁山蘇姬在 2015 年帶領全民盟在國會選舉中贏得勝利，成爲緬甸首次政黨輪替的執政者。但是礙於憲法第 59 條（被稱爲翁山蘇姬條款），翁山蘇姬無法成爲緬甸總統，她在國際媒體眼裡是緬甸最高權力掌握者，事實上仍是受到緬甸軍方和政黨競爭的影響，讓她難以做出外人期待的大改革，特別是面對存在超過一世紀的羅興亞人議題。羅興亞人從英國殖民時期便與緬族不斷征戰，緬甸建國後並未將其列爲緬甸國民，始終以外來人的身分看待。或許對大多數的緬甸人來說，漠視或歧視羅興亞人是生活的日常，是幾個世代以來眾多紛擾的其中一項，而且並不是最困擾的議題，只有在族群政治動員時，他們的伊斯蘭教身份才被拿來當認同政治中的他者（other），成為仇恨的對象。但是當羅興亞人大量流亡的報導傳遍全世界時，來自國際的批評和壓力就讓想重新走向世界的緬甸政府無法再輕忽漠視。只要羅興亞人事實存在於緬甸，緬甸政府就必須面對他們的身分認同問題。

參考文獻

『緬甸聯邦共和國憲法』（2008）（https://www.lawlove.org/Top8/discovery. php?act=one&b=MMR.001）（2022/9/19）。

王珉瑄、洪家寧，2017。〈不一樣的緬甸 —— 光與花瓣的國度〉《天下雜誌》 618 期（https://new.cwk.com.tw/article.php?db=cw&id=30149&flag=0） （2022/7/21）。

朱諾，2016。〈羅興亞人一詞引發翁山蘇姬外交困局〉。美國之音，5 月 7 日（https://www.voachinese.com/a/rohingya-dilemma-20160506/3319564. html）（2022/7/21）。

易林，2021。〈緬甸的英文到底是 Burma 還是 Myanmar？從美國堅持用 Burma，看國際社會對軍方的立場〉。美國之音，2 月 4 日（https://www. voachinese.com/a/burma-myanmar-2021-02-04/5763969.html）（2022/7/21）。

翁婉瑩，2017。〈累世的糾葛：緬甸的穆斯林樣貌與軌跡〉《南洋誌》 （https://aseanplusjournal.com/2017/10/06/myanmar-commentary-201710 15/）（2022/8/21）。

黃維德，2013。〈緬甸的英文國名〉《天下雜誌》5 月 24 日（https://www.cw. com.tw/article/5049340）（2022/8/25）。

吳丹敏（Thant Myint-U）（黃中憲譯），2021。《緬甸的未竟之路：種族、資本主義與二十一世紀的民主新危機》（*The Hidden History of Burma: Race, Capitalism, and the Crisis of Democracy in the 21st Century*）。台北：馬可孛羅。

維基百科，2022。〈羅興亞人〉。（https://zh.wikipedia.org/zh-ant/罗兴亚人） （2020/9/19）。

蘋果新聞網，2022。〈21 歲男受困 KK 園區！被掏槍押走見這幕超震驚， 「不想騙台灣人」遭毒打〉《蘋果新聞網》8 月 25 日（https://www. appledaily.com.tw/local/20220825/24CDBE7612637D8BE5647358A3） （2022/8/26）。

Anderson, Benedict. 1983. *The Imagined Communities: Reflections on the Origin and Spread of Nationalism.* London: Verso.

Beech, Hannah. 2013. "The Face of Buddhist Terror." *Time*, July 1 (https://content.time.com/time/subscriber/article/0,33009,2146000,00.html) (2022/9/19)

Cockett, Richard（廖婉如譯），2016。《變臉的緬甸：一個由血、夢想和黃金構成的國度》（*Blood, Dreams and Gold: The Changing Face of Burma*）。台北：馬可孛羅。

Constitution of the Republic of the Union of Myanmar, 2008 (https://www.burmalibrary.org/docs5/Myanmar_Constitution-2008-en.pdf) (2022/9/19)

Csordas, Thomas J. 2009. *Transnational Transcendence: Essays on Religion and Globalization.* Berkeley: University of California Press.

Dittmer, Lowell. eds. 2010. *Burma Or Myanmar? The Struggle for National Identity.* Hackensack, N.J.: World Scientific.

Dutta, Soumitra., Bruno Lanvin, Lorena Rivera León, and Sacha Wunsch-Vincent. 2021. "Global Innovation Index 2021." World Intellectual Property Organization (https://www.wipo.int/edocs/pubdocs/en/wipo_pub_gii_2021.pdf) (2022/8/22)

Economist. 2021. "Myanmar Could Be Asia's Next Failed State." April 15 (https://www.economist.com/leaders/2021/04/15/myanmar-could-be-asias-next-failed-state) (2022/8/12)

Economist Intelligence. 2021. "Democracy Index 2021." (https://media2-col.corriereobjects.it/pdf/2022/esteri/eiu-democracy-index-2021.pdf) (2022/8/24)

Ellis-Petersen, Hannah. 2018. "Myanmar's Military Accused of Genocide in Damning UN Report." *The Guardian*, August 27 (https://web.archive.org/web/20220710094303/https://www.theguardian.com/world/20

18/aug/27/myanmars-military-accused-of-genocide-by-damning-un-report) (2022/9/19)

Freedom House. 2022. "Global Freedom Scores." (https://freedomhouse. org/countries/freedom-world/scores) (2022/8/11)

GlobalEconomy.com. 2022. "Human Rights and Rule of Law Index - Country Rankings." (https://www.theglobaleconomy.com/rankings/ human_rights_rule_law_index/Asia/) (2022/8/12)

Gravers, Mikael. 2015. "Anti-Muslim Buddhist Nationalism in Burma and Sri Lanka: Religious Violence and Globalized Imaginaries of Endangered Identities." *Contemporary Buddhism*, Vol. 16, No. 1, pp. 1-27.

Heritage Foundation. 2022. "2022 Index of Economic Freedom." (https://www.heritage.org/index/ranking) (2022/8/11)

Helliwell, John F., Haifang Huang, Shun Wang, and Max Norton. 2022. "Happiness, Benevolence, and Trust during COVID-19 and Beyond." World Happiness Report (https://worldhappiness.report/ed/2022/ happiness-benevolence-and-trust-during-covid-19-and-beyond/#ranking-o f-happiness-2019-2021) (2022/8/21)

Institute for Economics and Peace. 2022. "Global Peace Index 2022." (https://www.visionofhumanity.org/wp-content/uploads/2022/06/GPI-2022 -web.pdf) (2022/8/15)

Jordt, Ingrid. 2021. "Notes on the Coup in Myanmar: Karmic Kingship, Legitimacy, and Sovereignty." Contending Modernities (https:// contendingmodernities.nd.edu/global-currents/myanmar-coup-kingship/) (2022/8/11)

Juergensmeyer, Mark. 2008. *Global Rebellion. Religious Challenges to the Secular State, from Christian Militias to al Qaeda.* Berkeley: University of California Press.

Lewy, Guenter. 1972. "Militant Buddhist Nationalism: The Case of

Burma." *Journal of Church and State*, Vol. 14, No. 1, pp. 19-41.

Myo Aung. 2020. "Identity Crisis Ethnicity and Conflict in Myanmar." Crisis Group (https://www.crisisgroup.org/asia/south-east-asia/myanmar/312-identity-crisis-ethnicity-and-conflict-myanmar) (2022/8/8)

Norberg, Johan. 2003. *In Defense of Global Capitalism*. Washington, D.C.: Cato Institute.

Numbeo. 2022. "Asia: Pollution Index by City 2022 Mid-Year." (https://www.numbeo.com/pollution/region_rankings.jsp?title=2022-mid&region=142) (2022/8/15)

Reporters without Borders. 2022. "RSF's 2022 World Press Freedom Index." (https://rsf.org/en/index) (2022/8/12)

Rogers, Benedict（譚天譯），2016。《緬甸：一個徬徨的國度》（*Burma: A Nation at the Crossroads*）。新店：八旗文化出版。

Saw Yan Naing. 2013. "UNHCR Rejects Rohingya Resettlement Suggestion." *The Irrawaddy*, July 13 (https://www.irrawaddy.com/news/burma/unhcr-rejects-rohingya-resettlement-suggestion.html) (2022/8/13)

Smith, Anthony D. 1991. *National Identity*. Reno, Nev.: University of Nevada Press.

Smith, Donald E. 1965. *Religion and Politics in Burma*. Princeton: Princeton University Press.

Statistic Times. 2021. "List of Countries by Projected GDP Per Capita." (https://www.statisticstimes.com/economy/countries-by-projected-gdp-capita.php) (2022/8/21)

Time. 2013. "The Face of Buddhist Terror." July 11 (https://content.time.com/time/covers/asia/0,16641,20130701,00.html) (2022/9/19)

Transparency International. 2021. "Corruption Perception Index." (https://www.transparency.org/en/cpi/2021) (2022/8/12)

Ventura, Luca. 2022. "The World's Richest and Poorest Countries 2022." Global Finance (https://www.gfmag.com/global-data/economic-data/worlds-richest-and-poorest-countries) (2022/8/24)

Welsh, Bridget., Myat Thu, Chong Hua Kueh, and Arkar Soe. 2020. "Myanmar: Grappling with Transition: 2019 Asian Barometer Survey Report." Strategic Information and Research Development Centre (http://www.asianbarometer.org/pdf/MY_Report_2019.pdf) (2022/8/23)

World Energy Council. 2021. "Energy Trilemma Index." (https://trilemma.worldenergy.org/) (2022/8/22)

World Population Review. 2022a. "Best Countries to Live in 2022." (https://worldpopulationreview.com/country-rankings/best-countries-to-live-in) (2022/8/12)

World Population Review. 2022b. "Birth Rate by Country 2022." (https://worldpopulationreview.com/country-rankings/birth-rate-by-country) (2022/8/12)

Yang, Billy，2017。〈讓緬甸人告訴你，緬甸人為什麼憎恨羅興亞人〉《關鍵評論》12 月 22 日（https://www.thenewslens.com/article/86059/fullpage）（2022/8/22）。

緬甸的族群政治[*]

謝國斌
雲林科技大學通識教育中心兼任教授

壹、緬甸族群背景說明

緬甸是一個語言上與文化上都具有多樣性的國家，官方所認定的族群有 135 個，但是不包含洛興雅人。近代以來緬甸首次的人口普查是在 2014 年，當時人口有 5,100 萬人左右（Aye & Sercombe, 2014: 150），而 2022 年人口估計約 5,700 萬人（CIA, 2022a）。根據緬甸 2008 年憲法，緬甸的行政區除了有首都特區（union territory）之外，還有七個省（region）、七個邦（state）。七個省的居民以緬族（Bamar/Burmese）為主，主要分布在伊洛瓦底江河谷平原（Irrawaddy Valley），佔總人口約三分之二，他們至少從十一世紀即定居於此。而七個邦分別以緬甸的七大少數族群來命名，分佈在伊洛瓦底江盆地周邊的山區（佔了緬甸大約一半的面積），分別是欽邦（Chin）、克欽邦（Kachin）、

---

[*] 本文初稿發表於台灣國際研究學會所主辦之「緬甸 — 發展現況與展望」學術研討會，2022 年 9 月 17 日。

克耶邦（Kayah/ Karenni）、克倫邦（Karen/ Kayin）、孟邦（Mon）、若開邦（Rakhine）、撣邦（Shan）等（詳見圖 1），在緬甸歷史上他們都擁有相當程度獨立自主地位（Aung, et al. 2022; Aye & Sercombe, 2014: 150 ； CIA, 2022a）。

在歷史上，緬族是緬甸的主要統治者，曾經出現過強大的王國，勢力也曾擴及周邊少數族群領域。然而，舊時的緬甸並非直接統治少數族群，而是採取附庸的關係，准許他們有自己的統治者、語言、宗教等，只要他們願意定期朝貢，並承認緬甸宗主國地位即可（Silverstein, 1997: 169）。在舊時的族群關係上，孟族及阿拉干人（若開族）與緬族關係較好，除了生活區域鄰近之外，他們同屬佛教徒，也有某程度的通婚與文化交流。克倫族主要居住在伊洛瓦底江河口三角洲與附近山區，與緬族生活區域

來源：Wikimedia Commons（2022）。

圖 1：緬甸的省與邦行政區

重疊，出現了生活領域競爭的情形；此外，克倫族在宗教信仰上與緬族不同，在歷史上就經常處於敵對狀態，當西方傳入基督教之後，雙方關係因文明衝突[1]的因素而更加緊張。英國入主緬甸之後，克倫族成為英國的支持者，與緬族關係則更趨惡化（Silverstein, 1997: 168-69）。撣族、克欽族、欽族是較大的山地族群，當 1287 年蒲甘王朝（Pagan Kingdom）滅亡後，撣族一度成為其繼承者，只不過其統治地位並不穩固，因為其內部也有族群分歧的情形。至於北部的克欽族與西部的欽族，歷史上都未曾對緬族的統治地位造成威脅（Silverstein, 1997: 169）。

以語言來分類，緬甸族群涵蓋三大語系，包含：（1）藏緬語系（Tibeto-Burman）：以緬族人口最多，大約有 3,000 萬，佔總人口 68%；其次是欽族，大約有 500 萬，佔總人口 6.5%；克倫族大約有 400 萬人，佔總人口約 6.2%；若開族大約有 385 萬，佔總人口 5.5%；克欽族大約有 90 萬，佔總人口 1.4%；克耶族大約有 14 萬，佔總人口約 0.25%。（2）泰-卡岱語系（Tai-Kadai）：此語系以撣族為主，人口約有 600 萬，佔總人口 7%。（3）孟-高棉語系（Mon-Khmer）：此語係以孟族為主，人口約有 800 萬，佔總人口 11%（Aye & Sercombe, 2014: 149）。

以宗教族群來看，緬甸以佛教徒居多數，佔超過總人口八成，主要分布在河谷平原地帶。督教徒次之，約有 5-6%，主要分布在周邊山區；而穆斯林有 3-4%，主要分布在鄰近孟加拉的若開邦，而印度教徒大約有 0.5%（Aye & Sercombe, 2014: 148; CIA, 2022a）。由於 2017 年再度有大批的洛興亞難民流亡，因此穆斯林人數比例有下降的情形，估計 2019 年之後已降至 3% 以下（CIA, 2022a）。

---

[1] 文明衝突理論可參考 Huntington（1993）。

貳、英國殖民遺緒與緬甸獨立

英國於十九世紀透過三次的英緬戰爭逐步入侵緬甸，最終於 1885 年正式併吞緬甸，並且將之納入英屬印度的一省（1937 年印緬分治）。英國在緬甸的統治乃針對緬族與少數民族的差異，採取分而治之（divide and rule）模式。在緬族居多的伊洛瓦底江盆地，又稱緬甸本體（Burma Proper），納入英國的直接統治，英語是唯一的官方語言。然而，周邊山地或稱爲邊境地區（Frontier Areas）的少數族群則採取間接統治的方式，准許少數族群維持自己的傳統領導人（不過撣族於 1922 年也被納入直接統治），並使用自己的族語。英國的統治並無心同化在地人，而是以統治者居高臨下之姿進行政治分配。英國人從克倫族與山地族群等戰鬥民族當中挑選士兵與警察；而傳教士與學校則負責訓練緬族人、孟族人以及阿拉干人等，從事基礎行政工作或其他行業（Silverstein, 1997: 170）。

在宗教信仰的傳播上，英國殖民時期西方傳教士比較容易於山區傳教，使得山區少數族群有較高比例信奉基督教，其中以克倫族、克欽族以及欽族爲主，也使得他們與殖民者的關係更加良好。至於在緬族爲主的平原地區，基督教傳播不易，居民仍然以佛教信仰爲主（Smith, 1991）。

英國殖民期間也開放外國移民進入緬甸，一方面增加緬甸族群的多樣性，另一方面則埋下日後族群衝突的種苗，知名的洛興亞人即是期間從孟加拉引入的族群。在外國移民當中，英國人偏好引入印度人（包含洛興亞人），除了當士兵與農夫之外，也有人從事較高階的軍公教工作。整體而言，英國人偏好印度人甚於緬甸人，因爲英國在入主緬甸前早已長期統治印度，印度人會說英語，也熟悉英國的政治運作，雙方搭配默契良好（Silverstein, 1997: 172）。除了印度人之外，19 世紀也有大批華人進入緬甸城市，當勞工或做小生意。1930 年代全球經濟大蕭條，失業惡化了緬甸人、印度人、華人之間關係，緬甸出現了排外與民族主義運動（Silverstein, 1997: 172）。

　　英國分而治之的殖民統治，一方面強化了緬甸族群的分歧，也催化了緬甸獨立運動過程中緬族與少數族群的對立。1942 年二次大戰期間日本入侵緬甸，緬族獨立運動領袖乘機與日本人合作，打擊英國以追求獨立。然而周邊的少數族群，則維持與英國友好的立場，協助英國人抗日並且對抗緬甸獨立運動，印度人（包含洛興亞人）也站在英國立場。然而，當英國敗退之後，大約有一百萬的印度人擔心遭受報復而離開緬甸，而緬甸民族軍也轉而攻擊克倫族，此舉還迫使日本還介入調停。二戰末期，緬族人與克倫族雖一度攜手合作，然而雙方新仇舊恨心結難消，在 1947 年籌備緬甸獨立的彬龍會議（Panglong Conference）裡，克倫族代表竟沒受邀參與，致使他們揚言杯葛新議會的選舉，也拒絕參與制憲會議，進而埋下緬甸獨立後克倫族叛變的種子（Silverstein, 1997: 173）。

　　1945 年日本人戰敗離開緬甸，雖然英國人回歸統治，秩序也回復到『1935 年法律』（Act of 1935）的體制，維持緬甸主體與邊疆地區分治模式。但是，和其他殖民地獨立運動類似[2]，英國也逐漸放手讓緬甸人邁向獨立。至於少數族群所處邊疆地區，英國的態度則是尊重其意願，主張終極統一有待「邊境居民他們有意與緬甸主體合併的意願」

---

[2]　例如 1947 年 8 月 15 日印巴分治，英國正式離開印度。

（inhabitants signify their desire for some suitable form of amalgamation of their territories with Burma proper）（Silverstein, 1997: 174）。狀況頗爲類似 1947 年印巴分治後，英國主張各獨立土邦（如克什米爾）自己決定命運一般，看是要獨立還是分別加入印度或巴基斯坦。

英國分而治之的殖民統治，惡化了原先已經不和諧的緬甸族群關係。二戰期間的緬甸獨立運動，更讓雙方矛盾加劇，緬族人把少數族群視爲帝國主義的走狗，而少數族群則直指緬族爲沙文主義者與壓迫者（Smith, 1991）。面對緬甸的族群矛盾，當時的獨立運動領袖翁山將軍提出異中求同（unity in diversity）的意識形態，主張把少數族群納入緬甸的民族打造工程（nation building）。1947 年 2 月，翁山將軍代表緬甸臨時政府（Interim Burmese Government）召開彬龍會議，與會簽字的少數族群代表包含撣族、克欽族與欽族等三族，克倫族則被排除在外。他們於 2 月 12 日簽訂了『彬龍協定』（*Panlong Agreement, 1947*）（2 月 12 日也成爲緬甸的聯合日），協定內容總共 9 條，翁山將軍應允了少數族群顯著程度的自治權（significant autonomy），於協定第五條明白指出：新成立的緬甸政府不能剝奪目前各少數族群已經享有的自治權利，並規定「原則上接受邊疆地區在內政上的完全自治」（Full autonomy in internal administration for the Frontier Areas is accepted in principle）。

彬龍會議可以視爲『1947 年憲法』（*Constitution of the Union of Burma, 1947*）的基礎，此部憲法於 1947 年 9 月 24 日通過，並於 1948 年 1 月 4 日緬甸獨立這天正式生效，成爲緬甸獨立時的根本大法。在『1947 年憲法』裡，少數族群的「分離權」（right of secession）白紙黑字寫入憲法第十章裡面，准許少數族群十年之後追求獨立的可能

（The right of secession shall not be exercised within ten years from the date on which this constitution comes into operation.）。值得注意的是，『1947 年憲法』裡有關「少數族群」的各項權利，並非所有族群一體適用，與緬族混居的孟族及阿拉干族等少數族群，採取同化主義，並無特殊權利與地位。而「分離權」也存僅存於具備「州」地位者，且有被否決的但書。緬甸獨立之初僅有三個邦，包含撣邦（原先境內各邦合而爲一）、克欽邦、克耶邦等，但克欽族被否決了分離權，因此僅有撣邦與克耶邦保有分離權。至於克倫族，獨立之初並沒有獲得邦的地位，僅有獨立選區、保障席次，其餘權利待克倫邦成立後再規劃；克倫邦於 1951 年成立，但其分離權也被否決了。至於獨立之初的欽族未能立州，僅得特別區（special division）地位（Silverstein, 1997: 179）。

　　少數族群「分離權」是一個極具爭議的規定，雖然在 1947 年 2 月『彬龍協定』裏並無明文寫入，然而學者推測當時翁山將軍已經口頭答應少數族群代表，也因而 9 月才能明文寫入憲法（South, 2021: 444）。令人遺憾的是，這樣的安排並不是大家都滿意，翁山將軍於該年 7 月 19 日遭到暗殺身亡。不過，基於『彬龍協定』架構，緬甸終究還是在 1947 年 9 月通過了第一部憲法。這部憲法除了規定少數群的分離權之外，也於憲法第 216 條明文規定：緬語是緬甸的官方語言（The official language of the Union shall be Burmese），同時也規定所有公民不論其族群宗教語言等背景，皆享有平等的文化與教育權利。可惜的是，此次憲法沒有明文規定少數族群的語言地位，此外，『1974 年憲法』則再次重申緬語作爲緬甸官方語言的地位（Aye & Sercombe, 2014）。

　　『1947 年憲法』可說是英國放手緬甸獨立的必要條件，沒有憲法就沒有獨立。因此，緬族領袖為了能盡快達成獨立，念茲在茲的就是迅速通過制憲，以求獨立的目標。然而，緬族與各少數民族之間其實問題重重，例如憲法規定各邦以及欽特區的首長產生方式，竟然是由總理經徵詢州議會成員意見後選派，而州議會成員同時也是內閣裡的州代表，地方自主權被嚴重侵害。此外，1947 年制憲會議裡，克倫族真正的代表杯葛會議，而被拱為代表的克倫族青年聯盟（Karen Youth League）雖是附庸，但也於會議中捍衛自己族群的權利，反對會議裡對克倫族領域的不當劃分，為此制憲大會還成立特別委員會個案處理。1947 年制憲會議與憲法條文雖然問題很多，然而為了避免獨立期程被延宕，各族代表紛紛被說服先求有再求好，理由是憲法可以修改。不幸的是，對緬族有利的條文在白紙黑字簽名畫押後哪有輕易改變的可能，憲法賦予中央政府很大的權力，包括選派各邦首長的權力。而修憲權也掌握在國會議員手裡，而議員乃由緬族居於優勢，把憲法修往更有利少數族群的方向顯然是不切實際的，甚至是一場騙局（Silverstein, 1997: 180）。

獨立後的緬甸定名為緬甸聯邦（Union of Burma）。雖然有聯邦之名，卻無聯邦之實，實際上採取的是中央集權單一制，邊疆地區少數族群的權利被嚴重剝奪。在民族打造上，政府把緬甸塑造成一個緬族人的國家：在語言政策上獨尊緬語，在文化上獨尊緬族文化，並否認少數族群的貢獻（Aye & Sercombe, 2014: 151）。至於憲法裡有關十年分離選項（secession option），尼溫將軍於 1958 年發動軍事政變，直接否決了少數族群分離的可能（South, 2021: 444）。

從緬族觀點來看，他們認為緬族占總人口三分之二多數，緬甸的獨立是他們爭取來的，而緬語又是反殖民（anti-colonial）語言，因此以緬語為國語乃理所當然。然而，從少數族群觀點來看，這就是一種多數沙文主義與壓迫。因此，從緬甸獨立之初，緬甸的政治可說少有寧靜之日。一方面，周邊山地少數族群因為不滿緬甸政府的政治安排而出現武裝分離運動，在全盛時期，族群武裝組織（ethnic armed organizations）高達上百個（South, 2021: 448）；另一方面，當時還有國際共產主義勢力搧風點火，使得緬甸局勢更加紊亂。在族群武裝衝突當中，以沒有被邀請加入彬龍會議的克倫族首先發難，其他還包含孟族與克耶族等也都參與武裝起義。緬甸的族群武裝衝突斷斷續續，從獨立迄今持續存在，已超過半個世紀之久。

長期的族群衝突，讓緬甸出現兩個政治特色：其一是成為東南亞最貧窮的國家（Aye & Sercombe, 2014: 151），其二是緬甸成為一個軍政府（*Tatmadaw*）長期執政的國家（Barany, 2019）。軍政府的存在與緬甸政治的紛擾可說是一體兩面的存在，從獨立之初緬甸軍人即扮演很重要的角色，面對獨立初期不安的政局與少數族群分離主義，軍方的權力可謂有增無減。從 1958 年的政變開始，一直到 1988 年的政治騷亂為止，緬甸基本上都是由軍政府直接掌權；之後雖然有短暫的文人政府掌權時期，尤其是令人期待的翁山蘇姬政府，然而軍方依然掌控龐大的權力，2021 年 2 月 1 日再度發動政變，緬甸又陷入軍政府統治的局面。

Barany（2019: 8）指出，軍政府勢力歷久不衰的因素大致如下：（1）軍方勢力盤根錯節深入各個層面，包含社會、文化、宗教等。（2）軍方掌控經濟大權，但由於軍方不善管理，致使緬甸成為東南亞國協裡最貧窮的國家。（3）緬甸從建國伊始即面臨各種內外威脅，對內有少數族群分離運動以及共產黨問題，對外則有來自中國的威脅，使得軍方有光明正大的理由攬住權力不放。（4）在軍政府的控制下，緬甸長期與外界隔絕，使得軍頭得以延長其統治。（5）軍政府殘暴統治，大大削弱反對力量，進而鞏固自己的統治。

歷經 1988 年的政治騷動，軍方做了若干程度的妥協，准許反對黨成立（例如國家民主聯盟就成立於 1988 年），甚至於 2003 年提出「實現紀律繁榮民主的七步路線圖」（Seven-Step Roadmap to Discipline-Flourishing Democracy），重要內容包含：重建國會、制定新憲、改選國會議員等。緬甸新憲法於 2008 年制訂通過，令人瞠目結舌的是，憲法竟然規定國會兩院都必須保留 25% 席次給軍方。換言之，在當時的眾議院 440 席議員裡，軍方可以無條件佔有 110 席；而民族院（House of Nationalities）的 224 席當中，軍方保有 56 席。更誇張的是，修憲門檻須超過 75% 席次的門檻，即使反對黨囊括所有可參選席次，也無法修改憲法（Barany, 2019: 9）。

綜合而言，在緬甸獨立建國的過程裡，『彬龍協定』與『1947 年憲法』原先打算把緬甸打造成尊重少數族群、准許地方自治的聯邦制國家。然而，從歷史發展事實來看，緬甸從 1948 年獨立以來，即致力於把緬甸建造成一個緬族人的國家，透過同化主義來同質化其人口，藉此來促成國家統一。具體做法之一就是語言同化主義，也就是讓非緬族的人熟悉緬語的使用。換言之，緬族與少數族群的國家想像截然不同，對於彬龍精神（Panlong spirit）的態度也不一樣，最終使得緬甸的族群政治淪為弱肉強食的權力政治，由緬族這個優勢族群（更精確來說是緬族的軍人）主導國家政策，並進行同化主義的民族打造。由於同化主義違反彬龍精神，也過於激進，因而導致少數族群反彈，進而致使政策失敗。少數族群的反彈除了表現在體制內的抗爭之外，主要以武裝組織的型態出現。

少數族群武裝組織的規模與功能差異很大，有些是人數僅有數百人的民兵團體，以維持經濟利益為目的，有些還涉及藥品走私等犯罪行為，甚至勾結緬甸國防軍。然而，比較大規模的則存有民族主義理念，以少數族群代表自居，控制不小的土地範圍，並提供公共服務，也贏得當地人民的信賴。以 2011 年的和平停火協議來看，當時與緬甸軍政府參與停火協商的武裝組織共有十個（South, 2021: 445）。

參、緬甸的語言同化主義

緬甸從 1948 年獨立之初，即把緬語定調為緬甸國語及官方語言，而緬語的地位其實從緬甸獨立運程過程中即逐步受到鞏固。如前所述，在英國殖民統治期間，英國人採取分而治之政策，在緬族為主的地區，以英語為官方語言，緬語則受到壓迫；相對而言，在少數民族區域則准許母語使用。如此一來形塑出緬族人才是受壓迫者的形象，少數族群甚至被視為英國走狗。在緬甸獨立運動過程中，緬族人順理成章成為緬甸民族主義運動代表，因為緬族人於殖民時期是主要的受壓迫者，於獨立運動時自然成為民族主義者；而緬語於殖民時期是受壓迫的語言，於獨立運動時則成為凝聚民族主義與反抗殖民統治的反殖民語言，並於獨立之後毫無懸念地成為緬甸國語。

緬語成為國語的發展，其實可以從 1930 年的民族主義口號即可一窺端倪（Aye & Sercombe, 2014: 154）：

緬甸是我們的國家（Burma is our country）
緬甸文學是我們的文學（Burmese literature is our literature）
緬甸語是我們的語言（Burmese is our language）
愛我們的國家（Love our country）
珍惜我們的文學（Cherish our literature）
尊敬你的語言（Respect your language）。

這樣的語言發展，從緬族觀點來看顯得理所當然。然而，從少數族群觀點來看，則成為沙文主義與壓迫。畢竟在英國殖民時期還可說母語，獨立之後反而要改學緬甸語。緬甸獨立之後雖然少數族群語言並沒有被明令禁止使用，然而也缺乏政治動機與財政支持來確保少數族群語言的地位。

到了 1962 年軍政府統治期間，尼溫政府實施所謂的緬甸式的社會主義（Burmese way to socialism），以避免國家分裂為理由，更加大力實施同化主義，緬甸語成為唯一的教育語言。期間通過新的公民法，緬甸的公民被分成完全公民、準公民、歸化公民等三類，想要取得完全公民的身份必須擁有身分證，然而當時許多地區並沒有發給身分證，尤其是少數族群所居住的邊陲地帶，因此許多少數族群只被承認為準公民，不利國家認同的凝聚。少數族群的語言除了在非正式場合可以使用之外，在其餘場合一概不被承認，因此在語言政策方面持續獨尊緬語，在外語方面則獨尊英語（Aye & Sercombe, 2014: 158）。不過，軍政府在 1966 年『教育法』（Education Act）裡，准許若干少數族群在學校推動其語言和文化的自由，緬甸教育部出版了少數族群語言的教科書（例如孟族、撣族、克倫族、欽族和克欽族的語言）。大學校園也准許成立少數族群委員會以及開設族語課程。

由於 1988 年的政治紛亂，緬甸政府於 1989 年實施戒嚴令，軍頭更否決了 1990 年的選舉結果，軟禁了當時的贏家翁山蘇姬直到 2010 年。從族群政治的角度來看，當時的軍政府也做了若干政治改變，例如把緬甸國名的英文名稱從 Burma 改成 Myanmar，試圖在民族打造上淡化國家之緬族特質，並納入少數族群成分。國名的改變有其象徵意義，但並不是所有人都買單，迄今英美兩國都還沒有承認這個名稱（CIA, 2022a），也有學者認為 Myanmar 之名只是軍頭的宣傳工具，目的在建構一個文化與歷史的幻想世界（Callahan, 2003: 143）。在語言政策方面，較大的少數族群語言（例如克欽族、克耶族、克倫族、孟族、撣族等），可以在公立學校裡被教授。然而其餘較小的族群語言（例如若開語）則付諸缺如，頂多只有在寺廟裡面會被教導。

肆、洛興亞人議題

在緬甸官方所承認的 135 個族群裡，洛興亞人並無占一席之地，然而近年來因為難民身分，使得其成為最為世人所熟知的緬甸境內族群。洛興亞人乃是信奉伊斯蘭教遜尼派的穆斯林，其祖先於 19 世紀英國殖民統治期間開始從孟加拉移居到緬甸，直到殖民統治結束為止，主要從事農耕與協助殖民者統治的工作（Barany, 2019: 3）。由於英國分而治之的殖民統治，加上宗教差異所產生的文明衝突，多數若開邦的佛教徒並不歡迎這群外來的穆斯林族群，居民常將他們稱為孟加拉人。根據 2012 年的資料，全世界大概有 250 萬名洛興亞人，而緬甸境內約有 80 萬人，其中約有八成住在若開邦（Barany, 2019: 4; Sharma, 2014: 164）。

　　洛興亞人問題可以追溯到英國殖民時期，由於當時的印度[3]（包含孟加拉）與緬甸同屬英國殖民地，人口往來流動問題由英國決定，緬甸人並無置喙餘地。然而，當外來者搶了在地人的飯碗、外來者成爲殖民者的打手、外來者在宗教等族群文化上與在地人有很大差異時，族群分歧問題早已暗潮洶湧。在二次大戰期間，日軍入侵緬甸，緬甸人與日本人合作，想要藉機擺脫英國的統治；然而洛興亞人卻站在英國這邊，此舉致使緬甸人對洛興亞人的敵意加劇。當緬甸獨立之後，洛興亞人自然成爲緬甸人去之而後快的眼中釘（Barany, 2019: 4）。

　　緬甸於 1948 年獨立之後，誰是本國人誰是外國人就是一個重要的問題。緬甸獨立之初本想採聯邦制，在公民身分的認定上也採取海納百川的寬鬆態度。根據『1947 年憲法』，緬甸打算把公民權平等開放給緬甸的原住民族以及當時留在緬甸的外國人，只要符合以下四個條件之一即可取得公民身分：（1）父母親屬於緬甸任一原住民族；（2）在緬甸出生，且至少有一位祖父母屬於緬甸原住民；（3）在緬甸出生，且其父母在憲法生效時仍健在者（這一條主要是針對印度人）；（4）在英國領地內出生，且在制憲前十年至少在緬甸住滿八年，並且願意選擇緬甸公民身分者（Silverstein, 1997: 178）。

　　整體而言，『1947 年憲法』強調平等，主張緬甸只有一種公民，且所有公民無論其出身、宗教、性別、種族等一律平等。可惜的是，這部憲法的存在乃象徵意義大於實質意義，且憲法的相關規定可以由國會輕易修法變更。因此，當緬甸於 1948 年 1 月 4 日正式獨立之後，

---

[3]　1947 年 8 月 15 日印巴分治之前，當時的印度包含今日的印度、巴基斯坦、孟加拉等國，而洛興亞人的祖先來自孟加拉，因此在英國殖民時期，洛興亞人也屬於廣義的印度人，而緬甸獨立初期所指涉的印度人也包含洛興亞人。

國會很快就通過新的『聯邦公民法』（*Union Citizenship Law*）來限縮公民權，使得印度人（包含洛興亞人）更難取得公民權。設定條件包括：（1）申請人的祖先必須至少在緬甸住兩代，且申請人及其雙親都需要在緬甸出生；（2）不符合前項資格者，可透過歸化的方式取得公民身分；（3）在手續完備前，必須先登記爲「外國人」，取得身分證件後可以合法居留，並擁有投票權（Silverstein, 1997: 180）。

1962 年軍政府革命委員會（Revolutionary Council）取消洛興亞人的公民資格，規定每個緬甸公民都必須取得國民註冊卡，而洛興亞人則給予外國人註冊卡。此外，軍政府也不再發給年滿十歲的外國小孩註冊卡，致使洛興亞兒童的身分地位不明。1974 年軍政府制定新憲法，規定非公民（non-citizen）必須申請外國人登記許可證，而申請者必須先繳回舊身分證，但是很多洛興亞人根本領不到新的證件。1977 年軍政府實施大規模的身分檢查，尤其針對洛興亞人聚居地若開邦。政府詳細檢查每個人，嚴格區隔公民與外國人。對於「非法進入的外國人」採取強硬行動，此舉造成大約 20 萬洛興亞人逃亡到孟加拉，孟加拉政府也拒絕接收這群所謂的孟加拉人，使得洛興亞人成爲沒人要的國際難民。緬甸政府的理由是：他們是非法移民，因爲他們沒有緬甸的身分證（Silverstein, 1997: 181）。

1982 年國會通過新公民法，創造出三種公民身分，包含：（1）完整公民（full citizenship）：此類別係指 1823 年英緬戰爭前即世居於緬甸的原住民。（2）準公民（associate citizenship）：此類別乃指無法證明所有祖先都是緬甸的原住民者，在新法通過後須於一年類提出申請。（3）歸化公民（naturalized citizenship）：要申請歸化公民的條件有三：（a）父母之一是完整公民，另一爲外國人；（b）父母之一是準公民，另一為歸化公民或外國人；（c）申請人必須品性良好、心智健全，且會說任一種緬甸的國家語言者。此新法明顯也是針對洛興亞人，此法依然剝奪了洛興亞人的公民身分，洛興亞人還是「非法移民」，並於2014 年的人口普查裡將之歸類為講孟加拉語的外國人（Bengali speaking foreigners）（Sharma, 2014: 164）。

1988 年政治騷動過後，隔年新組成的「國家法律與秩序回復委員會」（State Law and Order Restoration Council，簡稱 SLORC）一度准許洛興亞人組織政黨，並參與國會選舉。然而，當 1990 年選舉結束後政策急轉彎，不只翁山蘇姬被軟禁，洛興亞政黨也被解散，而當選的 4 名洛興亞人議員，有 2 名被逮捕凌遲，其中一名死於獄中，另一名則被監禁兩年後才被釋放。新的軍政府對洛興亞人的態度更趨強硬，包含增加騷擾、緊縮移民檢查、強制勞改等，而在若開幫也有更多的駐軍。此舉再度導致大約 25 萬名洛興亞人淪為難民。雖然期間緬甸與孟加拉之間有短暫的協定，准許難民回流緬甸，但是回流之後的洛興亞人仍被視為外國人，毫無行動自由可言（Silverstein, 1997: 190-91）。

洛興亞人問題並沒有因為進入二十一世紀而獲得解決，在緬甸軍政府的進逼下，洛興亞人透過伊斯蘭外籍傭兵的協助，也建立了武裝組織來與政府軍對抗，名為阿拉干洛興亞救世軍（Arakan Rohingya Salvation Army，簡稱 ARSA）。2016 年人權鬥士翁山蘇姬上台，洛興亞難民問題不但沒獲得解決，反而有更加惡化的情形。首要的理由是，民選政府根本無法控制軍方，當軍方把洛興亞人定調為非法移民時，民選政府也無從置喙。其次，民選政府必須順應民意，而多數緬甸民眾，尤其是緬族（佔 68%人口）與佛教徒（佔 87%人口），多支持反洛興亞的政策。因此，就連翁山蘇姬本人與所屬政黨也稱呼洛興亞人爲孟加拉人，若對洛興亞人有人任何悲憫之心，無異於政治自殺（Barany, 2019: 8-14）。2017 年 8 月 25 日，ARSA 攻擊若開邦北部幾個安檢設施，此舉不但被緬甸政府公告爲恐怖組織，軍方更以不成比例的方式反擊，包含大規模屠殺、凌虐、強暴、燒毀村落等（Barany, 2019: 2）。

　　整體而言，緬甸人民不歡迎洛興亞人，將之視爲爲非法進入的孟加拉人，終極目標就是擺脫洛興亞人。至於軍方則是將洛興亞人定調爲非法移民，其所屬武裝團體爲恐怖組織，對洛興亞人實施強硬驅離的行動。至於民選政府，一方面無法有效掌控軍方，另一方面也不敢違逆民意，在解決洛興亞人的問題上，僅能順應民意，並任由軍方爲所欲爲。洛興雅難民問題至今無解。

伍、緬甸民主的希望與失望：2021 年政變

　　話說緬甸有兩個知名的翁山，一個是翁山將軍，他是帥領緬甸獨立的英雄，然而在緬甸獨立前夕被政敵暗殺身亡，身後被尊稱爲緬甸國父。另一個知名的翁山則是翁山將軍的女兒翁山蘇姬，她於 1990 年帶領全國民主聯盟（National League for Democracy，簡稱 NLD）贏得國會大選，然而選舉結果被軍政府作廢，進而被長期軟禁於家中直到 2010 年，翁山蘇姬也於 1990 年獲得諾貝爾和平獎而聲名大噪。經過幾番波折，翁山蘇姬戴著諾貝爾獎得主的光環，終於在 2016 年成爲緬甸文人政府實際領導人。世人普遍對緬甸的民主化抱有很高的期望，可惜翁山蘇姬執政期間爆發了嚴重的洛興亞難民問題，而緬甸的政治與經濟也沒有顯著的起色，更糟糕的是她的政府也無法控制軍

方，致使緬甸軍方於 2021 年 2 月 1 日又發動政變，緬甸再度進入軍人統治的局面。而被政變的一方也組織了影子政府——國家統一政府（National Unity Government）以及人民防衛軍（People's Defense Force）與軍政府對抗，緬甸政局陷入嚴重動盪的局面（CIA, 2022a）。

這個政變讓人感到失望，有政治學者甚至把緬甸稱爲失敗的國家（failed state）：意思指的是一個政權無法提供正常國家的功能，例如國防、法治、正義、合理的教育、社會與經濟安全、國際認可等（Steinberg, 2021）。從國家打造（state building）與民族打造（nation building）的角度來看，失敗的國家其實導源於失敗的國族（failed nation）[4]，而這個問題要追溯到緬甸獨立之初。在獨立運動過程中，1947 年 2 月 12 日彬龍會議扮演重要的角色，『彬龍協定』決定把緬甸統一成一個國家，允諾打造一個聯邦體制的緬甸，並於後續『1947 年憲法』明文規定尊重少數族群的文化。然而翁山將軍遭暗殺後人亡政息，緬族菁英試圖透過儀式、教育、社會強制力等，全力追求緬族化（Myanmarfied）的統一。相對而言，少數族群則遭遇經濟歧視與政治社會邊緣化，許多族群相信如果由他們自己治理會比讓緬甸政府治理更好。然而，緬甸軍政府則完全拒絕讓少數族群有任何顯著的自主空間，並且把聯邦主義污名化爲分離主義的第一步（Steinberg, 2021）。

---

[4] 國家（state）與國族（nation）的差別其實可以用房子（house）與家（home）來類比。國家比較偏向法理與硬體層面，建國（state building）猶如蓋新房子，或者把舊屋翻新，換上新的招牌（國號）與新的使用說明書（憲法），建國即算完成。至於國族則有情感層面，在一個國土領域裡的人是否有把這裡當成自己的家，有情感的歸屬。國族的認同可超越地域、宗教、族群、語言、文化等親近性（affinity）、認同（identity）或忠誠（loyalty），可視爲一種超越親近性（transcendental affinity）（Steinberg, 2021）。

　　從緬甸獨立開始，緬甸軍方最擔心的就是分離主義，而打擊分離主義也是緬甸軍方長期掌權的重要因素。然而，當緬族愈不肯放手，少數族群則愈想分手，因為他們缺乏了我們是一家人情分（we-ness）。從 2012 年開始，緬甸軍方才稍稍接受聯邦主義的概念，惟其接受的程度到哪裡仍有待時間檢驗。例如，緬甸於 2018 年召開了新彬龍會議，軍方領導人敏昂來（Min Aung Hlaing）一面主張和平進程，但卻又夸言合理化軍方的特殊地位，認為：「族群組織在某些領域無法代表 5,200 萬人，而政黨也僅代表支持他們的人，唯獨軍方是為全體人民而生，代表整個國家與人民。」（Steinberg, 2021）

　　有學者指出，緬甸各族群間缺乏我們是一家人情分的因素，很重要的原因是因為邊境的少數族群其實都是跨越國界的民族，因此很容易在情感上與母族群或其他國家產生認同連結（Steinberg, 2021）。其實，族群連結與認同可分成原生認同（primordial attachment）與工具認同（instrumental attachment）兩者，原生認同是與生俱來的，工具認同屬於工具性與情境式的，會隨著環境改變而不同。世界上多數國家都屬多族群社會，難免都會面臨族群選擇（ethnic option）與國家認同（national identity）問題，當一個國家社會經濟條件愈佳，愈能藉由工具認同來凝聚不同族群的向心力，反之則愈無法凝聚國家認同。失敗的國家與失敗的國族其實互相影響，以經濟發展情形來檢視，緬甸確實是東南亞 11 國當中經濟發展狀況最差的，從人均國內生產毛額（GDP）來看，2022 年緬甸的 GDP 為 1,285 美元，比東帝汶的 1,402 美元與柬埔寨的 1,752 美元都來得低（IMF, 2022）。

　　在緬甸的重要少數族群裡，許多族群的分布都是跨越國界的。撣族同時分布在泰國與中國境內，佤族（Wa）與克欽族也同時分布在中國境內，孟族與克倫族的分布跨越泰緬邊境，那加人（Nagas）的分布則跨越緬印邊界，而洛興亞人則跨越緬甸與孟加拉的邊境。因此，在原生族群認同上，少數族群認同很可能是跨越國界的；至於國家認同層面，若從經濟表現來檢視，緬甸 2022 年 GDP 表現不但是東南亞國家當中最差，與其他鄰國相比，比不過中國的 14,096 美元，印度的 2,515 美元，甚至也比孟加拉的 2,361 美元還來得差（IMF, 2022）。在經濟的磁吸效應與工具性國家認同雙重作用下，少數族群不想與緬族為主體的緬甸在一起，也沒有一家人的感覺，是可以理解的。

陸、彬龍精神還是幽靈？

緬甸的獨立建國，1947 年的彬龍會議與協定有其關鍵地位，也成為後續少數族群與緬族互動的基石。當初翁山將軍為了迅速達成緬甸的獨立與統一，以少數族群自治權與分離選擇權，來換取少數代表同意加入獨立後的緬甸，並於『1947 年憲法』明文規定採取聯邦體制來確保獨立後的政治架構。然而，隨著翁山將軍被暗殺身亡，獨立後的緬甸政治走向完全變調，緬甸僅有聯邦之名，完全無聯邦之實。掌權的緬族菁英在政治上採取中央集權單一體制，在族群文化政策上更是採取同化主義，試圖把緬甸打造成一個緬族化的國家，少數族群不但沒有自治權，甚至文化上的生存權都岌岌可危，對應而出的是武裝分離主義，以及緬甸軍政府的鎮壓以及軍政府長期掌權。

對於少數族群而言，彬龍精神是他們加入緬甸這個大家庭的基本條件，他們念茲在茲的就是 1947 年『彬龍協定』與憲法對他們的承諾。然而，對許多緬族政治菁英以及軍方而言，『彬龍協定』與『1947 年憲法』顯然不是他們最佳的建國方針，翁山將軍被刺身亡象徵他們的不滿與不安，獨立後的實際政治運作也將協定與憲法視為具文。然而，『彬龍協定』與翁山將軍的精神，卻持續成為日後緬甸族群政治裡揮之不去的存在，甚至對於某些人而言可能是幽靈般的存在。

『彬龍協定』究竟是緬甸的立國精神，還是令人困擾的幽靈？這個問題若無法解決釐清，緬甸的族群政治在可預見的未來恐怕還是會持續陷入紛亂泥沼（South, 2021）。所謂的彬龍精神，簡單地講就是聯邦主義。而聯邦主義的邏輯很簡單，藉由適當的分離來降低衝突，允許少數族群適度的自治來增加和諧，透過制度來限制多數人強加其意志於少數人身上，並化解少數人被多數人霸凌的恐懼（Simeon & Conway, 2001: 339）。

聯邦主義早在緬甸獨立之初已存在緬甸政治菁英的思想裡，少數民族普遍歡迎這個體制，但緬族政治菁英與軍方則普遍反對。在緬甸獨立前夕的『彬龍協定』，雙方代表已經存有聯邦制的默契，也因此當時少數族群代表（撣族、欽族、克欽族）才同意加入獨立後的緬甸，彬龍會議可說是成為促成緬甸聯邦化的時刻（federating moment），其後的『1947年憲法』則是將相關規範條文化，而獨立之初的緬甸國名為緬甸聯邦也有聯邦的思維（South, 2021）。

然而，在翁山將軍被暗殺後，聯邦主義名存實亡，後來的緬甸政府採取的是不折不扣的中央集權單一體制，少數族群不但無法獲得政治上的自治，就連語言文化的保存都難以支撐，因為中央政府實施緬語單語主義，並對少數族群實施語言同化主義（Tupas & Sercombe, 2014）。在緬族政治菁英（尤其是軍方）這邊，他們為了避免彬龍幽靈再起，長期以來都對於聯邦體制存有戒心，認為聯邦制會導致國家的分裂。以 1962 年的軍事政變爲例，當時就是因爲民選政府打算實施聯邦體制，而尼溫將軍透過政變來撲滅這個火苗，並將其政變合理化成緊急避免緬甸的分裂（prevent imminent disintegration of Burma unity）（South, 2021: 442）。

當各族群之間合則兩利，可以共同打造一個更美好的共同體時當然是一件好事。然而，當大家已經沒有一家人的感覺時，分手追求各自獨立或自治的生活則是另一種可能，這是 1947 年『彬龍協定』與『1947 年憲法』所留下的精神，也是 1948 年緬甸獨立以來迄今各少數族群持續追求的目標。獨立茲事體大，就連民主國家也不願輕易鬆手；自治相對可行，聯邦體制（federalism）下的地方分權是民主國家最常見的方式。問題是，無論是獨立與自治，緬族這個老大哥以及緬甸軍方一直不願放手，對應的是少數族群武裝組織的出現，也致使緬甸成爲今日所謂的失敗國家（South, 2021）。

從比較政治的學理來看，聯邦主義是否是分裂社會（divided societies）的最佳解方？其實學界有非常多的探究與爭辯，早期學界確實有人認爲聯邦主義是一種毀壞國家的制度（federalism as state destroying），例如雅各賓單一主義（Jacobin Unitarianism）。此派思想源自於法國大革命，偏好文化同化主義，而非讓少數族群自治（McGarry & O'Leary, 2005: 266）。保守的緬甸軍方或許也曾從這個學派汲取到養分，其主張並非無中生有。不過，當代比較政治學者對於聯邦主義則是持較爲積極正面的看法，有人主張聯邦主義就是一種民族打造（federalism as nation building），可以幫助不同的人團結在同一個國家裡，甚至有機會成爲單一化國家的墊腳石，此派學者還是有文化同化主義的思維，把聯邦主義視爲打造民族國家的工具（McGarry &

O'Leary, 2005: 268）。

　除了上述兩派之外，常見的還有世界性聯邦主義（cosmopolitan federalism）與多民族聯邦主義（multinational federalism），前者認為聯邦主義是超越民族的一個階段，最終目標是崩解民族主義，建立一個超越民族忠誠的大同世界，當代歐盟或許就有這樣的概念。至於多民族聯邦主義則被視為維持多民族國家的工程師，反對同化主義，主張保護多元文化的存在，讓多族群可以在同一個國家的屋簷下和平共存，共謀其利。此學派准許少數族群有保護與促進其文化的權利，在學界擁有相當多的支持者，可說是當代聯邦主義的主流思想（McGarry & O'Leary, 2005: 272）。

　聯邦主義對於整合多族群國家而言，有失敗的案例，也有成功的典範。蘇聯、南斯拉夫、捷克斯洛伐克、獨立初期的巴基斯坦等都是失敗的案例。不過，前共產主義國家被視為假聯邦（pseudo federations），各邦是被迫在一起的，因此不被認為是典型聯邦主義的失敗案例。此外，後殖民國家如奈及利亞，其於 1960 年代獨立之初因為殖民母國（英國）的政治安排，而採取聯邦主義，當殖民母國離開之後，聯邦主義也隨即宣告失敗。奈及利亞被形容成是用聯邦制偽裝的單一制國家（McGarry & O'Leary, 2005: 275-76），吾人以為緬甸獨立的安排也可如此解讀。此外，前共產主義國家與後殖民聯邦國家也都有經濟問題，無法滿足人民的基本生活需求，而致使聯邦體制的瓦解（McGarry & O'Leary, 2005: 277）。

　綜合而論，學者總結聯邦主義成功有五個重要因素（McGarry & O'Leary, 2005: 281-87）。其一，多民族國家裡要有一個佔優勢的多數族群，若無則容易解體。例如，解體的蘇聯俄羅斯人僅佔 51%，而南斯拉夫的塞爾維亞人更只占 39%。主要群群可以負責維繫聯邦的統一，只要他們願意付出心力，而他們也需要負主要妥協責任（Nordlinger, 1972）。其二，聯邦主義不僅要給予地方自治權，也必須在中央政府有權力分享的機制。換言之，不僅要自治（self-rule），也要共治（shared rule）。其三，民主的聯邦體制比非民主的聯邦體制更容易成功。其四，自願加入的多民族聯邦比被迫組成的更容易成功。第五，經濟繁榮的聯邦國家比經濟困頓者更容易成功。

柒、結語

緬甸本是一個多族群的國家，族群數量超過百個，緬族人數占六成左右居宰制族群地位，其餘較大的少數族群有七個。從歷史上緬族就居於宗主地位，而周邊各邦則為附庸國的關係，其中與緬族生活領域重疊的克倫族地位最為特別，歷史上長期處於對立競爭的態勢，到了英國殖民時期更成為英國的支持者，於二戰期間與緬甸民族軍有軍事上的對抗，進而導致 1947 年的彬龍會議沒獲邀參與，並於緬甸獨立後率先反抗緬甸的統治。

少數族群的叛變與軍政府的長期掌權，是緬甸獨立後持續存在的政治特色，而這一切可追溯到英國殖民統治時期的遺緒——「分而治之」惡化緬族與少數族群的關係。然而，當英國要放手讓緬甸獨立時，英國所期待的政治安排是讓少數族群有決定自己前途的權利，但是緬族所期待的是把少數族群納入新成立的國家裡。後來透過 1947 年的彬龍會議與制憲會議擘劃出聯邦主義的架構，少數族群期待能保有自治權甚至分離權，而緬族菁英連哄帶騙讓少數族群同意憲法先求有再求好。可惜的是，白紙黑字的憲法本來就對少數族群的自治權保護不足，獨立後的緬甸中央政府對於憲法僅存的聯邦架構更是視同具文，政治的運作採取中央集權的單一體制，而語言上則採取獨尊緬語的同化政策，少數族群不但沒有政治上的自治權，就連文化上的生存權都岌岌可危。

當少數族群發現『彬龍協定』與『1947年憲法』沒被遵守之後，隨之而來的是政治的騷動，甚至是武裝的叛變行動。換來的則是緬甸軍方的強力打壓，以及軍政府的長期掌權。即使軍政府於1988年因為政治騷動而有所鬆動，緬甸改了國家的英文名字，也造就出諾貝爾獎得主翁山蘇姬，後來甚至也讓翁山蘇姬實際掌權，一度讓外界看到緬甸民主的希望。然而，2021年2月軍方再度政變，緬甸重新陷入軍人直接掌權的局面。雖然這種局勢讓人失望，也有學者直接把緬甸視為失敗的國家。從緬甸的政治深入分析，緬甸的政治結構從獨立以來其實未曾大幅改變：族群政治問題仍未解決，軍人仍以維持國家統一穩定為由持續合理化其權力，進而間接或直接掌控政府與政策。

緬甸的政治困境該如何解決？這不但是緬甸所面臨的問題，也是許多學者持續關注的問題。透過文獻分析，學者多認為回歸彬龍精神的聯邦主義是解決緬甸族群政治的處方，也就是說掌權的緬族必須負起妥協的責任，尊重與回應少數族群的政治自治權與文化生存權。學者 Nordlinger（1972）就曾指出，為了維持分裂社會的穩定，多數族群有責任做主要的妥協。從緬甸獨立之初的政治安排來看，緬甸的少數民族其實也願意加入緬甸這個大家庭，並無強烈分離獨立的意願。由此可知，後來的武裝反叛，緬甸中央政府與軍方背棄聯邦主義的承諾要負很大的責任。

　　從前述聯邦主義成功五要素來看，緬甸有占六成多數的主要族群（緬族）、獨立之初的少數族群也都是自願加入緬甸，這兩點算是正面的因素。然而，其餘三點則不利聯邦制的維持，首要之惡是族群自治權嚴重不足，共治權更是難見；再來就是軍政府長期執政，緬甸經濟不見起色，成為東南亞最貧窮的國家。在政治上，軍人長期掌權，民主政治曇花一現，這些都是不利緬甸維持聯邦制的因素。除了上述因素之外，也有學者指出「套疊認同」（nested identities）是維持聯邦體制穩定的重要社會因素（Smith, 1995），也就是說人們可以維持雙重認同，同時對小社群與大社群都保有忠誠度與認同感，小社群的存在可保有差異性，而大社群的存在則保有共通性（Simeon & Conway, 2001: 361）。套疊認同其實不難培養，前面所提及「一家人的感覺」即是關鍵。一家人的感覺是一種認同感，而無論國家認同或族群認同都可回歸原生認同與工具認同兩個層面，原生認同與生俱來較難改變，但是工具認同可隨著社會經濟情境的改變而增強。如果當緬甸人是一個令人驕傲的身分，如果當緬甸人有經濟上的好處，那麼自然會把少數族群拉入大的緬甸國族認同。鄰居泰國對於其東北方的伊善人就是採取這個模式，伊善人與鄰邦寮國人系出同源，但是因為泰國經濟較寮國發達，使得伊善人認同自己是泰國人而非寮國人（Ricks, 2019）。

　　綜合而論，針對分裂社會的整合，學界還是比較推崇聯邦主義。然而，單有聯邦主義並不夠，還需要有各種社會與制度的支持；而聯邦主義也無法保證成功，但是也很難找到非聯邦制的國家可以成功整合多民族的案例（Simeon & Conway, 2001: 364）。聯邦主義不是萬靈丹，也沒有那麼穩定，但也沒有比其他制度更加不穩定。聯邦主義最大的優點是：比自決或獨立更具建設性、更少衝突，也是更民主的解方（Simeon & Conway, 2001: 365）。

最後以瑞士為例，或許能從中找到靈感。瑞士是個典型的多族群民主聯邦制國家，從 1848 年採取聯邦制以來，迄今都維持相當穩定的政治體制，在經濟上更是名列前茅的模範生，2022 年的 GDP 高達 96,390 美元（IMF, 2022）。以前述所提五個聯邦制成功的要素來看，瑞士每個項目都達標，包含民主體制、經濟繁榮、族群共治、自願加入、擁有主要族群等。以族群組成來看，2022 年瑞士總人口約 850 萬人，語言族群有三大一小，最大的是德語族群（佔 62.1%），其次是法語族群（佔 22.8%），第三是義大利語族群（佔 8%），最小則是羅曼什語族群（佔 0.5%）（CIA, 2022b）。

若以單一制的多數決思維來看，瑞士應該會成為歐洲另一個德語國家，並由日耳曼人掌控實權。然而，從瑞士於 1848 年實施聯邦制伊始，「語言和平」（language peace）成為當時政治菁英的第一個考量（Wimmer, 2002: 230），除了德法義三大族群的語言都是官方語言（official language）之外，羅曼什語也獲得官方語言地位。各行政區的居民可以選擇自己的官方語言，而身為該區的少數族群也自然而然需要熟習該區的官方語言。整體而言，在語言政策上，瑞士採多語的中央，單語的地方。值得注意的是，瑞士的語言和平除了有法律制度的保障之外，瑞士人並沒有意識到他們在刻意保護少數族群，因為他們不認為講法語、義大利語、羅曼什語的人比較不瑞士（less typically Swiss），也不認為講德語的人比較能代表瑞士。換言之，這四種語言都是瑞士語，都是瑞士不可或缺的成分，也因此瑞士沒有所謂的少數族群可言（Wimmer, 2002: 233）。

綜合而論，從瑞士成功的案例可知語言和平很重要，因為語言不僅僅是溝通工具，更代表一個族群的認同與尊嚴。若覺得瑞士太遙遠，其實也有東南亞國家特別關注語言問題者（如新加坡），在族群和平共存上也獲得不錯的成效（Tupas & Sercombe, 2014），同為東南國家的緬甸也不乏就近參考的對象。其實，要世人都能像瑞士人這般的思維恐怕很難，族群中心主義是人性，凝聚同類排斥異己也是人之常情。除了透過教育改造人們的思維之外，最理想的還是回歸政治學的專業，讓制度來疏導人性。善良好心的領導人固然重要，但能駕馭人類行為的良善制度更重要。回到緬甸，從歷史觀之，各少數民族其實都有意願加入緬甸這個大家庭，他們期盼的仍只是最基礎的自治和文化生存權。緬甸今日政局動盪最大的困境還是在於緬族軍人不願妥協，而他們不願妥協的原因究竟為何？是想巴著權力不放？還是害怕自治終究會變成獨立分離？若是後者，多了解一點聯邦主義、協和民主（Lijphart, 1984）、多元文化主義（Kymlica, 2012）等知識，或許是化解恐懼的解方。

參考文獻

Aung, Maung Htin, David I Steinberg, Aung-Thwin, and Michael Arthur. 2022. "Myanmar." *Encyclopedia Britannica* (https://www.britannica.com/place/ Myanmar.) (2022/7/24)

Aye, Khin Khin, and Peter Sercombe. 2014. "Language, Education and Nation-building in Myanmar," in Peter Sercombe, and Ruanni Tupas, eds. *Language, Education, and Nation-building: Assimilation and Shift in Southeast Asia*, pp. 148-64. London: Palgrave Macmillan.

Barany, Zoltan. 2019. "The Rohingya Predicament: Why Myanmar's Army Gets away with Ethnic Cleansing." (http://www.jstor.com/stable/resrep 19683) (2022/7/3)

Callahan, Mary P. 2003. "Language Policy in Modern Burma," in Michael Edward Brown, and Sumit Ganguly, eds. *Fighting Words: Language Policy and Ethnic Relations in Asia*, pp. 143-76. Cambridge: MIT Press.

CIA. 2022a. "Burma." *World Factbook* (https://www.cia.gov/the-world-factbook/countries/burma/#introduction) (2022/7/25)

CIA. 2022b. "Switzerland." *World Factbook* (https://www.cia.gov/the-world-factbook/countries/switzerland/#people-and-society) (2022/9/2)

Constitution of the Union of Burma, 1947 (https://www.ilo.org/dyn/natlex/docs/ ELECTRONIC/79573/85699/F1436085708/MMR79573.pdf) (2022/8/23)

Huntington, Samuel P. 1993. "The Clash of Civilizations?" *Foreign Affairs*, Vol. 72, No. 3, pp. 22-49.

International Monetary Fund (IMF). 2022. "Gross Domestic Product Per Capita, Current Prices." *World Economic Outlook Database* (https://www. imf.org/en/Publications/WEO/weo-database/2022/April/weo-report?c=512,914, 612,171,614,311,213,911,314,193,122,912,313,419,513,316,913,124,339,638,5

14,218,963,616,223,516,918,748,618,624,522,622,156,626,628,228,924,233,63
2,636,634,238,662,960,423,935,128,611,321,243,248,469,253,642,643,939,734,
644,819,172,132,646,648,915,134,652,174,328,258,656,654,336,263,268,532,9
44,176,534,536,429,433,178,436,136,343,158,439,916,664,826,542,967,443,91
7,544,941,446,666,668,672,946,137,546,674,676,548,556,678,181,867,682,684,
273,868,921,948,943,686,688,518,728,836,558,138,196,278,692,694,962,142,4
49,564,565,283,853,288,293,566,964,182,359,453,968,922,714,862,135,716,45
6,722,942,718,724,576,936,961,813,726,199,733,184,524,361,362,364,732,366,
144,146,463,528,923,738,578,537,742,866,369,744,186,925,869,746,926,466,1
12,111,298,927,846,299,582,487,474,754,698,&s=NGDPDPC,&sy=2022&ey=2
022&ssm=0&scsm=1&scc=0&ssd=1&ssc=0&sic=0&sort=country&ds=.&br=1)
(2022/7/18)

Kymlicka, Will. 2012. *Multiculturalism: Success, Failure, and the Future.* Kingston: Queen's University (https://www.migrationpolicy.org/sites/ default/files/publications/TCM-Multiculturalism-Web.pdf) (2022/9/4)

Lijphart, Arend. 1984. *Democracies: Patterns of Majoritarian and Consensus Government in Twenty-One Countries.* New Haven: Yale University Press.

McGarry, John and Brendan O'Leary. 2005. "Federation as a Method of Ethnic Conflict Regulation," in Sid Noel, ed. *From Power Sharing to Democracies: Post-Conflict Institutions in Ethnically Divided Societies*, pp. 263-96. Montreal: McGill-Queen's University Press.

Nordlinger, Eric A. 1972. *Conflict Regulation in Divided Societies.* Cambridge: Harvard University Press.

Panlong Agreement, 1947 (https://peacemaker.un.org/sites/peacemaker.un.org/ files/MM_470212_Panglong%20Agreement.pdf) (2022/8/23)

Ricks, Jacob I. 2019. "Proud to Be Thai: The Puzzling Absence of Ethnicity-Based Political Cleavages in Northeastern Thailand." *Pacific Affairs*, Vol. 92, No. 2, pp. 257-85.

Sharma, Sourabh Jyoti. 2014. "Ethnicity and Insurgency in Myanmar." *World Affairs: The Journal of International Issues*, Vol. 18, No. 3, pp. 150-68.

Silverstein, Josef. 1997. "Fifty Years of Failure in Burma." in Michael E. Brown and Sumit Ganguly, eds. *Government Policies and Ethnic Relations in Asia and the Pacific*, pp. 167-96. Cambridge, Mass.: MIT Press.

Simeon, Richard, and Daniel-Patrick Conway. 2001. "Federalism and the Management of Conflict in Multinational Societies," in Alain-G Gagnon, and James Tully, eds. *Multinational Democracies*, pp. 338-65. Cambridge: Cambridge University Press.

Smith, Graham. 1995. *Federalism: the Multiethnic Challenge.* London: Longman.

Smith, Martin. 1991. *Burma: Insurgency and the Politics of Ethnicity.* London: Zed Books.

South, Ashley. 2021. "Towards 'Emergent Federalism' in Post-coup Myanmar." *Contemporary Southeast Asia*, Vol. 43, No. 3, pp. 439-60.

Steinberg, David. 2021. "Myanmar: Failed State or Failed Nation?" *Frontier Myanmar*, August 11 (https://www.frontiermyanmar.net/en/myanmar-failed-state-or-failed-nation/) (2022/7/14)

Tupas, Ruanni, and Peter Sercombe. 2014. "Language, Education and Nation-building in Southeast Asia: An Introduction," in Peter Sercombe, and Ruanni Tupas, eds. *Language, Education and Nation-building: Assimilation and Shift in Southeast Asia*, pp. 1-21. London: Palgrave Macmillan.

Wikimedia Commons. 2022. "Map of Myanmar and Its Divisions, Including Shan State, Kachin State, Rakhine State and Karen State." (https://en.wikipedia.org/wiki/Myanmar#/media/File:Burma_en.png) (2022/7/18)

Wimmer, Andreas. 2002. *Nationalist Exclusion and Ethnic Conflict: Shadows of Modernity.* Cambridge: Cambridge University Press.

民族建構下的權力競奪
緬甸不結盟外交政策之初探

鄧育承
逢甲大學國際科技管理學院兼任助理教授

壹、緒論

緬甸聯邦共和國（Republic of the Union of Myanmar），位於中南半島西部，東鄰寮國與泰國，東北接壤中國雲南，西部毗鄰印度及孟加拉，南臨安達曼海，西南方面孟加拉灣。地緣戰略上，緬甸是中國通往印度洋的必經通道；在歷史上，緬甸曾出現下列六個王朝：（1）蒲甘王朝（Pagan Kingdom, 849-1297）；（2）阿瓦王朝（Kingdom of Ava, 1364-1555）；（3）勃固王朝（Hanthawaddy Kingdom, 1287-1531）；（4）阿拉干王朝（Arakan dynasty, 1433-1784）；（5）東吁王朝（Toungoo dynasty, 1531-1753）；（6）貢榜王朝（Konbaung dynasty, 1752-1886）（陳鴻瑜，2016）。

緬甸為聯邦總統制，總統為內閣行政最高行政首長，首都坐落於奈比多（Nay Pyi Taw）。境內約 89% 信仰上座部佛教，伊斯蘭教與基督教各占 4%，人口約 54,465,000 人（駐緬甸臺北經濟文化辦事處，

2022）。緬甸境內分為七個行政區以及七個邦[1]，其中緬族（Bamar）為佔多數民族，約佔總人口數的三分之一左右。緬甸是一個多民族的國家，少數民族都有自己的語言，有些族群團體，如：孟族、克欽族、撣族、克倫族甚至還有自己的文字。綜觀歷史發展的進程，緬甸並非單一民族的一個國家，多民族的形成優先發生於英國殖民之前，導致往後民族建構（nation-building）的進程中，與少數民族存在著國家未來發展的歧見，衍生出一連串的族裔與政府之間的武裝衝突（陳怡君，2021）。

　　緬甸民族問題的爭端除了圍繞著自治權以及對國家統一認知不同，衝突至今尚未平息。因此，透過檢視歷史脈絡發展與政權變更的情境下，勾勒出政府（菁英／軍人）、少數民族與外來勢力（英國殖民者／中國國民黨滇緬部隊）三邊互動分析架構，探討民族建構下影響外交政策的核心概念[2]（陳怡君、宋鎮照，2016）。本論文欲檢視顧緬甸的歷史進程，並歸納出三個階段：（1）英國殖民時期（1885-1942）：英屬緬甸時期，英國深怕緬族壯大而危及英國殖民事業發展，將緬族與山區民族分開治理；（2）緬甸獨立的契機（1942-45）：1941年，翁山（Aung San）受日軍支持下，進攻緬甸，隨後在日本的扶植下成立緬甸國。1945年5月，翁山改變立場，棄日投英維護緬甸完整性；（3）

---

[1] 七個行政區包括：曼德勒省（Mandalay）、實皆（Sagaing）、仰光（Yangon）、勃故省（Bago）、馬圭省（Magway）、伊洛瓦底省（Ayeyarwady）以及德林達依（Tanintharyi）。然而，七個邦包括：克欽邦（Kachin）、撣邦（Shan）、克耶邦（Kayah）、克因邦（Kayin）、欽邦（Chin）、孟邦（Mon）、以及若開邦（Rakhine/Arakan）。

[2] 本論文之分析系統架構概念參考自陳怡君、宋鎮照（2016），唯在歷史事件選擇上與作者群不同，試圖檢驗分析架構在不同歷史時期之延展性。

獨立時期的紛擾（1948-65）：吳努（U Nu）成為緬甸第一任總理，不但拋棄『彬龍協議』（*Panglong Agreement*）給予少數民族的自主權，內政上採「大緬族主義」（Burmese chauvinism）惡化與少數民族的關係；外交上採不結盟政策，不加入共產陣營也不投奔西方陣營。面對中國國民黨滇緬部隊滯緬不歸的問題，吳努拒絕中國共產黨出兵協助的美意，維持外交不被干涉的原則。

本文主張緬甸複雜的多元民族問題，源自於英國殖民時期透過「分而治之」（divide and rule）的行政管理策略化約複雜的族裔紛爭，『彬龍協議』中的內涵無法被兌現，導致緬族領導者在民族建構（nation-building）的道路上，只能在協調緬甸內部民族紛爭與抵抗外部政治干涉中發展不結盟外交政策，實踐國家獨立的特質。

貳、英國殖民時期：「分而治之」的管理政策

18 世紀中葉，英國東印度公司（English East India Company）在印度如火如荼地殖民事業的擴張，英國也開始對緬甸虎視眈眈。19 世紀初，緬甸因越界緝拿難民問題與英國芥蒂頗深，例如在 1816 年，阿薩姆（Assam）國王康塔辛哈（Chandra Kanta Singh）求援於緬甸，緬甸出兵支持康塔辛哈，不料緬軍撤退後，康塔辛哈被趕下台。1819 年，緬甸第二次入侵阿薩姆（Second Burmese Invasion），國王康塔辛哈與阿薩姆難民逃至孟加拉尋求英國支持，並攻擊緬甸。緬甸波多派耶（Bodawpaya）國王派兵越界緝拿康塔辛哈，押送回阿薩姆。1821 年，緬甸第三次入侵阿薩姆（Third Burmese Invasion），完整控制阿薩姆（陳鴻瑜，2016）。

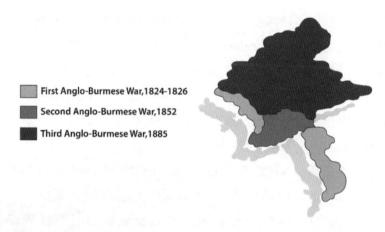

First Anglo-Burmese War,1824-1826

Second Anglo-Burmese War,1852

Third Anglo-Burmese War,1885

來源：Wesley（2014）。

圖1：三次英緬戰爭所喪失之領土

英國總共對緬甸發動三次戰爭，包括：第一次英緬戰爭（First Anglo-Burmese War, 1824-26）：英國藉東印度公司孟加拉管區上時常發生爭端，對緬甸宣戰。緬甸不敵英國，簽訂『楊達波條約』[3]（*Treaty of Yandabo*）。第二次英緬戰爭（Second Anglo-Burmese War, 1852）：1851年，仰光行政官員清查有兩艘逃漏稅的英國船隻，要求繳清罰款才釋放；英國駐印度總督達爾豪西（Lord Dalhousie）認為此舉有損東印度公司名譽，拒絕繳納罰款並對緬甸政府下達最後通牒，反而要求緬甸道歉賠款。1852年4月，英國攻佔馬塔班和仰光，之後又佔領巴生港、勃固及卑謬，雙方最後休戰。第三次英緬戰爭（Third Anglo-Burmese

---

[3] 依據『楊達波條約』，緬甸同意：（1）割讓阿薩姆、阿拉干與廷那沙林（Tanintharyi）給英國；（2）承認詹替爾、尼普爾及卡查為英國領土；（3）賠償100百萬英鎊（分四期支付償還）；（4）同意英國於阿瓦，緬甸於加爾各答(Kolkata)互派常務外交代表；（5）簽署通商條約。

War, 1885）：1885 年，緬甸
政府對英商「孟買緬甸貿易
公司」（ Bombay Burmah
Trading Corporation）做出判
決，該公司應繳納積欠稅務，
東印度公司利用抗訴做為
發動戰爭之藉口，企圖併吞
緬甸。1886 年 1 月，英國併
吞緬甸，成為英屬印度的一
個獨立省（陳鴻瑜，2016）。

來源：Wikimedia Commons（2015: File:Irrawaddy Flotilla Company-panoramio.jpg）。

圖 2：伊洛瓦底汽輪公司

　　緬甸此後被納入英屬印度，受加爾各答總督府管轄，由於同屬英屬印度殖民地，印度與緬甸可以自由遷徙。此後，仰光發展成一個多元族裔的社會的樣態，越來越多穆斯林、印度人、亞美尼亞人與猶太人前赴後繼至緬甸發展，特別是仰光以及若開邦。英國的殖民導入資本主義的新思路，吸引了許多蘇格蘭資金的湧入，如伊洛瓦底汽輪公司（Irrawaddy Flotilla Company）、以及葛拉漢公司（J & F. Graham Company）等，仰光的建築物的外觀，也跟英國的格拉斯哥（Glasgow）有點相似（Cockett，2016）。

　　英國治理緬甸時，畏懼緬族人坐大危及英國的殖民事業，採「分而治之」的策略；也就是將緬甸較邊陲的地區交由少數民族管理，對中心的緬族人產生離心力，彼此相互制衡。在英屬印度行政劃分下，緬甸省分為三個部分：（一）由若開及前伊落瓦底將谷地所組成，由英國公務員直接統治，受仰光行政官員管轄；（二）由高地河谷與周邊山區組成，當地土酋長與邦主間接管理，且大部分皆以撣語（Shan）為母

語，而非緬語；（三）偏遠山區自成一格，由山區居民自我管理，雖然名義上屬緬甸，其實在地圖上已被標註「治外之地」（unadministered），可以說是根本沒有實際管轄（Thant, 2021）。

除了行政管理上的變更之外，緬甸內部族裔結構上的變化值得注意。英國殖民時期，境內除了少數的法國人、瑞典人以及德國人等西歐移民，還包括貿易勢力最龐大的蘇格蘭人，統稱「歐洲人」。另外，還有部分亞美尼亞僑民與猶太僑民，但是他們既不被視為「歐洲人」，也不被視為是「本地人」，處境十分為難。英國殖民時期，階級制度輪廓十分明顯，「歐洲人」地位最高，他們的生活圈僅侷限於「白人」上流社會，如勃固俱樂部（Pegu Club）。地位次之的族群，包括：華裔、印度裔、緬裔…等，皆來自於中產以上的家庭背景。地位最低的族群，就是來自於緬甸境內那些偏僻的地區（Thant, 2021）。

英國作家歐威爾（George Orwell）在其自傳體小說《緬甸歲月》（*Burmese Days*）中，道出英屬緬甸社會結構中，以族裔身分所建構出的社會地位，強調歐洲族裔的至高無上性。李鋒（2011：102-105）評析，歐洲俱樂部是種族身份的象徵符號，印度裔醫生維拉斯米（Verswami）因為得罪了地方官吳波金（U Po Kyin），尋求英裔的好友佛羅伊（John Flory）協助，寄望佛羅伊能夠將他引薦至歐洲俱樂部，藉以提升其在社會的「威望」（Prestige）。維拉斯米說：「一名印度人加入歐洲俱樂部，形式上就等於是歐洲人，非其他三流人等可以汙衊[4]」（Orwell, 1934）。

---

[4] 原文為：And you do not know what prestige it gives to an Indian to be a member of the European Club.　In the Club, practically he ISS a European.　No calumny can touch him.　A Club member is sacrosanct.

筆者認為多民族的特性於殖民時期已經存在，不同的身分認同以及追求之目標，成為阻礙民族建構的重要因素。英國殖民時期「分而治之」的行政劃分策略與各族群間的利益糾葛，族群分立鮮明，國家認同更加混淆。然而，混淆的認同卻澆不熄緬族人對國家獨立的歸屬感，試圖擺脫殖民主義。因此，「獨立性」與「不干涉」就是在民族建構萃取出的重要元素，影響未來國家的內政及外交政策。

參、緬甸獨立的契機：民族主義與日軍入侵緬甸

緬甸處於多元分裂的民族認同的國家，每一個族群來到緬甸對國家未來的發展完全不一致，這也反映在緬甸的英文國名 Burma 以及 Myanmar 上。Dittmer（2010: 1-2）指出，Burma 一詞有兩個含義：（一）英國殖民時期的謂稱，帶有英國殖民主義的色彩；（二）泛指多數的緬族人（Burman/Bamar）以緬文為主體的社會，包括：盎格魯－緬人以及盎格魯－印度人的活動區域，卻不包括地處邊陲地帶的少數民族。1989 年，緬甸軍事國家恢復法暨秩序委員會（State Law and Order Restoration Council, SLORC）才頒布『國名變更令』（*Adaption of Expressions Law*）將 Burma 改成 Myanmar。筆者認為，Dittmer 從兩種國名勾勒出不同的歷史脈絡，也突顯出個人的國家認同，但是這卻無助於我們了解緬甸內部民族紛爭的主要因素，是宗教？又是在甚麼樣的歷史時空背景下形成？

19 世紀末，緬甸在英國的統治下，來自印度大陸的人口不斷湧入（特別是孟加拉），他們開始在社會從事勞動、文職、零工與放款者的職業，逐漸掌握當地人經濟勢力，加劇「外來人」與「本地人」的緊

張關係。時至 1930 年初，本來在緬甸社會占有多數的緬人，也逐漸被印度人超越，緬甸人儼然成爲少數民族。1931 年，仰光的印度人口約 21 萬名 2,000 名印度人，大約是當地緬人的兩倍。1930 年代，經濟大蕭條衝擊世界經濟，三角洲農民首當其衝，有一半的耕地卻掌握在印度人手中。就是這種害怕經濟以及土地都被外國人掌握的恐懼感，形成一股排外性的民族主義。然而，這種排外的恐懼也被渲染成宗教上的對立，特別是從印度次大陸來的羅興亞人（Rohingya）穆斯林[5]。對於當地緬甸人而言，他們爲英國人服務，與佛教價值觀格格不入（Wade, 2021）。

Wade（2021: 52）對宗教與民族認同緊密相扣的結合，所產生的意涵：「在戰爭、征服時期提供人們一體感和安全感，並賦予邊境防衛時的道德正義；但它也限縮了人們表達認同的光譜，使一些人難以理所當然地自稱是國家的一分子」。筆者認爲，Wade 的論述緬甸民族建構上型塑了重要的元素，其中包含：佛教、緬族人以及在地人。這些重要的元素，體現在日後緬甸發展的反殖民主義、民族主義甚至外交政策上，我們可以從宗教觀點、學運觀點、政治家觀點以及日本勢力介入觀點檢視民族主義，抽絲剝繭發現上述元素的縮影。

就宗教觀點來看，殖民時期的民族解放運動初期，係由一群和尙於 1890 至 1920 年代籌組而成的宗教民族主義團體，最具影響力的團體莫過於「佛教青年協會」（Young Men's Buddhist Association, YMBA），

---

[5] 在若開邦，除了羅興亞人是穆斯林的信奉者外，卡曼人（Kamein）也是也是信仰穆斯林。兩者之間最大的差異在於緬甸政府認可卡曼人爲若開邦的原住民，被視爲緬甸人。顯見單一宗教因素，無法解釋羅興亞人與緬甸人之間的衝突根源。

主張在英國殖民壓迫下，緬甸人應該積極維護緬甸文化與語言
（Foxeus, 2019: 665）。Turner（2014）認為這些宗教民族主義團體的
成立，期待能夠打造集體佛教認同（collective Buddhist identity），倡
導眾生接平等的世界觀，構築佛教道德共同體，促進民族覺醒並激化
反殖民民族主義。

　　就學運觀點來檢視，校園內上有一群文青懷抱國際主義左派浪
潮，鼓吹緬甸民族主義，強調校園平等。陳鴻瑜（陳鴻瑜，2016）摘
錄了一系列 1930 年代學生運動，「我們緬甸人協會」（Dobama Asiayone,
We Burmans Association, DAA）最早可追溯到1930年，係由翁金（Maung
Ohn Khin）領導。1931 年，該協會又與巴宋（Maung Ba Thaung）和吳
努（U Nu）領導下的「全緬甸青年聯盟」（All Burma Youth League），
逐漸發展成 1935 年的「我們緬甸人協會」與「我們緬甸人邦聯」
（Do-bama Asi-ayone, We Burmans Confederation）。1936 年，「仰光大
學學生聯盟」（Rangoon University Student Union, RUSU）主席吳努因
不滿仰光大學講師之行為，要求辭職，遭校方開除。學聯秘書翁山
（Aung San）在 Oway 刊載 Nyo Mya 的文章〈都是惡魔〉（All Hell Hound
at Large）評論英國殖民主義的惡行，引起一連串的罷課活動；1937
年，翁山當選「全緬甸學生聯盟」（All Burma Student Union, ABSU）
秘書長，致力於學生運動，要求更加友善當地人的教育改革。

　　就政治家觀點來看，巴莫（Ba Maw）是在 1930 年代積極向英國
爭取緬甸自主的政治人物，起初其與郭明特（U Kyaw Myint）組織反
分離主義聯盟（Anti-separatist League），並於 1932 年當選主張緬甸應
該被賦予自治領地，且與印度分治。面對民族主義的高漲，英國採取
懷柔政策，終於在 1935 年通過『緬甸政府法』（*Government of Burma*

Act），允許 1937 年 4 月 1 日印緬分治。同年，英國總督頒布緬甸憲法，緬甸人可以管理內政，巴莫當選爲第一任緬甸首相（陳鴻瑜，2016；Cockett，2016）。雖然緬甸已被賦與自治領地位，不隸屬於印度，但實質上還是受英國管轄，「自治」與「獨立」之間還是有非常大的差距。

來源：Wikimedia Commons（2020: File: Greater East Asia Conference.JPG）。
說明：左起巴莫（緬甸）、張景惠（滿洲）、汪兆銘（中國）、東條英（日本）、旺·威泰耶康（泰國）、勞威爾（菲律賓）、錢德拉·鮑斯（印度）。

圖 3：1943 年巴莫受邀參加「大東亞會議」

從日本勢力介入觀點來看，日緬的合作可以用「以利相交、利盡則散」來形容。1939 年，所有先前的學運左派團體，包括德欽黨（Thakin）、貧民黨（Sinyetha）與繆捷黨（Myochit），逐漸形成「緬甸自由聯盟」（Burma Freedom Bloc）陣線。該聯盟陣線由巴莫領導，翁山出任秘書長。在意識形態光譜上，中國共產黨應該會比日本法西斯陣線更加契合，只是沒想到翁山在台灣前往廈門時，被日本人逮捕送往東京。日本當局同意支持緬甸獨立，翁山籌組「三十人壯士」（Thirty Heroes）於暹羅接受日本人所提供的軍事訓練，也就是後來的「反殖民緬甸獨立軍」（Burma Independence Army）。1942 年，翁山協同日本軍入侵緬甸，隔年巴莫總理也受邀前往日本參加「大東亞會議」（Greater East Asia Conference）。1945 年，隨著日軍戰況節節失利，翁山棄日投英，加入「反法西斯人民自由聯盟」（Anti-Fascist People's Freedom League），與西方盟軍合作，爭取緬甸獨立（Hobbs, 1947: 117-18）。

肆、獨立時期的紛擾：內政－彬龍協議 v.s 外交－不結盟政策

二次大戰結束後，英國首相艾德禮（Clement Attlee）多次與翁山磋商緬甸的未來問題，並同意緬甸獨立地位，由翁山代表與克倫族、克欽族、欽族、撣邦討論緬甸聯邦構想。1947 年 2 月 9 日，翁山與克欽族、欽族、撣邦簽訂『彬龍協議』，同意上述三族加入緬甸聯邦，脫離英國殖民並建立緬甸聯邦，國防外交由聯邦負責，克欽邦與撣邦不但享有國家公民權利還可以獲得充份的自治權力。『彬龍協議』立意良善，無非就是希望透過柔性的溝通，給與各族群相對公平之待遇，實踐國家獨立。然而，克倫族並未派代表出席此會議，其主張並非加入緬甸聯邦，而是派代表前往英國商討未來其獨立地位，要求更大的自治權力，留在英聯邦與英國維持良好關係。事實上，在英國的庇護下，

克倫族在緬甸自治時期，立法議會有一定的席次，甚至還有自己的「克倫民族解放軍」（翁婉瑩，2016）。

　　『彬龍協議』承諾各民族自治，也同意締約的少數民族可以在緬甸獨立後 10 年脫離聯邦（Chaturvedi, 2012）。1947 年 7 月，翁山被刺殺身亡後，撣族、克欽族及欽族所冀望的一個獨立，兼容並蓄且高度民族自治的緬甸聯邦並沒有被實踐。然而，往後的政府也無法實踐『彬龍協議』中的理想，導致少數民族的不滿與不信任，埋下緬甸獨立建國後內戰紛擾，緬甸政府與各邦武裝勢力衝突時常發生。筆者認為，翁山被譽為緬甸國父，其認為單一族群的國家不符合緬甸現況，只有透過聯邦制並讓少數民族自治才能夠維持完整的緬甸。『彬龍協議』自提出後，一直被部分少數民族視為是緬甸聯邦統一的理想的狀態，往後也經常被用在談判桌上，爭取更多政治利益的籌碼。

　　值得注意的是羅興亞人完全被排除在『彬龍協議』之外，主要係因為羅興亞人在歷史定位上，被視為是外國人，而非緬甸境內少數民族。對於緬甸人而言，羅興亞人就是孟加拉人，在英國佔領若開邦時期，才逐漸開始從孟加拉遷徙到緬甸。緬族人將羅興亞人視為境內的毒瘤，主要是因為 1942 年爆發的種族宗教衝突所致，雙方的裂痕時至今日無法修復。1942 年，日本從東邊橫掃緬甸，英國退守阿薩姆。此時，英國就雇用孟加拉傭兵部隊「V 支隊」（V Force），他們活耀於緬甸若開幫境內，為英國賣命效勞，不時騷擾緬甸。1942 年，約有三萬當地信仰佛教的若開人於貌奪區（Maungdaw）慘遭種族清洗，孟加拉傭兵部隊「V 支隊」也就是現在的羅興亞人（雙曉，2018；Thant, 2021）。

1948 年 1 月，緬甸正式獨立，吳努出任緬甸第一任總理，奉行「大緬族主義」，背離翁山『彬龍協議』的精神，認爲「緬族化」的民族框架可以化約所有的民族差異性。吳努反對少數民族建立自己的民族邦，而是希望其他少數民族認同緬族文化，再精神上予以同化。吳努的政治目標非常清楚，以緬族文化做爲民族建構的論述，打造單一民族國家，而且是一個適合緬族人的國家。1961 年，吳努也將佛教立爲國教，惹惱不少信仰基督教的克欽族與克倫族（王曉飛，2016）。對於

來源：Wikimedia Commons（2016: File:Chiang Rai, Karen children. jpg）

圖 4：穿著克倫族傳統服飾的女孩

克倫族而言，緬甸動盪的主要因素就是來自於「緬族沙文主義」，克倫族團結主要也是要維護自身的文化傳統，避免在地文化被稀釋。文化的形成係由社會演變與人民生活方式息息相關，克倫族的文化是由下列五大元素組成：「識字力、語言及口語傳統、詩歌、儀式、服飾與風俗」（Cockett, 2016: 182-83）。

「大緬族主義」所建構的文化優勢，具有文化的排他性，也反應在緬甸不結盟外交政策上。Myat（2021: 380-82）對緬甸不結盟外交政策做出多層次的分析，分析途徑主要包括：（一）地緣政策因素；（二）國內因素；（三）國際關係理論折衷說。她認爲緬甸在冷戰時期，不但列強環繞，而且境內經常發生民族與意識形態衝突，採佛家的「中道」

（middle way）最合乎緬甸利益。不結盟與避險策略不同，前者是排除聯盟的契機，而後者係不做任何承諾，對聯盟採開放的態度。吳努從緬甸的歷史來看，緬甸只要跟大國結盟就會失去獨立性，結盟就意味者喪失獨立。因此，緬甸面對冷戰強國（英國、美國、蘇聯）須保持友善。

在冷戰期間，美國與緬甸關係因為境內國民黨滇緬部隊長期與克倫族反叛軍接觸，而爭論不休。根據 FRUS（1952: 28）解密資料顯示：美國國務院已多次表達緬甸境內國民黨滇緬部隊的存在不但對緬甸政府是一個威脅，同時也容易使緬甸成為中國共產黨的攻擊目標：當時的美國駐仰光大使 William J. Sebald 表示，緬甸當地報社也指控美方在遮蔽支援當地境內國民黨滇緬部隊的報導，若美方繼續拖延，吳努會將此事提報聯合國。筆者認為，1948 年後，緬甸雖然獨立統一成為聯邦國家，但卻沒有實際管轄少數民族，多數的少數民族其實更像一個獨立國家。緬甸雖然沒有能力實質統一境內少數民族的能力，但眼見別國的部隊在境內與少數民族交好，無疑是挑戰緬甸核心價值。

緬甸清楚自己的國際地位，吳努多次向 Sebald 表達緬甸需要美方軍事以及經濟上支持，維持其一個自由、強壯且獨立（free, strong and independent）的緬甸。吳努也清楚意識到冷戰世界格局的變動，對於美方打擊國際共產主義的倡議，表示歡迎與支持。同時，吳努也期望美方與英國能夠支持軍事設備現代化，用以掃蕩境內叛軍（FRUS, 1952: 21）。筆者進一步分析，此次的會談顯示出吳努發展雙邊關係（bilateralism）的國家不僅限於美國，還包括英國。吳努意識到緬甸可以透過反國際共產主義的議題選項，借力使力向美國談條件，讓軍隊配置更精密的武器，維持領土獨立性。若是說吳努沒有策略胡亂下注，有誰能相信？

　　往後緬甸也積極在美蘇陣營中間，強化不結盟精神的國際接軌能力。1955 年，緬甸也參加「萬隆會議」（Bandung Conference），強化亞洲與非洲第三世界國家反對美國與蘇聯殖民主義的決心（Redding, 1956: 412）。學界通常將不結盟與「中立」（neutrality）聯想在一起，文獻中卻鮮少有學者提出決策者對「中立」的認知與意涵。根據美國國安局第 277 次（FRUS, 1956: 61）會議報告，艾森豪明確表示：我們對「中立」這個字的定義，過於鬆散。冷戰時期，與美國有軍事協議的國家，易成為共產主義的攻擊的目標。因此，「中立」更精準的定義是，一個國家可以是精神上、道德上或政治上支持美國，但軍事協議是非必要的（It should mean a moral, spiritual and, possibly, a political commitment to our side, but not necessarily a military commitment）。

伍、結論

　　緬甸在歷史上王朝時期就是一個多民族國家，緬族建立了東吁王朝，之後又建立貢榜王朝，逐漸形成以「緬甸人為主體」的國家認同。英國殖民時期，隨著英屬印度的移入，印度人逐漸佔據仰光人口，逐漸掌握當地的經濟命脈，危及在地的緬甸人的生存利益，引發「外來人」與「在地人」的爭論。此外，英國別有用心地扶植少數民族，藉以鉗制緬族人的發展，緬甸國家認同更加複雜。1948 年緬甸獨立前夕，翁山與其他少數民族簽訂『彬龍協議』，允許部分少數民族高度自治，但是克倫族並未參加，羅興亞人更不被視為是緬甸的少數民族。

　　對於緬族人而言，緬甸就是緬族人的緬甸，意味者一民族一國家的思維，其構成的元素包含：佛教、緬族人、緬甸語以及在地人。在緬甸民族建構的過程中，其他少數民族可能被視爲大民族框架下的族源（ethnicity），無法與緬甸人一起建構一個獨立的緬甸聯邦，原因係民族與族源的發展不一致，甚至還有利益／宗教衝突，無法建構出和諧的社會。檢視當代的民族建構過程，民族衝突一直是一項重要的變動因素。

本文另外一個討論的主題是宗教與民族認同，賦予決策者在外交上的連貫性與安全感，內政上卻壓抑了少數民族表達認同的空間，分裂國家的一體性。緬甸僅能在『彬龍協議』的理想型與民族衝突的現實中，蹣跚前進並實踐單一民族的國家獨立的特質。

參考文獻

王曉飛，2016。〈緬甸少數民族的國家認同問題 —— 以果敢族為例（中）〉
《The News Lens 關鍵評論》8 月 29 日（https://www.thenewslens.com/
article/47797/fullpage）（2022/9/11）。

李鋒。2011。〈奧威爾小說《缅甸岁月》中的种族政治〉《英美文学研究论
丛》2011 年 2 頁，頁 94-107。

翁婉瑩，2016。〈隧道遠端的光：緬甸 21 世紀彬龍會議的始末與未來〉《The
News Lens 關鍵評論》9 月 9 日（https://www.thenewslens.com/article/
48581）（2022/9/8）。

雙曉，2018。〈棘手的羅興亞問題，為何緬甸人民的感受與國際看法如此相
左？〉《The News Lens 關鍵評論》9 月 28 日（https://www.thenewslens.
com/article/104846）（2022/9/11）。

陳怡君，2021。〈飽受內憂外患夾擊的金色國度（二）：緬甸種族析論與現
況〉《台北論壇》12 月 21（https://www.taipeiforum.org.tw/article_d.
php?lang=tw&tb=4&id=9220）（2022/9/8）。

陳怡君、宋鎮照，2016。《緬甸政治新發展（1990-2015）：轉型與變革》。
台北：五南圖書出版。

陳鴻瑜，2016。《緬甸史》。台北：台灣商業印書館。

駐緬甸臺北經濟文化辦事處，2022。〈國家相關資訊〉5 月 18 日（https://roc-
taiwan.org/mm/post/658.html）（2022/9/8）。

Chaturvedi, Medha. 2012. "Myanmar's Ethnic Divide: The Parallel
Struggle." IPCS Special Report, No. 131 (http://www.ipcs.org/issue_
briefs/issue_brief_pdf/SR131-SEARP-Medha.pdf) (2022/9/19)

Cockett, Richard（廖婉如譯），2016。《變臉的緬甸：一個由血、夢想和黃
金構成的國度》（Blood, Dreams and gold: the Changing face of Burma）。
台北：馬可孛羅文化出版。

Dittmer, Lowell. 2010. "Burma vs. Myanmar: What's in a Name," in Lowell Dittmer, ed. *Burma or Myanmar? The Struggle for National Identity*, pp. 1-20. Singapore: World Scientific Publishing Co.

Foxeus, Niklas. 2019. "The Buddha Was a Devoted Nationalist: Buddhist Nationalism, Ressentiment, and Defending Buddhism in Myanmar." *Religious*, Vol. 49, No. 4, pp. 661-90.

Foreign Relations of the United States (FRUS). 1952a. "Memorandum by the Assistant Secretary of State for Far Eastern Affairs (Allison) to the Under Secretary of State (Bruce)." *East Asia and the Pacific*, Vol. 12, Pt. 2, Doc. 28 (https://history.state.gov/historicaldocuments/frus1952-54v 12p2/d28) (2022/9/8)

Foreign Relations of the United States (FRUS). 1952b. "Memorandum of Conversation, by the Ambassador in Burma (Sebald)" *East Asia and the Pacific*, Vol. 12, Pt. 2, Doc. 21 (https://history.state.gov/historicaldo cuments/frus1952-54v12p2/d21) (2022/9/8)

Foreign Relations of the United States (FRUS). 1956. "Memorandum of Discussion at the 277th Meeting of the National Security Council, Washington, February 27, 1956." *National Security Policy*, Vol. 14, Doc. 61 (https://history.state.gov/historicaldocuments/frus1955-57v19/d61) (2022/9/8)

Hobbs, Cecil. 1947. "Nationalism in British Colonial Burma." *Far Eastern Quarterly*, Vol. 6, No. 2, pp. 113-21.

Myat, Sint Sint. 2021. "Explaining Myanmar's Policy of Non-Alignment: An Analytic Eclecticism Approach." *Journal of Current Southeast Asian Affairs*, Vol. 40, No. 3, pp. 379-99.

Orwell, George. 1934. *Burmese Days*. New York: Harper & Brothers.

Redding, Saunders. 1956. "The Meaning of Bandung," *The American Scholar*, Vol. 25, No.4, pp. 411-20.

Rogers, Benedict(譚天譯),2016。《緬甸:一個徬徨的國度》(*Burma: A Nation at the Crossroads*)。台北:八旗文化出版。

Thant, Myint-U(黃中憲譯),2021。《緬甸的未竟之路:種族、資本主義與二十一世紀的民主新危機》(*The Hidden History of Burma: Race, Capitalism, and the Crisis of Democracy in the 21st Century*)。台北:馬可孛羅文化出版。

Turner, Alicia. 2014. *Saving Buddhism: Moral Community and the Impermanence of Colonial Religion*. Honolulu: Hawai'i University Press.

Wade, Francis(洪世民譯),2021。《羅興亞人:不被承認的民族,緬甸國族建構最危險的敵人》(*Myanmar's Enemy Within: Buddhist Violence and the Making of a Muslim Other*)。台北:馬可孛羅文化出版。

Wesley, Rachel. 2014. "British Imperialism during the Anglo-Burmese Wars." (https://images.slideplayer.com/15/4857411/slides/slide_6.jpg) (2022/10/10)

Wikimedia Commons. 2015. "File:Irrawaddy Flotilla Company-panoramio. jpg." (https://en.wikipedia.org/wiki/Irrawaddy_Flotilla_Company#/media/ File:Irrawaddy_Flotilla_Company_-_panoramio.jpg) (2022/9/8)

Wikimedia Commons. 2020. "File: Greater East Asia Conference.jpg." (https://commons.wikimedia.org/wiki/File:Greater_East_Asia_Conference .JPG) (2022/9/8)

Wikimedia Commons. 2016. "File:Chiang Rai, Karen children.jpg." (https://commons.wikimedia.org/wiki/File:Chiang_Rai,_Karen_children. jpg) (2022/9/8)

永續與東向
緬甸經濟發展之路？

鄧玉英

淡江大學通識與核心課程中心講師

壹、前言

　　緬甸位處中南半島、中國與南亞交會之處,擁有優異的地理位置、豐沛的自然資源、人口紅利等經濟優勢,2011 年結束軍政府統治之後,實施改革開放,享有歐盟與美國貿易普遍優惠關稅(Generalized System of Preference, GSP),十年間吸引外資投入,經濟表現突出;然近年來因羅興亞危機、疫情及軍事政變,嚴重衝擊先前的經濟榮景,GDP 成長率由 2016 年的 10.5%,居東協之冠,跌至 2021 年的負 18%,遠低於亞洲國家的平均值 6.5%(World Bank, 2022)。儘管面臨嚴峻考驗,緬甸勞力密集的製造業競爭優勢,蘊藏豐富的天然氣和石油,電廠、水處理廠和交通基礎網絡的建設需求等,依然是吸引外資投入的有利條件。

　　回溯 1988 年民主運動,因軍政府的血腥鎮壓,引發歐美各國對緬甸長達 20 餘年的經濟制裁,1996 年學生民主運動再起,1997 年美國禁止美商對緬甸新投資,是年緬甸簽署成爲東南亞國協(ASEAN)的成員國，然而東南亞區域金融風暴擴散，大部分 ASEAN 國家都陷入貨幣貶值、景氣衰退的窘境，緬甸經濟發展的腳步窒礙難行，直至 2011 年文人主政，民主化歷程獲得西方國家解除或暫緩經濟制裁，封閉近半個世紀的緬甸開始成為亞洲地區投資的處女地（范光陽，2014）。

　　為了改善總體環境以吸引資金及技術導入，緬甸政府於 2011 年頒布「經濟特區法」，並自 2015 年開始積極調整投資相關法規，包括『緬甸公寓法』（2015）、『緬甸投資法』（2016）、『新公司法』（2018）、建置線上設立公司登記系統 MyCo.（2018）等，為了進一步引進外資，緬甸投資委員會（Myanmar Investment Commission, MIC）於 2018 年頒布「緬甸投資推廣計畫」(Myanmar Investment Promotion Plan, MIPP）期於 2035 年左右內引進總額超過 2,000 億美元的外資；依緬甸投資暨公司管理局（Directorate of Investment and Company Administration, DICA）統計資料，累計至 2022 年 3 月底，緬甸外資總額為 923.14 億美元，投資來源國依次為新加坡（約佔 27.9%）、中國（23.6%）、泰國（12.5%）、香港（10.8%）、英國（8.1%）；至 2021 年 11 月底，外人投資的前 5 產業分別是電力（約佔 27.9%）、石油及天然氣（25.1%）、製造業（14.3%）、通訊（12.5%）、房地產業（7.3%）（DICA, 2022）。

　　中國在歐美經濟制裁緬甸期間積極展開對緬援助與投資，與緬甸保持良好關係，並取得多項有利於中國海上絲路的建設投資（Kudo, 2006）（圖 1），昆明至皎漂（Kyaukpyu）石油與天然氣管道的開通、昆明經曼德勒（Mandalay）達仰光（Yangon）的中緬高速公路，對中國而言，緬甸是一帶一路（Belt and Road Initiative, BRI）通往孟加拉灣（Bay of Bengal）的樞紐，更是減少繞道麻六甲海峽，直接進入印度洋的門戶（薛健吾，2019）；然而一帶一路在緬甸的合作項目卻涉及

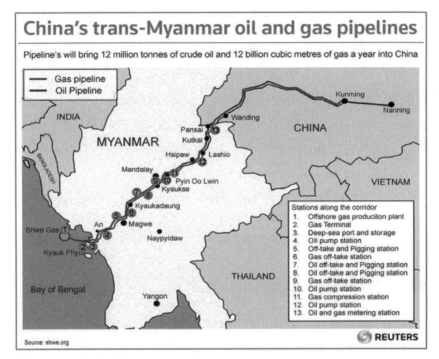

來源：Chen（2018: 27）。

圖 1：中國穿越緬甸天然氣及油管

地方經濟利益、森林砍伐、河川汙染等環境永續的議題（Mark, et al., 2020），因此緬甸政府在積極招商引資的同時，也於 2018 年提出「緬甸永續發展計畫」（Myanmar Sustainable Development Plan, MSDP），與「緬甸投資推廣計畫」雙管齊下（Twin Plans）推動經濟發展。

　　另方面，由於羅興亞難民危機，西方國家減少對緬甸的投資，為振興經濟，緬甸政府於 2018 年成立「投資暨國外經濟關係部」（Ministry of Investment and Foreign Economic Relations, MIFER）以「東向政策」（Look East Policy）針對中國、日本、韓國、東南亞、印度積極招商，這是當前緬甸在政經困境中外資政策的重要經濟措施之一。2020 年在中美貿易持續較勁下，緬甸開放被美國列入黑名單的中國交通建設公司（China Communications Construction Company, CCCC）投標仰光新城專案（New Yangon City Project）（Ministry of Investment and Foreign Economic Relations, 2020b）、促成日本在緬甸東南海域孟邦（Mon State）附近投資新的經濟特區，並准予建設深海漁港（Ministry of Investment and Foreign Economic Relations, 2020a）。

　　本文主要探討永續與投資雙管齊下的緬甸在重啓經濟的過程可能面臨的機會與挑戰。

貳、緬甸經濟現況

　　2011 年實施改革開放以來，緬甸以其戰略樞紐的區位優勢、蘊藏豐富的天然資源以及相較低廉的充沛勞動力吸引海外投資，並在國際援助計畫下，基礎建設逐漸改善，製造業與服務業大幅成長。由圖 2 可見，緬甸位於中南半島西部，連結東南亞、南亞以及中國，三面與孟加拉、印度、中國、寮國、泰國相鄰，海域由安達曼海（Andaman Sea，亦稱緬甸海 Burma Sea）、孟加拉灣與世界海路運輸線連結，被視爲西進與東進的門戶，再加上擁有礦產、寶石、石油、天然氣、森林、水利資源、稻米、豆類等豐富資源；然而，緬甸在長期軍政統治下鎖國近半世紀，基礎建設落後，港口、道路、電信通訊品質不佳，水電供應不足等缺失，雖然政府積極調整投資法規、鬆綁投資項目、改善投資環境，在 Covid-19 疫情、難民危機以及軍事政變下，再度面嚴峻的經濟考驗。

　　表 1 是 2016-21 年緬甸主要
經濟指標，2016 年全國民主聯
盟（National League Democracy,
NLD）政府執政後持續改革道
路，也提出多項經貿政策，但內
外部因素致使經濟成果受限，
2021 年經濟嚴重衰退，通貨膨
脹、貨幣貶值，政變的衝擊讓軍
政府展開雙臂接受中國的開發
計畫，加速皎漂深水港經濟特區
（Kyaukpyu Special Economic
Zone）的建設[1]，而美國如果堅
持民主人權價值，經濟制裁緬
甸，中國更可漁翁得利，確保「中

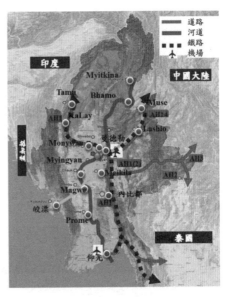

來源：經濟部國貿局（2022：5）。

圖 2：緬甸交通路線

緬經濟走廊」（China-Myanmar Economic Corridor, CMEC）的運作（陳
尚懋，2021），對中國進出印度洋具有重大利益。由圖 3 可見，中緬人
字形經濟走廊中國昆明經中緬邊境至曼德勒，再分東、西兩路抵仰光新
城、皎漂經濟特區；對緬甸政府而言，沿徑基礎建設與產業投資、經濟
特區設置都能創造產業群聚與就業機會（Khandelwal, & Teachout, 2016）。

---

[1] 在 2020 年，印度也取得緬甸鄰孟加拉灣的若開實兌（Sittwe）深水港全額投資
計畫，是印度加強與東南亞、東亞國家區域經濟整合的東進政策（Act East）
「卡拉丹多徑轉運計畫」（Kaladan Multi-modal Transit Transport Project）重要
一環。實兌深水港與與中國投注的皎漂深水港距離僅 105 公里，是中印兩國競
爭的要塞。

來源：梁東屏（2020）。

圖 3：中緬經濟走廊

表 1：緬甸主要經濟指標（2016-21）

單位：美元

	2016	2017	2018	2019	2020	2021
GDP（billion）	61.64	67.1	68.7	79.8	76.2	65.1
經濟成長率（%）	10.5	5.8	6.4	6.8	3.2	-18
平均國民所得	1,137	1,151	1,250	1,271	1,450	1,187
通貨膨脹率（%）	6.9	4.6	6.9	8.8	5.7	6.2
失業率（%）	1.2	1.6	0.9	0.5	1.1	2.2
貿易收支佔 GDP（%）	-4.01	-5.42	-2.67	-0.50	-1.03	--
出口佔 GDP（%）	12.09	13.83	16.68	18.11	16.93	12.09
進口佔 GDP（%）	13.90	19.25	19.35	18.61	17.96	13.90

來源：World Bank（2022）。

　　緬甸進出口貿易表現也受國際需求下降影響，自疫情以來即見衰退，近 5 年主要的進口項目為精緻礦物油、非電動機械及運輸設備、金屬和製造業、電器機械和設備、人造及合成纖維織品、塑膠、食用植物油和其他氫化油、藥品、肥料、紙、化學品複合物、科學儀器。中國、新加坡、泰國、馬來西亞、印尼是主要進口來源國。主要出口項目則為成衣、天然氣、金屬及礦石、稻米、玉石、魚及其加工品、麥類、綠豆、玉米、生橡膠、糖、芝麻、鮮蝦及乾蝦、其他豆類、螃蟹，產品主要出口至中國、泰國、日本、美國、新加坡（經濟部國貿局，2022）。出口的衰退也反應在製造業的生產，以及農漁產品加工製作的製程技術，雖然農業部門的產值佔 GDP 份額比例持續減退，但緬甸仍屬農業國家，至 2022 年 6 月底，農業、工業、服務業佔 GDP 產值構成為 21.4%、38%、40.7%（Central Statistical Organization, 2022）。

　　為了協助緬甸在市場開放之後推動經濟發展，及早與國際社會接軌，聯合國與區域組織紛紛提出國際援助發展計畫，勾畫緬甸總體經濟藍圖。亞洲開發銀行（Asian Development Bank, ADB）自 2012 年恢復在緬甸的援助計畫，以改善全國交通建設為優先項目（Asian Development Bank, 2022）。2014 年日本國際協力機構（Japan International Cooperation Agency, JICA）協助緬甸政府完成「全國交通建設總計畫」（National Transport Master Plan）以吸引國際資金挹注（Takagi, et al., 2019; 林份靜，2020）。

一、「國家全面發展計畫」

　　為促進經濟發展，對外開放後緬甸與聯合國計畫開發數（United Nations Development Programme, UNDP）、ADB、ASEAN 東亞經濟研究所（Economic Research Institute for ASEAN and East Asia, ERIA）合作規劃了 4 個 5 年計畫（2011-31 年），目標欲在 2031 年國內生產總額達 1,800 億美元，平均國民所得提高到 3,000 美元（Chantavanich, 2012）；根據世界銀行統計，2021 年緬甸的國內生產總額為 650.7 億，1,187 美元。事實上受政變衝擊、外匯短缺，過去一年緬元大幅貶值，民生物價飆升，經濟發展要回到規劃藍圖的軌跡必然困難重重。國家全面發展計畫（National Comprehensive Development Plan）包括短期（2011-16）、中期（2017-21、2022-26）、長期（2027-31）三個階段，計畫目標為：

1. 完成所有部會及部門計畫方案
2. 啓動經濟特區及邊境通道的國際樞紐
3. 發展人力資源以因應新經濟活動
4. 推動農業現代化及多樣化
5. 強化行政效能
6. 提高電力供應

二、「綜合發展願景」

為鼓勵公私部門合作投資以提高生產力，緬甸與日本國際協力機構、以及 ASEAN 東亞經濟研究所制定了 2010-35 年綜合發展願景（Comprehensive Development Vision），主要是透過公私協力夥伴關係（public-private partnership, PPP）或民間參與公共建設（private participation in infrastructure, PPI）的模式籌措龐大的基礎建設資金，吸引外資投入（蘇翊豪，2020）。在 2016 年 NLD 新政府上任後，為提升第 2 個 5 年計畫的經濟動能，陸續提出促進經濟發展、吸引國際資金的「12 點經濟政策」（12-point economic policy）、永續發展計畫與投資推廣計畫。

三、12 點經濟政策

1. 建立透明化財政系統
2. 協助國內企業發展
3. 培養人力資源
4. 發展基礎建設
5. 創造就業機會
6. 促進農業及製造業均衡發展
7. 尊重市場經濟及法治
8. 確保財政穩定
9. 保護環境及文化遺產
10. 改善租稅系統
11. 開發先進技術
12. 擴大國際連結

綜觀 12 點經濟政策的內涵主要在投資環境的制度面、法制面、人才培育以及產業發展，但檢視世界銀行 Doing Business 2019、2020 經商容易度的 10 項環境評比指標報告，緬甸在 190 個經濟體排名 171（2019）、165（2020）。另外一項國際透明組織（Transparency International）2021 年貪腐印象指數報告（Corruption Perceptions Index 2021），180 個國家或經濟體中緬甸排名 140，在獲得信貸、保護少數股東、執行契約這 3 項名列最後 10 名。換言之，以改善投資環境為目標的 12 點經濟政策似乎未能提升緬甸經濟發展的競爭力。

四、永續發展與投資推廣雙管齊下

永續發展是當前國際社會的普世價值，在追求經濟發展的過程，提升對環境生態以及社會公平正義的重視，並且透過集體檢視提出 2050 淨零排放（Net Zero）路徑。緬甸永續發展的施政藍圖提出 3 項支柱、5 項目標、28 項策略以及 251 項行動計畫，並匯集聯邦和地方政府的重大投資項目，成立「投資計畫庫」（Project Bank）以媒合公私

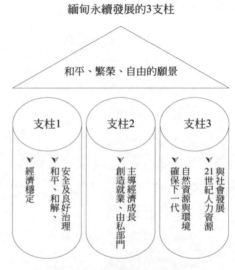

緬甸永續發展的3支柱

和平、繁榮、自由的願景

支柱1　支柱2　支柱3

經濟穩定　安全及良好治理和平、和解、　主導經濟成長創造就業、由私部門　確保下一代自然資源與環境　與社會發展21世紀人力資源

圖 4：緬甸永續發展計畫藍圖

部門參與公共建設投資。如圖 4，和平、繁榮以及自由是緬甸永續願景，透過 28 項執行計畫[2] 來完成 5 項目標，並對應多項全球永續發展目標（Sustainable Development Goals, SDGs），而未涉及緬甸經濟發展

---

[2] 目標 1：確保全國和平、推動社經發展、促進司法人權、提升政府治理、增進人民與政府互動；目標 2：管理匯率與收支、減少通膨及匯率穩定、改善稅制增加稅收、加強公共財政管理、提升國營企業效能；目標 3：推動多元農業、發展中小企業、改善投資環境、加強對外貿易、優化整體金融體系、建立優先基礎建設、鼓勵創意與創新；目標 4：改善教育、加強衛生醫療系統、建立社會安全網、提升食品安全、保護人權；目標 5：確保潔淨與健康生態環境、提高氣候變遷因應能力、實現安全與公平的水資源、提供可負擔的能源組合、改善土地治理與資源型產業、永續發展城市與城鎮、歷史與文化重鎮。

相關的重要議題有 SDG1 終結貧窮、SDG2 消滅飢餓、SDG5 性別平權、SDG12 責任消費與生產、SDG14 保育海洋生態、SDG15 保育陸域生態。

另一方面，緬甸在投資推廣的路徑上提出東向政策，以尋求中國、東亞、東南亞、南亞國家投資開發極具戰略樞紐優勢、自然資源以及充沛勞動力的緬甸；緣此，中國更積極地在一帶一路的架構下前進緬甸，彙整目前中國在緬甸的重大投資計畫，主要投資在水力發電廠計畫、水壩計畫、農業與林場開發、礦業開採，以及新市鎮、港口、交通等基礎建設[3]，可能影響不同族群的經濟利益衝突或損失（Mark, et al., 2020），特別是涉及永續發展指標相關的項目，已有零星抗議事件（張珈健、楊昊，2021），例如森林砍伐導致洪氾、沉積、水汙染，林業、礦區開發等，雖然緬甸已提出 2017-26 年「重建緬甸森林計畫」，但由圖 5 可見緬甸森林覆蓋率已從 1990 年的 60.0%，逐年下降至 2020 年的 43.7%，僅次於巴西、印尼，為全球森林破壞率第三的國家（World Bank, 2022.）。因此，永續與東向雙管齊下的經濟政策是否能兩全其美地守護資源以及促進國家經濟發展、提升社會福祉，仍需各領域多方面探討。

參、緬甸的投資環境

有利於投資的軟硬體設施是吸引外資的重要變革，緬甸自 2015 年開始積極調整投資相關法規，『緬甸公寓法』（2015）鬆綁房地產業的外人投入；『緬甸投資法』（2016）；新『公司法』（2018）將外資直

---

[3] 參考附錄四，累計 2021 年中國資金在緬甸各邦省的投資項目。

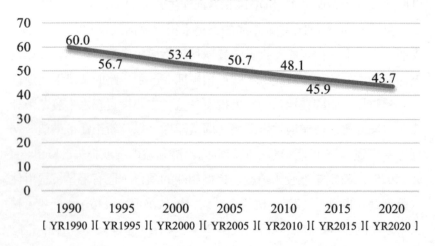

來源：World Bank（2022）。

圖 5：緬甸森林覆蓋率的變化（1990-2020）

接或間接持有權益低於 35%的合資企業視同緬資企業，享有國內企業
待遇，准許外資採獨資或合資形式投入可直接投資的行業，在投資項
目的規範以負面清單列舉攸關經濟安全的行業限制，並依行業領域提
供 3、5、7 年免稅期，或關稅減免。由圖 6 可觀察緬甸各階段提出改
善投資環境對經濟發展的影響，2011 年改革開放後歐盟、美國解除經
濟制裁，緬甸經濟成表現優異，然而 2017 年羅興亞難民危機、Covid-19
疫情、軍事政變導致經濟一路下滑。

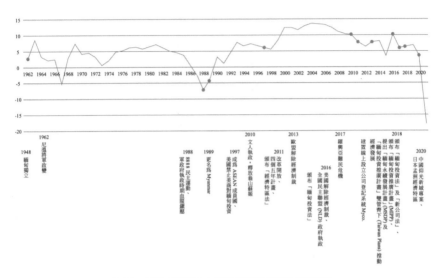

圖 6：緬甸各階段主要經濟策略與經濟發展

　　圖 7 是緬甸自 2011 實施開放政策以來外資投入的規模，以及各執政時期經濟成長的變化，面向市場經濟，以區位優勢、自然資源、人口紅利吸引外資投入，2015 年達高峰 94.9 億美元，然而 2017 年爆發羅興亞危機，隨即 Covid-19 疫情擴散，緬甸在開放 10 年即面對軍事政變，經濟重整存在許多不確定因素，相較於越南引進外資發展勞力密集型產業的群聚，經濟持續成長的時間與力度都更突出。可見，法規環境之外，穩定的貨幣以及健全的制度也會影響外資投資的獲利，例如緬甸勞動力市場「非正規經濟」（informal economy）[4] 的現象可

---

[4]　非正規經濟亦稱灰色經濟（grey economy）、影子經濟（shadow economy）、地下經濟（underground economy），意指不受課稅或任何形式的政府監督的經濟活動，通常在發展中國家佔很大比例，國際勞動組織將之定義為「在經濟活動中從事法

能會轉嫁爲投資的隱藏成本。

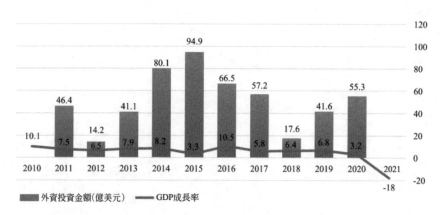

來源：World Bank（2022）。

圖7：緬甸各階段外資投入與經濟發展（2011-21）

一、影響投資報酬的匯率變化

貨幣金融的穩定是外資投入的重要國家風險評估，受國內政局衝擊，緬元（MMK）貶值引發通貨膨脹的骨牌效應，助長黑市交易。近5年緬甸以新投資法放寬外資投資項目以及獨資、合資等誘因，匯率幾經起伏，2021年軍事政變後緬元兌換美元貶幅超過30%。圖8爲近5匯率變化，1990年以來緬甸長期處於貿易逆差，2017年經常帳赤字近50億美元，爲歷年最高。高通膨及經常帳赤字對緬元貶值帶來極大壓力，政局動盪更使緬元兌換美元匯率大幅貶值，銀行服務暫停影響企業營運資金，衝擊外資投資報酬（經濟部投資業務處，2021）。

律管轄不完全適用，或未強制執行的勞動者或經濟部門」，例如，不受勞基法保障的夜市商業活動、家庭外包工作，甚至從事販娼、毒品交易等非法行爲。

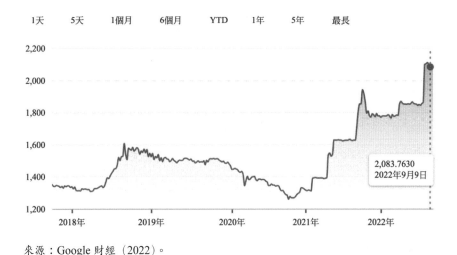

來源：Google 財經（2022）。

圖 8：緬元匯率變動

二、勞動要素的隱憂

人口紅利是緬甸吸引外資的重要利基，但 2018 年「新投資法」上路的同時基本工資由 3,600 緬元調整至 4,800 緬元，漲幅約 33%（中華民國僑務委員會，2022）。生產要素成本提高、工會活動與罷工的勞動糾紛等因素也折損人口紅利的誘因。另一個值得觀察的現象是緬甸非正規聘用的勞動力市場潛藏的隱憂。2021 年世界銀行公布 1990-2018 年間 196 個國家的 12 項非正規經濟指標的調查結果，並建置數據資料庫，將一個國家或經濟體自雇聘用（self-employment）、非正規就業（informal employment）、正規部門以外就業（employment outside the formal sector）以及沒有退休保險的勞動力（labor force without pension insurance）的規模與狀況視為影響經濟發展的現象。表 2 是該調查的一項指標：一個國家會經濟體非正規經濟佔 GDP 的比重，緬甸 49% 的產值屬於灰色經濟，表象的觀察可能是企業可以用低於勞動規範的薪資聘用勞工，但卻潛藏勞動素質與穩定性的疑慮（ILO, 2022）而長期聘用非正規勞動力也須面對抵制的壓力，因這類聘用已觸及勞動法規或引發糾紛。

表 2：各國非正規經濟佔 GDP 比重

Rank	Country	Informal Economy Size % of GDP
131	Ukraine	44.2%
132	Gambia	44.3%
133	North Macedonia	45.3%
134	Honduras	45.9%
135	Georgia	46.2%
136	Thailand	46.2%
137	Paraguay	46.5%
138	Tanzania	46.7%
139	Congo, Dem. Rep	48.3%
140	Guatemala	48.6%
141	Benin	48.8%
142	Myanmar	49.0%
143	Gabon	51.6%
144	Panama	51.6%
145	India	52.4%
146	Nicaragua	52.5%
147	Bolivia	54.8%
148	Haiti	55.1%
149	Nigeria	57.7%
150	Zimbabwe	64.1%

來源：Quarterly Informal Economy Survey（2022）。

國際勞工組織（International Labour Organization, ILO）2021 大會決議公布，緬甸勞動就業品質惡化，勞工權益、勞動條件受嚴重侵犯，以紡織成衣類為例，臨時工、以日計酬、工作時間不規律、較低薪資等勞動力的人數持續增加，終止工作卻無法取得遣散費等勞工福利支付（ILO, 2022）。表 3 是 ASEAN 各國非正規聘用的情況，緬甸正規部門聘用非正規員工的比例為 58.4%，換言之，緬甸勞動力市場的管理紊亂，對外資投入而言必須承擔不確定性的風險。

表 3：ASEAN 各國非正規就業佔勞動力聘用的比例（%）

	汶萊	柬埔寨	印尼	寮國	馬來西亞	緬甸	菲律賓	新加坡	泰國	越南
正規部門	42.5	63.8	N/A	35.6	N/A	58.4	N/A	N/A	20.5	32.3
非正規部門	97.1	--	N/A	98.4	100	99.9	N/A	N/A	77.1	99.9
家計部門	--	--	N/A	98.9	--	100.0	N/A	N/A	17.9	99.9
全部聘用	46.6	--	N/A	75.4	10.6	84.1	N/A	N/A	37.1	57.2

說明：數據不包含農業部門的非正規就業。馬來西亞數據為 64 歲以上非正規就業佔
　　　64 歲以上勞動力聘用比例。
來源：ASEANStatsDataPortal（2022）。

肆、結論

　　緬甸於 1948 年獨立以來歷經半個世紀的獨裁統治，鎖國阻礙經濟的成長，2011 年隨著民主化發展，歐美結束對緬經濟制裁，在區位優勢、自然資源與人口紅利三大競爭優勢下，緬甸以 4 個 5 年計畫作為發展藍圖，並提出新投資法改善投資環境，2016 年全國民主聯盟主政後，緬甸以永續發展計畫和投資推動計畫雙管齊下，積極招商引資，然而羅興亞難民危機、全球 Covid-19 疫情以及 2021 年軍事政變，讓緬甸陷入貨幣貶值、通貨膨脹以及製造業衰退的經濟困境。

　　由於歐盟與美國在 1988 年、1996-97 年緬甸軍政獨裁，鎮壓學生、壓制民主發展之際對緬經濟制裁，中國因而漁翁得利，與緬甸保持量關係，並取得自昆明至皎漂港的石油、天然氣管線，中緬經濟走廊的規劃、水力發電廠、仰光新城等有利於推動一帶一路在緬甸的重大計畫，倘若歐美在羅興亞危機、軍事政變之後再次以經濟制裁支持民主價值，是否影響緬甸的經濟復甦，值得持續觀察。

　　永續發展是當前國際社會的普世價值，緬甸積極推動向中國、日本、韓國、東亞、東南亞、印度等國的東向政策，中國資金大舉投入在水力發電廠計畫、水壩計畫、農業與林場開發、礦業開採，以及新市鎮、港口、交通等建設，其中涉及永續發展相關的項目、地方經濟利益爭奪等都可能影響緬甸政治、經濟、社會的發展。此外，檢視緬甸勞動要素市場的人口紅利，基本工資上漲、勞動糾紛頻生以及非正規勞動聘用的壓力，都是削減競爭優勢的隱憂。

附錄：中國資金在緬甸各邦省的投資

來源：蔡侯塞（2021）。

參考文獻

中華民國僑務委員會，2022。〈緬甸臺商投資環境報告〉。台北：中華民國僑務委員會（https://www.ocac.gov.tw/OCAC/Pages/VDetail.aspx?nodeid=5886&pid=25838511）（2022/9/5）。

林佾靜，2016。〈緬甸與東協：接觸，交往與整合〉《全球政治評論》55 期，頁 107-42。

林佾靜，2020。〈建構緬甸跨境運輸連結之戰略意涵：地緣政治與經濟的分析觀點〉《全球政治評論》69 期，頁 125-27。

范光陽，2014。《緬甸商機光芒乍現浴火鳳凰振翅待飛》（二版）。台北：外貿協會。

張珈健、楊昊，2021。〈東南亞抵抗政治：回應中國經濟滲透的類型學分析〉《中國大陸研究》64 卷 3 期，頁 49-95。

張嘉玲，2021。〈內憂與外患下的緬甸經濟發展〉《臺灣經濟研究月刊》44 卷 10 期，頁 106-14。

陳尚懋，2021。〈緬甸政變的政治經濟分析〉《展望與探索月刊》19 卷 3 期，頁 25-31。

蔡侯塞，2021。〈中國再給緬甸軍政府 600 萬美元建港，加深一帶一路及中資影響力〉《報呱》8 月 17 日（https://www.pourquoi.tw/2021/08/17/intlnews-seasia-210810-210816-5/）（2022/9/21）。

經濟部國際貿易局，2022。《緬甸經貿情勢簡報》（https://boftcms.trade.gov.tw/ckfinder/connector?command=Proxy&type=Files&currentFolder=%2F&fileName=1110107 緬甸經貿簡報.pdf&cache=31536000）（2022/9/5）。

薛健吾，2019。〈一帶一路的挑戰：國際合作理論與一帶一路在東南亞和南亞國家的實際運作經驗〉《展望與探索月刊》17 卷 3 期，頁 63-87。

蘇翊豪，2020。〈同極相吸？南方國家之間的公私協力夥伴關係：以中國廠商在泰國與緬甸的公共建設投資爲例〉《問題與研究》59 卷 2 期，頁 127-66。

梁東屏，2020。〈印度在緬設戰略港實兌，針對中國投資皎漂港〉《亞洲週刊》10 月 19 日（https://www.yzzk.com/article/details/亞洲焦點/2020-42/1602733609126/印度在緬設戰略港實兌%E3%80%80 針對中國投資皎漂港/名家博客/梁東屏）。

ASEAN. 2022. "Rate of Informal Employment by Formal/Informal Sector." ASEANStatsDataPortal (https://data.aseanstats.org/) (2022/9/5)

Asian Development Bank (ADB). 2022. "Asian Development Bank Member Fact Sheet: Myanmar." (https://www.adb.org/sites/default/files/publication/27782/mya-2021.pdf) (2022/9/5)

Central Statistical Organization. 2022. "Statistics Overview." (https://www.csostat.gov.mm/) (2022/9/21)

Chantavanich, Supang. 2012. "Policy Review on Myanmar Economy." Bangkok Research Centre (https://www.ide.go.jp/library/English/Publish/Reports/Brc/PolicyReview/pdf/07.pdf) (2022/9/21)

Chen, Xiangming C. 2018. "Globalisation Redux: Can China's Inside-out Strategy Catalyze Economic Development and Integration across its Asian Borderlands and beyond?' *Cambridge Journal of Regions, Economy and Society*, Vol. 11, No. 1, pp. 35-58.

Directorate of Investment and Company Administration (DICA). 2022. "Data and Statistics." (https://www.dica.gov.mm/en/data-and-statistics) (2022/9/5)

Elgin, Ceyhun, M. Ayhan Kose, Franziska Ohnsorge, and Shu Yu. 2021. "Understanding Informality." (https://mpra.ub.uni-muenchen.de/109490/1/MPRA_paper_109490.pdf) (2022/9/21)

Google 財經，2022。〈美元兌換爲緬元〉9 月 22 日（https://www.google.com/finance/quote/USD-MMK?hl=zh-TW&window=1Y）（2022/9/22）

International Labour Organization (ILO). 2022. "Employment in Myanmar in

2021: A Rapid Assessment" (https://www.ilo.org/wcmsp5/groups/public/
---asia/---ro-bangkok/---ilo-yangon/documents/publication/wcms_835900.pdf)
(2022/8/21)

International Monetary Fund (IMF). 2021. "Regional Economic Outlook:
Asia and Pacific." IMF Datasets (https://data.imf.org/?sk=abff6c02-
73a8-475c-89cc-ad515033e662) (2022/9/21)

Khandelwal, Amit K., and Matthieu Teachout. 2016. "Special Economic
Zones for Myanmar." (https://www.theigc.org/wp-content/uploads/2016/
03/SEZs-in-Myanmar.pdf) (2022/9/21)

Kudo, Toshihiro. 2006. "Myanmar's Economic Relations with China: Can
China Support the Myanmar Economy?" IDE Discussion Paper, No. 66
(https://core.ac.uk/download/pdf/288456921.pdf) (2022/9/21)

Larkin, Stuart. 2012. "Myanmar at the Crossroads: Rapid Industrial
Development or De-industrialization." (https://www.burmalibrary.org/
docs12/Stuart_Larkin-Myanmar_at_the_Crossroads.pdf) (2022/10/9)

Lim, Hank, and Yasuhiro Yamada. 2012. "Economic Reforms in Myanmar:
Pathways and Prospects." (https://www.ide.go.jp/library/English/Publish/
Reports/Brc/pdf/10_00.pdf) (2022/9/21)

Mark, SiuSue, Indra Overland, and Romen Vakulchuk. 2020. "Sharing the
Spoils: Winners and Losers in the Belt and Road Initiative in Myanmar."
Journal of Current Southeast Asian Affairs, Vol. 39, No. 3, pp. 381-404.

Miklian, Jason. 2019. "Contextualising and Theorising Economic
Development, Local Business and Ethnic Cleansing in Myanmar." *Conflict,
Security and Development*, Vol. 19, No. 1, pp. 55-78.

Ministry of Investment and Foreign Economic Relation (MIFER). 2020a.
"Myanmar Government Announces Two New Major Infrastructure Projects
during Myanmar-Japan Investment Forum." (https://mifer.gov.mm/en/
articles/detail/myanmar-government-announces-two-new-major-infrastructure

-projects-during-myanmar-japan-investment-forum) (2022/9/5)

Ministry of Investment and Foreign Economic Relation (MIFER). 2020b. "Myanmar Moves Step Closer to New Bids on China-Backed Belt and Road Project." (https://mifer.gov.mm/en/articles/detail/myanmar-moves-step-closer-to-new-bids-on-china-backed-belt-and-road-project) (2022/9/5)

Poletti, Ario, and Daniela Sicurelli. 2022. "The Political Economy of the EU Approach to the Rohingya Crisis in Myanmar." *Politics and Governance*, Vol. 10, No. 1, pp. 47-57.

Shee, Poon Kim. 1997. "The Political Economy of China-Myanmar Relations: Strategic and Economic Dimensions." *Southeast Asia*, Vol. 19, No. 1, pp. 33-53.

Sinha, G. R. 2018. "Innovation and Research Skill for Knowledge-based Economy of Myanmar: Current Status and Recommendation." *Journal of Science and Technology Policy Management*, Vol. 12, No. 3, pp. 505-13.

Skidmore, Monique, and Trevor Wilson. 2007. *Myanmar: State, Community and the Environment*. Canberra: ANU Press.

Steinberg, David I. 2005. "Burma/Myanmar: The Role of the Military in the Economy." *Burma Economic Watch*, Vol. 1, pp. 51-78.

Steinmüller, Hans. 2020. "The Moral Economy of Militarism: Peasant Economy, Military State and Chinese Capitalism in the Wa State of Myanmar." *Social Anthropology*, Vol. 28, No. 1, pp. 121-35.

Stokke, Kristian, Roman Vakulchuk, and Indra Øverland. 2018. "Myanmar: A Political Economy Analysis." (file:///C:/Users/Genuine/Downloads/Myanmar_-_A_Political_Economy_Analysis_-_Norwegian_Institute_of_International_Affairs_2018.pdf) (2022/9/21)

Takagi, Yusuke, Veerayooth Kanchoochat, and Tetsushi Sonobe, eds. 2019. *Developmental State Building: The Politics of Emerging Economies*. Singapore: Springer Singapore.

Takeyama, Yoshino. 2018. "Recent Developments of the Myanmar Economy." Institute for International Monetary Affairs, Newsletter, No. 6 (https://www. iima.or.jp/en/docs/newsletter/2018/NL2018No_6_e.pdf) (2022/9/21)

Webb, Edward L., Nicholas R. A. Jachowskib, Jacob Phelpsa, Daniel A. Friessb, cMaung MaungThand, and Alan D. Ziegler. 2014. "Deforestation in the Ayeyarwady Delta and the Conservation Implications of an Internationally-engaged Myanmar." *Global Environmental Change*, Vol. 24, pp. 321-33.

Wong, John. 1997. "Why Has Myanmar not Developed Like East Asia?" *ASEAN Economic Bulletin*, Vol. 13, No. 3, pp. 344-58.

World Bank. 2019. *Global Economic Prospects, January 2019: Darkening Skies.* (https://openknowledge.worldbank.org/handle/10986/31066) (2022/9/5)

World Bank. 2022. "Data Bank." (https://data.worldbank.org/country/ myanmar?view=chart) (2022/9/5)

World Economics. 2022. "Economies by Informal Economy Size." Quarterly Informal Economy Survey, World Economic Informal Economy Database. (https://worldeconomics.com/Rankings/Economies-By-Informal-Economy-Size.aspx) (2022/9/5)

緬甸武裝部隊發展與國際觀感

吳東林
臺南大學兼任助理教授

壹、前言

緬甸聯邦共和國（Republic of the Union of Myanmar）原名緬甸社會主義聯邦共和國（Socialist Republic of the Union of Burma），1989年緬甸軍事政權將其改為現行國名，亦將 Burma 改為 Myanmar。Myanmar 字面的意義是「快速、強壯」（fast, strong），但是國名更改並未獲得任何立法機構以及民主反對派的同意，因此部份西方國家——如美國仍然使用 Burma（外交部，2022；GlobalSecurity, 2021）。緬甸是東南亞大陸最大的國家，首都是奈比都（Nay Pyi Taw）。全國總人口據 2022 年的估計約 57,526,449 人，排名世界第 25 名（Central Intelligence Agency, 2022a）；領土總面積約 676,578 平方公里，排名世界第 47 名；人民 87.9%以上信奉佛教，官方語言為緬甸語（Burmese）（外交部，2022；Central Intelligence Agency, 2022a; Central Intelligence Agency, 2022b）。

其次，緬甸位於中南半島西部，地理特性呈現北半部廣闊、南半部狹長的特殊地理形勢；陸地東面自北至南分別與中國、寮國（Laos）、泰國相鄰，西接印度、孟加拉（Bangladesh），南瀕孟加拉灣（Bay of Bengal）與安達曼海（Andaman Sea）；海岸線 1,930 公里；陸地邊境 6,522 公里，其中依序與泰國、中國、印度邊境線最長（Central Intelligence Agency, 2022b; GlobalFirePower, 2022a）。緬甸領土南半部呈現南北狹長的部份，成為南方國家安全戰略的脆弱地帶。就地緣戰略位置而言，緬甸位於大湄公河次區域（Greater Mekong Subregion, GMS）與南亞大陸之間，亦是大湄公河次區域經濟合作的 6 個成員國之一[1]；形成周邊主要大國——如印度和中國的地緣政治競合場域，同時難以避免其它周邊國家的宗教、文化和政治勢力的滲透與影響，關係錯綜複雜（李飛等人，2016）。

　　長久以來，就中國的立場而言，緬甸才是中國與印度之間的緩衝地帶。但是，在近代歷史上緬甸與印度的互動關係遠比中國密切；1948 年緬甸獨立後，緬甸與印度兩國關係良好，直到 1962 年緬甸 Ne Win 將軍軍事政變實施軍事獨裁統治後，兩國關係開始惡化（李飛等人，2016）。近年來，印度的東向政策（Act East Policy）在強化與東南亞國家的合作關係中，重點指向改善與緬甸的關係，因為印度可以藉此選擇經由緬甸與泰國最淺近的地緣戰略縱深中，進出印度洋與太平洋等兩大洋。Thant U Myint（2012）曾形容緬甸是「亞洲的新十字路口」，牽動著印度東向政策與泰國西向政策（Act West Policy）的發展，也是中國兩洋戰略以及美國主導印太戰略的戰略要衝。尤其，中國在「一

---

[1] 大湄公河次區域經濟合作包含：越南、柬埔寨、寮國、泰國、緬甸、中國等 6 個成員國。

帶一路」國家戰略的「孟加拉－中國－印度－緬甸經濟走廊」藍圖中，「中國－緬甸走廊」是最核心的部份（李飛等人，2016）。因此，雖然緬甸政治與經濟情勢不穩定，但是這一個戰略薄弱處，卻巧合地成為周邊強權競合中積極爭取的戰略要域。

回顧歷史，史前的緬甸分別由來自柬埔寨的孟人（Mons）、喜馬拉雅山（Himalayas）東部的蒙古緬甸人（Mongol Burmese）和泰國北部的泰族（Thai tribes）等 3 個主要的族群遷入（GlobalSecurity, 2021）。歷史記載，1044 年緬甸人由異教徒以 Bagan 為中心建立了第一帝國，緬甸文明得到了高度發展。1287 年，蒙古人入侵緬甸，導致異教徒衰落，隨之而來的是長期政治混亂（GlobalSecurity, 2022a）。1552 年，Bayintnaung 國王重新統一了王國，創建了龐大的 Hanthawady 王國，建都在 Pegu，是緬甸第二帝國；1752 年，肇生於 Pago 地區的叛亂導致了 200 年帝國的崩潰（GlobalSecurity, 2022a）。1752 年，緬甸領導人 Alaungpaya 統一緬甸，創建 Konbaung 王國，建都在 Yangon，是緬甸第三帝國。19 世紀，英國分別於 1824、1852、1883 年 3 次入侵緬甸，終於導致緬甸被英國殖民統治（GlobalSecurity, 2021）。第二次世界大戰期間，1942 至 1945 年緬甸被日本佔領近三年，直到 1945 年戰後由盟軍佔領；1948 年 1 月 4 日重新獲得獨立（GlobalSecurity, 2022a）。

緬甸獨立後，除了 1948 至 1962 年、及 2016 至 2021 年 2 次短暫的真正由文人政府統治外，長期處於軍事獨裁統治之下，政權更迭與內部動亂不已。回溯緬甸自帝國時期、殖民統治迄獨立後的千餘年歷史發展，緬甸的軍事歷史是塑造該國歷史的主要因素之一，同時也在一定程度上影響了東南亞的歷史。11 至 13 世紀以及 16 至 19 世紀，緬甸皇家軍隊是東南亞地區主要的武裝部隊；曾經也是 15 至 16 世紀期間，Taungoo 王朝建立東南亞歷史上最大帝國時首屈一指的主要軍事力量（Lieberman, 2003: 152）。近代歷史上，在 3 次英、緬戰爭之前，18 至 19 世紀期間，Konbaung 王朝亦依恃著高度的軍國主義，建立了東南亞地區最大的帝國（Lieberman, 2003: 32; Myint, 2006: 107-27）。

緬甸現代國防機構根源於殖民時期的英國殖民軍隊以及緬甸獨立軍（Burma Independence Army, BIA），前者主要由印度人和緬甸少數民族組成，為英國殖民利益服務。殖民時期，緬甸人民普遍對軍隊不滿，尤其 1942 年日本入侵前，緬甸軍隊未戰先退，更讓緬甸人民失望。1945 年，英國試圖重建殖民統治之際，一支新緬甸軍隊正由舊殖民武力和緬甸愛國部隊（Patriotic Burmese Forces, PBF）合併組成；其後經由 Aung San 將軍與英國達成協議後解散緬甸愛國部隊，只有一部份進入新的軍隊（GlobalSecurity, 2022b）。

其次，緬甸愛國部隊編餘人員進入了一支名為人民志願組織（People's Volunteer Organization, PVO）的私人軍隊，分支機構在大多數地區和鄉鎮建立起來，但是在相互競爭下，歧見和矛盾日增，而民族主義領導者之間的政治分歧更加劇了矛盾。1947 年 7 月 Aung San 將軍被暗殺後，一時間缺少一位有威望的領導者來阻止日益嚴重的政治混亂以及促使軍隊團結起來（GlobalSecurity, 2022b）。

1948 年緬甸獨立後，伴隨而來的內戰使新的國家軍隊被一些少數民族陣營和地下共產主義叛亂所破壞。其後，軍隊領導階層從過去經驗中吸取教訓，逐漸擺脫極端的意識形態，團結一致，軍隊也從這些危機中走出來。1950 年代，軍隊持續向叛亂部隊施壓，並鞏固本身的組織。尤其，在 Ne Win 將軍的規劃下，營級地面部隊數量快速增加；

更重要的是所有單位進行種族整合，消除了國防單位內部摩擦的嚴重根源，陸軍和海軍也成為獨立的軍種（GlobalSecurity, 2022b）。但是，緬甸獨立以來，一如前述，軍人把持政治權力，長期實施軍事獨裁統治，打壓民主人士，聲名狼藉，內部始終擺脫不了政局不安的陰影。本文將從地緣戰略的角度，來探討緬甸安全環境、國防任務與組織、緬甸武裝部隊（Tatmadaw）發展與政治角色、以及國際觀感，期對緬甸國防武力、軍政關係及其與國際互動有更深一層的認識。

來源：Central Intelligence Agency 2022c）。

圖 1：緬甸地理位置圖

貳、緬甸安全環境

自地緣位置而言，緬甸大部份的疆界正好緊鄰世界上人口最多且相互敵對的兩個國家——中國和印度。其次，緬甸自 1948 年獨立以來，經歷了無數次的武裝民族運動，加上長期軍事統治，使得緬甸無論是外部或內部均面臨了複雜且飽受考驗的安全環境。尤其，長期的軍事獨裁統治，緬甸武裝部隊幾乎壟斷了國家安全議程的概念界定和優先順序（Maung Aung Myoe, 2018: 38）。

一、外部安全環境

緬甸位於大湄公河次區域與南亞大陸,以及周邊的中國與印度兩大國之間,無論人口、領土、國防各方面均不如上述國家;加上緬甸地域結構複雜、政治和經濟體系不穩定、種族不同導致的社會文化傳承不一,使其在面對外部安全挑戰時愈顯其脆弱性的本質。因此,緬甸的國家安全在相當程度上更易受到區域或國際安全情勢變動的影響。換言之,國家安全脆弱性愈大,愈容易導致緬甸在外部壓力前顯得脆弱。

在 1999 年,緬甸武裝部隊曾發表一份國防政策說明;2016 年公布國防白皮書,也是首次對外公布有關國防軍事的戰略文件,內容闡述了更廣泛、更全面性的未來發展計畫。這一份國防白皮書最大的意義,象徵了緬甸武裝部隊願意更公開、透明化,也反應了緬甸更有信心參與多邊外交——特別是在區域舞台。但是,這一份國防白皮書同時也表明武裝部隊仍然是掌控安全政策的機構(Myoe, 2016)。

緬甸對其外部安全環境的體認,首先針對國際和區域安全情勢變化,強調國際合作的重要性,以期藉由合作避免衝突的發生或擴大,而且聯合國扮演不可取代的角色。就其面對的切身外部安全環境,緬甸關切中國崛起在國際政治中的意涵,預測 21 世紀國際舞台上,中國將更積極、透明和更具影響力。緬甸也注意到中國會促進與區域開發中國家的關係,避免區域衝突,緩和區域緊張以及鞏固雙邊關係。同時,緬甸觀察到印度與中國是敵對的強權,兩國很明顯的試圖主導亞太地區,將引發區域安全情勢的矛盾(Myoe, 2016)。表面上,緬甸關切中國與印度的緊張關係,實際上緬甸是為本身地緣位置處於兩個大國之間，希望避免被兩國衝突波及而未雨綢繆。

緬甸的國家安全內涵聚焦在 5 個領域，分別是政治、經濟、軍事、社會和其它方面，這些來自於外部的威脅或徵候，已經影響到緬甸的國家安全。政治方面，中國參與了一些中、緬邊境的民族武裝組織活動，凸顯了對於民族和解、邊境地區發展、和平與發展的內外部破壞性因素（Myoe, 2016）。經濟挑戰方面，來自國際組織、人權團體、以及歐美國家的經濟制裁，更加惡化緬甸的經濟狀況（Myoe, 2016; 徐遵慈，2021）。

軍事方面，緬甸面臨 3 項關鍵的挑戰：（1）鄰近國家積極建軍備戰；（2）外力鼓動內部武裝團體，並提供裝備、財力援助；（3）尚未解決的邊界問題。社會方面，緬甸認為國家愈開放，無疑地受到西方國家的影響愈大，並將這種現象形容為新殖民主義（neo-colonialism）。其它相關的挑戰方面，緬甸還面臨種族羣體的差異性、武裝團體的存在及其利用邊境逃難等對國家的潛在威脅（Myoe, 2016）。

緬甸除了關切周邊大國——尤其是中國與印度競合過程中對國家安全的影響，以及關於 5 個領域的外部安全顧慮之外，緬甸認為最嚴重的外部安全挑戰，是一些強權國家正利用民主化、人權和人道立場，介入小國的內部事務。尤其，在地緣戰略十分重要的地區，運用 R2P「保護責任」（Responsibility to Protect）的概念作為塑造事件發展的藉口（Myoe, 2018: 39）。這些都不是緬甸軍事政權逐漸開放的過程中所樂見的，尤其不願意因為接受西方國家的民主概念而損及軍事獨裁政權的利益。

二、內部安全環境

前述關於緬甸 5 項領域的國家安全威脅，均是外來的或外力介入內部事務的挑戰。但是，緬甸的安全困境本質上主要來自於內部；從大的方向來看，自然災害及其影響也被視為對國家安全的挑戰。另一方面，檢證緬甸歷來的國防任務、軍事戰略、軍事準則以及部隊現代化的過程，2016 年公布的國防白皮書明確的將海上安全、糧食安全和能源安全等 3 項，列為國家安全面臨的最緊迫挑戰，也很嚴肅地將這些挑戰與全面性的國家安全規劃連結起來（Myoe, 2018: 38）。由此可見，緬甸長期以來軍事獨裁政權，在歐美民主國家的經濟制裁下，已經嚴重威脅到內部安全。

以 2021 年 2 月 1 日 Min Aung Hlaing 將軍發動的軍事政變為例，短短 3 個月軍民對抗嚴重，由此導致的生產停滯、外資撤離或觀望，重創緬甸經濟。原本前兩年由於美國與中國貿易衝突下，許多外資企業遷入或擴大在緬甸的投資，也帶動了進出口雙向的成長。但是，軍事政變 3 個月後就呈現嚴重的經濟倒退現象，當時國際經濟預測機構預測政變前成長率可達約 6%，政變後降至 0.5%以下，甚至負成長（徐遵慈，2021）。

其次，緬甸自 1948 年獨立以來，內戰動亂不已。對國家安全最嚴重的挑戰莫過於政府安全部隊（government security forces）和民族武裝組織（ethnic armed organizations, EAOs）之間的武裝衝突。據估計，許多個別的民族武裝組織指揮下的武裝人員均超過 12 萬人。目前，雖然任何的內部武裝衝突，都有可能因外部因素或外來強權以軍事強力介入，衍生為外力支持的代理戰爭後，升高衝突的可能性。然而，並沒有明顯的證據顯示緬甸有可能會遭遇到迫在眉睫的外部攻擊（Myoe, 2018: 38）。

即使如此，緬甸獨立迄今因內戰動亂尚未成為一個真正的民族國家，主要的因素源起於民族的複雜性。尤其是，殖民時期留下來的傳統分治（divide and rule）政策，導致緬甸人民承續了一種脆弱的國家意識，也因此對於內部武裝衝突塑造了較為寬容對待的環境，這種現象主宰了緬甸近代歷史。長期以來，很多緬甸人民並不認為緬甸是一個完整的國家群體（Myoe, 2018: 38），這是第二次世界大戰結束後，世界上新興獨立國家少有的現象。

國家安全事務上，緬甸在諸多層面均很脆弱，甚至全國許多不同的地區也缺乏正常國家應有的規劃，各地普遍不存在和平、安全和穩定的環境。緬甸境內，目前分離主義雖然未形成主要的問題，但是許多民族武裝組織爭相奪取地方自治權力，而且控制地方資源。在可預見的未來，緬甸試圖度過積弊已深的內部武裝衝突將非常困難和緩慢，而且要解決建立和平環境所面臨的挑戰亦是相當艱鉅（Myoe, 2018: 38）。

有鑑於此，2012 年軍人背景的 Thein Sein 總統指出：「民族團結」是維護緬甸重新獲得獨立與永久和平的基礎，鞏固民族團結是維持和平與繁榮的要務。這項概念強調當國家統一性很脆弱的時候，將面臨外部的入侵和外交上的屈辱，只有堅強的國力才能使國家和人民獲得安全，因此建立國家力量是政府主要的任務（Myoe, 2018: 39）。這是緬甸政府長期經歷內部動亂之後吸取的教訓，有識之士也希望能徹底消除內部憂患，不再飽受內亂之苦。

綜觀緬甸政府對國家安全環境的認知，長期以來的軍事獨裁政權認識到緬甸雖然處於周邊強權中國和印度之間，但是很清楚本身位於戰略緩衝地帶，也是周邊強權爭相拉攏的對象，尤其自冷戰結束以來全球追求和平的氛圍，緬甸尚不至於面臨外來勢力入侵的立即威脅。另一方面，緬甸政府也認識到內戰所引起的動亂一直是國家積弱不振的源頭，只可惜長期的軍事獨裁勢力把持國家政治權力，加上始終無法徹底解決內部種族衝突，短期內要消弭內部的安全威脅，無疑是緣木求魚。

參、緬甸國防任務與組織

　　緬甸當前無立即明顯的外來威脅，因此國防任務係以消弭內部叛亂爲主。另一方面，緬甸是議會共和制（parliamentary republic）國家（Central Intelligence Agency, 2022d），但是長期處於軍事獨裁政權統治之下，國防任務與組織所扮演的角色實際主導了政府體制的運作，在世界上實屬少見。再者，武裝部隊的發展涉及商業利益，更使得國防任務複雜而不單純。

一、國防任務與角色

　　1948 年緬甸獨立後的文人政府僅 14 年即由 Ne Win 將軍於 1962 年發動軍事政變，長期實施軍事獨裁統治。1990 年，軍政府允許舉行選舉，但是當主要反對黨全國民主聯盟（National League for Democracy, NLD）及其領導人 Aung San Suu Kyi 以壓倒性優勢贏得選舉時，軍政府卻拒絕承認選舉結果，並將其囚禁 20 年。2007 年，緬甸燃料價格上漲導致民主人士和佛教僧侶發起一場「藏紅花革命」

（Saffron Revolution），其中包括針對執政軍政府的大規模抗議活動，但是軍政府阻止新的選舉，直到 2008 年才通過一部旨在維護其控制權力的新憲法（Central Intelligence Agency, 2022e）。

『2008 緬甸憲法』（*Myanmar's Constitution of 2008*）第 1 章「聯邦基本原則」第 6 條開宗明義即闡述聯邦的一貫目標，本條文前 3 項是：聯邦不解體、民族團結不解體、主權永續（Constitute, 2022: 5）；第 20 條第 e 項也明載國防軍（Defence Services）的主要職責是維護上述 3 項聯邦目標（Constitute, 2022: 6）。這 3 項聯邦目標，構成緬甸以國家為中心的國家安全政策核心中所謂的「我們的 3 項主要國家事業」（Our Three Main National Causes）（Myoe, 2018: 39）。

憲法第 1 章第 6 條第 f 項同時列述：賦予國防軍可以參與國家政治領導階層（Constitute, 2022: 5），且基於前述聯邦目標和國防軍職責，2016 年國防白皮書明定武裝部隊的國防任務為：（1）建立一支結合預備部隊的強大、有能力和現代化的愛國武裝部隊；（2）編組一個自給自足、不需仰賴外國援助的全民防衛體系；（3）遵守國家憲法條文的規定；（4）訓練和發展一支包含軍事、政治、經濟和行政層面的強大防衛武力，以達到軍事、行政和組織等 3 大能力目標（Myoe, 2016）。上述憲法條文和國防任務，無疑是為武裝部隊未來參與國家政治領導階層預作規劃，對武裝部隊長期扮演國家政治運作的核心角色至關重要。

其次，憲法第 1 章第 20 條第 b、d 項明示：國防軍有權獨立管理和裁決武裝部隊的所有事物，以及國防軍有權管理全民所參與的聯邦安全和防衛事務（Constitute, 2022: 6）。第 7 章「國防軍」第 343 條也規定：在軍法的裁決中，國防軍人員依法實施集體或單獨的處理，但是由國防軍總司令進行最後的裁決與結論（Constitute, 2022: 70）。由此可見，緬甸軍事政權不僅實質掌控行政權力，而且武裝部隊完全獨立於立法部門監督與司法部門規範之外，這是民主國家所未見的現象。

由於憲法賦予國防軍高度的權力，緬甸長期軍事獨裁統治期間，武裝部隊主導了政府的運作，掌控所有的公部門與私部門，而且完全獨立於人民的監督之外。2010 年，武裝部隊一反民主國家常態，成立聯邦團結與發展黨（Union Solidarity and Development Party, USDP）參與選舉，掌握政治權力。依據憲法，武裝部隊實際控制了國防部、內政部和邊境事務部，有權力在所有的立法機構中任命 25%的代表，在處理軍事和安全事務上有完全的自主權（Jolliffe, 2017: 4）。

尤有甚者，武裝部隊擁有重要的商業利益，在許多國家經濟部門均有重要的影響力。軍方也經由內政部的總務局，實際主導了鄉鎮地方政府的功能運作；同時依據憲法經由內政部和許多情報機關，控制了緬甸警察力量，再由警察機關監督其它的機構（Jolliffe, 2017: 4-5）。由上述的分析，緬甸的憲政架構雖名為議會制的民主共和國，但是歷史上僅有的 2 次文人政府仍然無法掩飾緬甸迄今是一個完全軍事獨裁國家的事實。

另一方面，在行政權力與國家安全事務上，依據憲法第 5 章第 2 節「國防與安全委員會（National Defence and Security Council）編成」第 201 條所示，總統領導國防與安全委員會，並履行憲法或法律賦予的責任。委員會成員包含：總統、2 位副總統、人民院（Pyithu Hluttaw）議長、民族院（Amyotha Hluttaw）議長、國防軍總司令、國防軍副總司令、國防部長、外交部長、內政部長、邊境事務部長等 11 人（Constitute, 2022: 36）。

國防與安全委員會由總統擔任主席，聯邦受到外力入侵時，總統有權依據憲法協調國防與安全委員會後，採取適當的軍事行為；總統所採取的軍事行為需提交人民院批准。如果人民院休會期間，則召集緊急會議批准是項軍事行為。無論宣戰或議和，均需獲得人民院的同意（Constitute, 2022: 37）。

表面上，緬甸憲政架構下所設計國防指揮體系，符合民主國家「文人統制」（civilian control）的精神；但是軍方控制行政運作、介入立法權力、完全獨立於司法規範之外，使得「文人統制」有名無實，失去實質的意義。其次，一如前述，國防軍總司令不僅控制國防部，而且歷史上有多位國防軍總司令兼任國防部長（Ministry of Defence, 2022），因此軍政、軍令一元化的體制在緬甸國防指揮體系的意義不大，較類似軍政、軍令二元化的體制。

二、國防組織與兵力結構

形式上，緬甸國防組織架構與一般民主國家無異，軍政系統的國防部與軍令系統的國防軍各司其職。但是，國防軍總司令並非國防部長的幕僚長，反而實際控制國防部；國防部長雖然亦是國防與安全委員會的成員，卻無指揮武裝部隊的權力，而且武裝部隊控制了國防部高級軍官的任免權（Central Intelligence Agency, 2022f），本末倒置，也凸顯國防軍總司令權力凌駕國防部長的不合理現象。

(一) 緬甸國防組織

緬甸國防軍統稱武裝部隊，主要轄陸軍（Tatmadaw Kyi）、海軍（Tatmadaw Yay）、空軍（Tatmadaw Lay）；另外指揮民兵部隊（People's

Militia)、內政部的人民警察部隊（People's Police Force）、邊境部隊／警察（Border Guard Forces/Police）。2022 年 3 月，一項新的法令更賦予國防軍總司令任免警察部隊指揮官的權力（Central Intelligence Agency, 2022f），顯見緬甸武裝部隊的人事權無限擴大。

緬甸國防組織指揮架構，一如前述，依據『2008 緬甸憲法』第 5 章第 2 節「國防與安全委員會編成」第 201 條所示，總統擔任委員會主席，是武裝部隊最高指揮官，依據委員會決議直接指揮國防軍總司令，國防軍總武裝部隊司令承總統之命實際指揮武裝部隊遂行作戰任務。緬甸國防部長在國防組織指揮體系中形同虛設，經常可由國防軍總司令兼任國防部長的例子即可獲得印證。

在兵役制度方面，『2008 緬甸憲法』第 8 章第 386 條規定：每個公民都有義務依照法律規定接受軍事訓練，並在武裝部隊中服役以保衛聯邦（Constitute, 2022: 72）。緬甸人民 18 至 35 歲男性及 18 歲至 27 歲女性，徵召服義務兵役 2 年；另外，專業技術人士，如醫師、工程師、機械師等，則徵召年齡分別放寬爲男性 18 至 45 歲及女性 18 至 35 歲，服役時間最多 3 年，以上服役期限如遇官方宣布的緊急時期，可延長至 5 年（Central Intelligence Agency, 2022f）。換言之，緬甸的兵役制度是以義務兵役爲主且配合志願兵役的並行制，而且較爲特殊的是實施男、女性普遍徵兵制。

(二) 緬甸兵力結構

緬甸武裝部隊直接隸屬於國防軍總司令管轄，國防軍總司令承總統之命運用軍事力量遂行任務。武裝部隊以能力、永久任務、責任等三項目標明示其存在的價值，包含具備 3 項能力：軍事能力、組織能力、行政能力；3 項永久任務：永久訓練、永久警戒、永久戰備整備；3 項責任：保衛國家、訓練、執行符合人民利益的一切行動（Ministry of Defence, 2022）。上述關於「行政能力」和「執行符合人民利益的一切行動」，均已逾越軍人戰訓本務範圍，坐實了軍事獨裁政權的本質。

　　在兵力結構方面，一如前述，緬甸不僅在長期軍事獨裁政權統治下軍文角色重疊，且缺乏文人統制的精神，因此短期內即使國家並無明顯的安全威脅，但是為了控制人民以及應付內戰動亂，武裝部隊仍然維持較大的編制，這些現象並非民主國家的常態。緬甸武裝部隊總兵力據 2022 年估計，現役部隊約 400,000 餘人，佔總人口的 0.7%，排名世界 142 個國家的第 12 名，在東南亞國家中僅次於越南（GlobalFirePower, 2022c）；沒有預備部隊；準軍事部隊約 50,000 人，佔總人口的 0.1%，排名世界 142 個國家的第 27 名（GlobalFirePower, 2022b）（請參考圖 2：緬甸國防組織架構圖）。

1. 陸軍

　　緬甸陸軍源起於一支輕步兵部隊，目前是東南亞國家中僅次於越南陸軍的一支地面部隊，主要負責執行地面軍事作戰任務，目前是武裝部隊中最大也是最主要的軍種。相對於陸軍的高比例人數，陸軍軍官佔了國防部整合幕僚群的大部份職位，而且掌握了國家最多的政治與行政工作（GlobalSecurity, 2022c）。

　　陸軍兵力約 375,000 人（International Institute for Strategic Studies, 2021: pp. 285-287）；主要轄戰鬥部隊第 1 至 6 特種作戰局（Bureaus of Special Operations, BSOs）以及邊境部隊、民兵羣和大學訓練團。特種作戰局是最高階層的作戰指揮部，相當於西方國家的野戰軍團。每個特種作戰局負責所轄 1 至 3 個地區軍事指揮部（Regional Military Commands, RMCs）及其所屬的特定地理區域，計有 14 個地區軍事指揮部。地區軍事指揮部相當於軍級部隊編制，下轄 1 至 3 個相當於戰鬥師的軍事作戰指揮部（Military Operational Commands, MOCs），每個軍事作戰指揮部轄 10 個機械化步兵營（GlobalSecurity, 2022c; GlobalSecurity, 2022d）。

陸軍主要武器裝備大部份來自於中國和俄羅斯，據 2022 年研判包含各式坦克 664 輛，裝甲戰鬥車 1,587 輛，自走式砲兵 190 門，牽引式砲兵 1,869 門，火箭發射器 486 套（GlobalFirePower, 2022d）[2]。以緬甸的人口、幅員而言屬於中小型國家，雖然無立即明顯的外來侵略，但是緬甸卻維持了佔總人口 0.7%高比例的現役武裝部隊，其中陸軍兵力又佔了總兵力的 92%，相對於海、空軍的 3.9%、3.7%，實不成比例。緬甸陸軍高比例的兵力，除了應付內部動亂之外，事實上是為了掌控政府各部門的權力，以確保軍政府能持續且穩固的統治聯邦，並維護其利益。

2. 海軍

緬甸海軍的地位在以陸上部隊為主的武裝部隊中，排名最末端。除了維護海岸線免受外國漁民的侵入外，在聯邦對抗種族叛亂的戰鬥中，地位甚至淪為陸軍和空軍附屬的河川支援部隊。其次，緬甸海軍僅有小型船隻可用，無法與鄰國孟加拉的大型艦船相匹敵；2008 年 11

---

[2] 另依據 GlobalSecurity（2022e）的估計，緬甸陸軍主要武器裝備計有：主戰坦克 185 輛；輕型坦克 61 輛；輪型自走砲車 36 輛；輪型裝甲運輸車 446 輛；輪型步兵戰鬥車 41 輛；輪型自走砲 42 門；反坦克無後座力砲 50 門。

月關於海域主張問題，與孟加拉海軍的對峙中相形見絀，明顯缺乏能力堅持自己對兩國重疊海域的主張。自此以後，緬甸軍政府才逐漸認識到海軍能力不足，影響國家海域安全的維護與主張（GlobalSecurity, 2022f），但是未見其改善。

海軍兵力約 16,000 人（International Institute for Strategic Studies, 2021: 285-87）；其中的主要戰艦指揮部（Major War Vessels Command）直接受仰光（Rangoon）戰爭辦公室控制。其次，海軍部隊主要轄5個海軍地區指揮部、海軍訓練指揮部、海軍造船廠、4 個海軍艦隊。海軍所有資產受到各地區指揮官的作戰管制；空軍依據海軍需求，分配所需的資源給海軍。此外，海軍亦無獨立的海軍航空部隊或海岸警衛隊（GlobalSecurity, 2022f）。

海軍主要武器裝備研判包含巡防艦 5 艘、護衛艦 3 艘、巡邏艇 133 艘、潛艦 1 艘、掃雷艇 2 艘（GlobalFirePower, 2022e）[3]，薄弱的海上武力僅具近岸作戰能力。其次，由上述分析顯示，海軍武力對內僅為陸上部隊作戰時的河川支援單位；對外面對 1,930 公里的海岸線，以及廣闊的安達曼海和孟加拉灣，薄弱的海上武力實不足以在與鄰國的重疊海域紛爭中爭取國家的基本利益。此外，海軍部隊需的資源仍然仰賴空軍支援，因此在可預見的未來，海軍發展有限，也顯見緬甸軍事政權的目光短淺，只專注於爭奪內部的政府權力與利益，忽視海洋利益在國家安全中的重要性。

---

[3] 另依據 GlobalSecurity（2022g）的估計，緬甸海軍主要武器裝備計有：潛艦 4 艘、巡防艦 8 艘、護衛艦 3 艘、近岸巡邏艇 42 艘、海岸巡邏艇 24 艘、兩棲登陸艇 1 艘。

3.空軍

空軍在英國的協助下，成立於 1950 年代初期。主要的任務是支援軍隊反叛亂作戰，並提供內部對叛亂活動以及罌粟種植、鴉片販運和煉製點進行偵察。空軍作戰能力一直受到預算分配的限制，導致裝備無法進行現代化。1980 年代初，空軍大部份裝備相對陳舊，其中多數維護不善，並受到裝備嚴重缺件的困擾（GlobalSecurity, 2022h）。

由空軍的起源來看，大致按照傳統的英國路線組織而成，有專門的訓練、戰鬥（防空和反叛亂）、運輸和聯絡中隊。各獨立單位分別負責地面管制、通信、情報和行政任務；1988 年以來，空軍也試圖擴大擁有防空的角色。其次，空軍的資產由仰光的戰爭辦公室授權地區指揮官或作戰指揮官集中管制，飛機也經常集中於中央地區較安全的基地，依需要部署於緬甸邊境（GlobalSecurity, 2022h）。

緬甸空軍兵力約 15,000 人（International Institute for Strategic Studies, 2021: 285-87）；主要轄包含國防部空軍總部、飛機生產與維修基地總部、空軍地面訓練基地、空軍飛行訓練基地在內的 11 處基地（Myoe, 2009: Chap.3）。其次，空軍主要武器裝備研判包含戰鬥攔截機 55 架、攻擊機 21 架、運輸機 26 架、訓練機 93 架、特殊任務機 5架、運輸直升機 80 架、攻擊直升機 9 架（GlobalFirePower, 2022f）[4]。

上述分析顯示，緬甸空軍戰力薄弱，主戰飛機僅有 76 架；相對於領土幅員而言，實不足以維護其領空，亦無法支援未來爭取海洋利益時的海軍作戰行動。由此也顯見，緬甸武裝部隊對於制空權是確保海上

---

[4] 另依據 2 GlobalSecurity（2022i）的估計，緬甸空軍主要武器裝備僅有攻擊機 6 架，其餘老舊機種庫存或汰除不詳。

與地面作戰順利遂行的認知不足，更可見緬甸軍人只著重於藉陸上部隊控制內部政權與經濟利益，對於全般性的國家安全規劃缺乏願景。

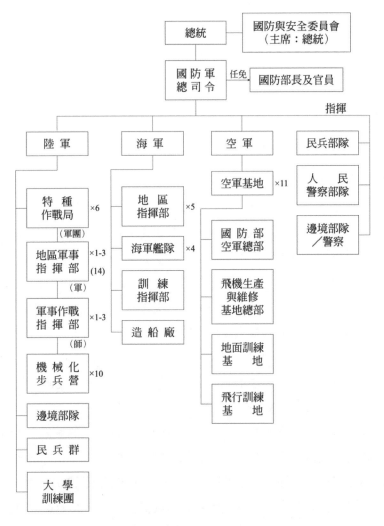

圖2：緬甸國防組織架構圖

肆、緬甸武裝部隊發展與政治角色

前文已分析，緬甸憲法賦予武裝部隊完全的作戰自主權、行政與立法部門當然代表權，以及對地方層級公共事務的特殊影響力。地方政府統由中央任命，非常脆弱，僅有微小的立法與執行權力。2015年6月，武裝部隊甚至運用憲法賦予的否決權抵制地方分權的改革，而且希望繼續阻止這樣的改革（Jolliffe, 2017: 1）。武裝部隊的角色軍、政不分，且勢力已深入政治和經濟生活中，多年來它僅專注於本身能力的現代化——即使戰力進展有限，卻不願意從根本上進行改革。本節將從武裝部隊的軍事發展，進一步分析其與政治的互動關係。

數十年來，武裝部隊在政府治理、經濟事務與法制層面，發揮了很深的影響力；而且在軍事事務上，其影響力更深入到作戰層級的各個營級單位。武裝部隊堅持認為，部隊必須灌輸軍事、政治、經濟和行政觀點與展望，以利於在聯邦中有能力參與國家政治領導角色（Ministry of Defence, 2015: 18-19）。武裝部隊一方面維持面對外部入侵的戰備整備、慢慢的建立區域投射能力；另一方面，武裝部隊主要任務是針對全國各地的民族武裝組織執行反叛亂作戰。同時，武裝部隊認為，應該明確地在法治協助、提供社會服務、災害反應和救助等方面持續提供協助（Ministry of Defence, 2015: 24-25）。

2016年初公布的國防白皮書敘述了武裝部隊的戰略願景，特別是關於防衛和安全事務。其中，武裝部隊的主要任務是建立一支強大、有能力和現代化的愛國武裝部隊（Ministry of Defence, 2015: 18）；而其願景是持續且明確的提升戰鬥能力、武器技術和全般力量，以及經濟與行政能力。其次，依據現有準則，武裝部隊延續人民戰爭戰略

（People's War Strategy）的指導，全民嚇阻、圍堵、擊退和殲滅任何入侵領土者（Ministry of Defence, 2015: 18-19）。

在武裝部隊的現代化進程中，主要追求空中和海上能力的提升，同時增加裝甲車的存量（Ministry of Defence, 2015: 40-43）。但是從前文的分析，海、空軍的戰力仍然非常薄弱，近年來並未顯著增強。武裝部隊同時強化砲兵部隊，主要用於平時的反叛亂作戰。以上現代化所需裝備，大多自中國、俄羅斯、印度，也可能自北韓採購獲得（Jolliffe, 2017: 23）。

在花費巨額國防預算採購現代化武器裝備的同時，武裝部隊提出了一項似是而非的觀點與作法。武裝部隊堅持認為，為了減輕政府的財政負擔，必須以自力更生的方法滿足軍人及其裝備的社會與經濟生活所需（Ministry of Defence, 2015: 43）；言下之意，武裝部隊企圖尋求維護其在緬甸經濟事務的角色，以及擴大商業利益的正當性。武裝部隊甚至辯稱，軍人在財源上自力更生使得國家安全獲得改善、經濟得以發展後，國防支出自然會減少（Ministry of Defence, 2015: 43）。軍方的上述作法，正反映出軍事獨裁政權的貪得無厭，而且立法與行政權力集於一身，實難以約束軍權的膨脹。

儘管如此，武裝部隊在現代化提升其戰力的進程中，預算仍然不斷增加。聯邦內部反對派和國際觀察家均寄望經由安全部門改革（Security Sector Reform, SSR）措施的介入，達到武裝部隊的改革成效（Jolliffe, 2017: 24）。但是，武裝部隊是一個非常穩固的機構，有重要的國際支持者，以及本身對於現在與未來的角色亦有清楚的願景與規劃。因此，內、外部反對者如何依據全球規範和標準，經由主要的SSR 或相關的介入，促使武裝部隊進行改革（Jolliffe, 2017: 24），或者武裝部隊面對 SSR 的壓力將如何反應？仍然值得進一步探討。

長久以來，探討武裝部隊如何應對 SSR 壓力與它主觀設想的 SSR 類型，首先取決於了解武裝部隊如何看待自己在政治中的角色，以及它如何適應國家整體的轉變。1960 年代以來，武裝部隊始終認為政治如果只是留給民選的一般人民，則整個國家將陷於政治上的派系主義紛爭，無法防範叛亂集團，且國家可能演變成巴爾幹化（Balkanization）的分裂狀態（Jolliffe, 2017: 20）。基於這個先入為主的看法，因此當全國民主聯盟於 1990 年選舉中贏得壓倒性的勝利時，武裝部隊不僅不承認選舉結果，且仍然堅持國家即使有一天實施民主制度，但是過程必須是漸進式、有秩序地演變，而且需要由武裝部隊管理，以免國家陷於混亂、衰敗的境地。

由此可見，緬甸軍方勢力仍然不願意放棄既得的政治利益；另一方面，軍方是否真正理解責任政治的涵義？或是為了進一步維護其既有的權力與資產？頗值得回味。但是，軍方對於上述先入為主的看法已經持續了 20 餘年，而且態度非常堅決和嚴肅。儘管 2011 年起緬甸進行了前所未有的政治改革，卻仍然受到軍方的監督，軍方很明顯且毫無退讓的維護其重要的權力，視本身為維護國家主權與領土完整的守護者（Jolliffe, 2017: 21）。

目前武裝部隊的既有權力和政治觀點已經被寫進〈2008 緬甸憲法〉，而且教條式的成為維護其利益的聯邦最高法律。此憲法雖然形式上為文人政府架構，但是一如前文分析，軍方在防衛和安全事務上維持完全的自主權，在日常的政府治理中扮演強力的行政角色；而且在國會中擁有 25% 的當然席次，軍方在多數的憲法修正案中擁有實質的否決權（Jolliffe, 2017: 21），影響所及，緬甸的政府治理和政治結構很難有重大改變的可能性，除非獲得武裝部隊的認可。

武裝部隊在維護其政、軍角色與利益的同時，有一項說詞相當諷刺。2015 年全國民主聯盟贏得選舉組成文人政府時，武裝部隊一再的表明本身的實際權力居於總統之下。甚至時任國防軍總司令的 Min Aung Hlaing 強調，依據憲法總統是國家明確的領導人，地位遠高於國防軍總司令；雖然他有權力任免國防、內政和邊境事務部長，但是部長均在總統領導之下，依據政府政策行使應有的職權，武裝部隊無權採取不同的政策（Jolliffe, 2017: 21）。

Min Aung Hlaing 辯解，儘管武裝部隊在特定的軍事作戰領域無需對總統負責，但是國防預算仍需經由國防部向總統負責，並經國會批准。尤其，由總統擔任主席的國防與安全委員會可以召集會議指示如何應對，軍方也需對該委員會負責。Min Aung Hlaing 當時表示，武裝部隊在國會中的 25% 席次不能視為反對派，反而可適時提醒「該做甚麼和不該做甚麼」（do's and don'ts），並導正違法成為合法（Jolliffe, 2017: 21）。

言猶在耳，Min Aung Hlaing 仍然於 2021 年 2 月 1 日發動軍事政變，推翻全國民主聯盟執政的文人政府，Min Aung Hlaing 自任緬甸總理兼國防軍總司令和新成立的國家管理委員會（State Administration Council, SAC）主席，成為聯邦政府的實際領導人，緬甸再度淪為軍事獨裁統治的國家，儘管民主國家對其制裁和警告，軍政府的態度仍然十分強硬。

從 Min Aung Hlaing 所代表的武裝部隊角度來看，軍方才是確保法治——包括維護憲法和公共秩序，以及保衛國家對抗武裝叛亂的核心力量；在 Min Aung Hlaing 的思想裏，只有這兩項障礙徹底解決了，才能正常地通往民主之路（Jolliffe, 2017: 22）。換言之，武裝部隊在對這些障礙排除感到滿意之前，不會輕易讓出現行憲法所提供的權力。

綜合以上分析，不難看出武裝部隊在軍事與政治的角色互動上混淆不清，致使其常自陷於本末倒置的混亂邏輯。2011 年，當武裝部隊釋出願意開放選舉的訊息以來，世界上都在觀察武裝部隊何時返回軍營？這也是緬甸人民對於實施真正民主與文人政府的普遍期待，但是緬甸錯失了一個關鍵點：Tatmadaw 從未願意將本身的軍事與政治角色區分開來（Selth, 2013: 2）。

此現象其來有自，武裝部隊自我灌輸一個觀念：從緬甸 1948 年獲得獨立以後，武裝部隊就獨自負責維護聯邦的統一，抵禦內部和外部的敵人，拯救國家免於災難（Selth, 2013: 2）；因此武裝部隊自始至終自信唯有兼任軍、政角色的武裝部隊才是國家的柱石，殊不知也因為武裝部隊過度擴張自己的權力，導致緬甸長期陷於軍事獨裁統治下政治、經濟、軍事各層面的濫權，國家積弱不振。

伍、緬甸軍事政變與國際觀感

承上所述，武裝部隊軍、政不分的角色混亂，終致軍事政變的發生不可避免。2020 年 11 月 8 日，全國民主聯盟贏得 83% 的議會席次，2021 年初正當國會即將承認此次選舉結果且批准下一屆政府之際，軍方拒絕承認選舉結果，並於 2 月 1 日發動軍事政變。軍方拘留了包含全國民主聯盟領導人 Aung San Suu Kyi 和 U Win Myint 總統在內的文職官員、內閣部長、數個地區的首席部長，以及反對派政治人物、作家和抗議者（Goldman, 2022）。

軍事政變發生後，軍方立即控制全國基礎設施、暫停大部份電視廣播、並取消國內和國際航班，股票市場和商業銀行也被關閉。2 月22 日，緬甸數百萬人民上街抗議並進行總罷工，一項擴大的公民不服從運動（civil disobedience movement）癱瘓了銀行系統，使軍方難以進行很多工作（Goldman, 2022）。

被推翻的全國民主聯盟議員、抗議領袖和來自許多少數羣體的活動人士，成立了一個名爲民族團結政府（National Unity Government）的平行政府，將反對軍政府的不同團體聚集一起，促進各民族之間團結合作，爲後軍政府時期的緬甸制定議程，並爭取外國政府的支持。同年 9 月，民族團結政府建立一支名爲人民防衛軍（People's Defense Force）的武裝師，正式向軍政府宣戰（Maizland, 2022）。

面對人民的反抗，軍隊向人民發射實彈強力鎮壓，同時普遍在全國各地與人民防衛軍爆發衝突。軍事鎮壓不惜摧毀被認爲傾向支持反對派的整個村莊，屠殺平民和反對派軍人；四處蔓延的武裝衝突，導致數十萬人民紛紛逃離家園。軍方對異議人士的殘酷鎮壓，以及衝突中普遍發生的侵犯人權事件，引起聯合國、各國政府和人權組織的譴責（Maizland, 2022）。其次，切斷對平民的援助是軍事政權反叛亂戰略的一部份，因此，戰鬥加劇還可能導致難民湧入鄰近的泰國和印度（Horsey, 2022）。

數十年來，緬甸人民一直對武裝部隊持嚴厲批評態度，但是自2021 年初政變以來，他們對軍隊的看法發生了重要變化。具體而言，在談到武裝部隊時，緬甸人民已經從恐懼（fear）轉變到厭惡（hate）。緬甸人民已往雖然害怕武裝部隊的作爲，卻仍然認爲該實體具有某種內在價值——即使它可能代表不公正或不受歡迎的東西；緬甸人民希望如果經由改革，武裝部隊可以扭轉過來。但是，此次政變後緬甸人民看不到衡量其價值的道德指南針，他們不再想改變武裝部隊，只是想讓它消失（Myint, 2022）。因此，藉由此次軍事政變後所引起的民心向背轉變，應可讓緬甸未來的執政者引以為鑑。

　　2021 年的軍事政變除了導致民心向背的重大轉變之外，愈來愈明顯的是，軍方的權力奪取和血腥鎮壓已經將緬甸各種不同──而且往往是敵對的種族和政治團體團結起來，抵抗共同的敵人以及尋求更美好的未來。非常諷刺的是，緬甸自獨立以來，軍隊自以為只有自己才能將國家團結在一起的行為，此次反對派團體藉由民族團結協商委員會（National Unity Consultative Council）平台，無意中促成了革命性的和不可逆轉的國家重建對話（Chan & Ford, 2022）。客觀而言，這些團體即使意見並不一致，卻也是互補的，可以結合起來有效地對抗了軍政府所享有的壓倒性和結構性優勢。

　　另一個值得觀察的弔詭現象，軍事政變除了導致數十萬人民流離失所外，武裝部隊也爆發了官兵逃亡事件。自 2010 年軍方釋出善意逐漸開放以來，軍隊本身與外界有了更多的接觸，雖然本質上仍然非常殘酷，但是軍人已經不再完全盲目的服從組織。Adetunji（2021），緬甸此次的抗議活動與已往截然不同，包含不同的種族、宗教和職業，且廣受歡迎。因此，軍人也愈來愈意識到軍事獨裁政權使用暴力策略來維護權力，例如向包括兒童在內的人民開槍，已經玷污了軍隊擁有的任何合法性。

　　上述叛逃現象包含軍人和警察，人數也持續增加。其次，Min Aung Hlaing 軍事政權除了不受人民歡迎外，也沒有得到太多的國際支援，國際社會擔心該政權的暴行將造成緬甸持續的不穩定。綜合來看，這場危機是在極度貧困、經濟混亂、肆虐的武漢肺炎流行病，以及很少有政治菁英能真正致力於民主轉型的背景下所發生的結果。因此，儘管軍人叛逃的增加對抗議者來說似乎很有希望，但是國際觀察家卻悲觀的推測，緬甸似乎更有可能崩潰而不是民主化（Adetunji, 2021）。

軍事政變經過 1 年後，緬甸羅興亞族（Rohingya）的人權和民主行動者 Wai Wai Nu 語重心長地指出，當人民聚集在一起呼籲正義、自由和民主時，國際社會並沒有真正與緬甸站在一起，僅僅發表譴責聲明，卻很少採取實際措施來保護緬甸人民的生命。聯合國成員國也躲在東南亞國家協會（Association of Southeast Asian Nations，東協）及其關於緬甸的 5 點共識來為其不採取行動辯護（Wai Wai Nu, 2022），這種不作為無疑讓軍隊繼續進行殺戮行為。由此可見，緬甸反對軍政府的人士期待國際社會應該對武裝部隊實施制裁，各國也應拒絕所謂的安靜外交，以結束軍方長達數十年的暴行，緬甸才有實施自由民主制度的希望。

面對緬甸軍事政變和反對人士的呼籲，周邊國家以及國際社會也有不同的認知與反應。首先，印度 70 餘年來一直與武裝部隊保持著密切的關係，主要是因為視武裝部隊為其反叛亂的合作夥伴。緬甸 2021 年軍事政變以來，印度除了受到來自緬甸的難民危機之外，武裝部隊與人民防衛軍的戰鬥，使印度與緬甸西部和西北部接壤的地區帶來了激烈的衝突。由於武裝部隊在上述地區失利，轉而向印度內部叛亂團體民族武裝組織尋求援助，此舉也讓印度面臨與緬甸軍政府關係的兩難（Ambarkhane & Gathia, 2022）。

對中國而言，近年來是緬甸最大的貿易夥伴和緊密的外交盟友。緬甸軍事政變後，中國最終也給予軍事領導人事實上的承認。中國支持仍然實際掌握政權的軍方，主要是基於：（1）保護和擴大其在緬甸的基礎設施項目和投資；（2）防止緬甸內戰波及與中國接壤的邊界地區；（3）隨著俄羅斯持續的介入，保持中國對緬甸軍政府的主要影響力；（4）防止包括美國在內的主要民主國家過度介入（Maizland, 2022）。

其次，中國的一帶一路倡議正致力於建立一條將雲南省與印度洋連接起來的中、緬經濟走廊，緬甸軍事政變一度阻礙了此項開發工作。但是，也有國際觀察家指出，緬甸部份高級軍事領導人長期以來一直對中國持謹慎態度，擔心緬甸可能會過度陷入中國勢力的影響範圍。客觀而言，這種恐懼在一定程度上驅使軍方領導人自 2011 年起進行改革，並開始發展與其它國家的關係（Maizland, 2022），以避免中國藉由經濟互動進一步影響緬甸的政治運作。

相對於中國的態度，美國長期對緬甸軍事獨裁政權實施經濟制裁；2011 年緬甸軍政府願意實施改革後，美國才於 2012 年任命懸缺 22 年的大使；2016 年取消了大部份的制裁。2021 年緬甸軍事政變後，美國對緬甸軍政府採取了更強硬的態度，不僅制裁軍方人員，而且制裁軍方企業以及其它受軍方掌控的企業集團（Maizland, 2022）。

其中較為針對性的作為，是 2021 年 10 月美國國家安全顧問蘇利文（Jake Sullivan）與緬甸新成立的民族團結政府人員實際會面，以及 2022 年美國國會通過立法，敦促政府採取更積極行動，包括使民族團結政府合法化（Maizland, 2022）。當然，以緬甸反對軍政府人士的立場而言，希望美國可以做得更多，例如增加對民族團結政府的援助，以及向提供軍政府軍事物資的國家施壓。

在緬甸所屬的東協國家方面，各國政府基於不同的利益，對緬甸軍事政變的反應各不相同，也導致從試圖促成緬甸內部的協商到幾乎完全保持緘默。印尼、馬來西亞、新加坡和菲律賓等國，對此事件向來直言不諱。其中，印尼與馬來西亞對武裝部隊的批判，主要是不認同緬甸軍方對羅興亞人採取族群滅絕（ethnic cleansing）的行為。菲律賓政府的反應一直很混亂，最終還是支持被軍方推翻的全國民族聯盟。同時，時任東協輪值主席的汶萊，卻在尋求召集成員國討論此事件時始終保持沉默（Harding & Tower, 2021），對東協尋求內部的共識愈加困難。

與緬甸接壤的泰國認識到緬甸內部的政治動亂現狀不應持續很久，但是泰國深怕對此事件的反應，將引起內部關於本身同屬軍事政權合法性的辯論而引火燒身，因此對此事件消極以對。其次，屬於東南亞大陸國家的越南、寮國和柬埔寨也保持沉默，這 3 個國家都以充分的理由強調不願意過度干涉緬甸的內部事務，因此在態度上並不積極支持恢復緬甸被武裝部隊推翻的民主政權（Harding & Tower, 2021）。

合理而言，緬甸與同屬東協的國家地緣戰略位置相近，東協應是解決緬甸政治危機與就近提供協助的主要機制，但是東協卻無有力作為。除了以上對東協各國的分析外，一些刻板的集體認知和地緣戰略利益問題，仍然值得進一步探討。首先，東協 10 國的社會經濟與政治發展差異性很大，因此發展出一套所謂的「東協方式」（ASEAN Way），承諾避免干涉彼此的內政，僅關注各國都支持的廣泛性基礎倡議；加上各國面臨著自己棘手的國內挑戰，因此東協一直不願意放棄或修改此一指導原則（Clapp & Tower, 2022）。

其次，2021 年 2 月 1 日緬甸軍事政變後，東協未徵求被推翻的反對派意見，直接邀請政變主導人 Min Aung Hlaing 至印尼雅加達（Jakarta）參加東協領導人會議，並達成所謂的 5 點共識。此舉不僅給外界一種東協正在賦予緬甸軍政府合法性的假象，反對派的民族團結政府和民族武裝組織均不接受共識的條款。東協其它 9 國也未將此內容視為未來努力解決此事件的方針（Clapp & Tower, 2022），徒然留下虛幻不實的解決方案。

最後，周邊地區大國如中國、印度和日本，在緬甸擁有長期的利益，客觀而言這些利益僅受到軍事政變的輕微影響，對東協解決緬甸政治危機構成了另一項挑戰，無法借助大國的力量一起解決危機。一如前述，中國數十年來致力於建立一條中、緬經濟走廊，自然不願意過度介入緬甸長期執政的軍政府與反對派的政治紛爭。印度和日本也一直希望取代中國在緬甸日益增長的影響力，兩國在緬甸的地緣戰略位置中，都有著深厚的經濟和政治利益（Clapp & Tower, 2022），更不願意輕易得罪實際掌權的緬甸軍政府。因此，上述 3 項因素無形中稀釋了所有試圖孤立緬甸軍事政變領導人的有效性，增加東協尋找解決方案的困難。

陸、結論

緬甸自 1948 年獨立以來，長期實施軍事獨裁統治，聲名狼藉，政治與經濟情勢不穩定的陰影始終存在。但是由於地緣戰略位置正好處於進出太平洋與印度洋的戰略要衝使然，形成印度和中國兩大勢力甚至是東西方強權聚焦的「亞洲新十字路口」。以地緣位置鄰近的印度而言，其東向政策希望選擇經由緬甸與泰國最淺近的戰略縱深地帶進出印度洋與太平洋，中國則在「一帶一路」國家戰略中將「中國─緬甸走廊」列為「孟加拉─中國─印度─緬甸經濟走廊」的最核心部份。

因此，緬甸這一個政、經情勢不穩的戰略薄弱處，卻因緣際會成為周邊以及東西方強權進出兩大洋的戰略要域。

但是，緬甸長期執政的軍事獨裁政權卻目光短淺，長期以來戰略藍圖並未規劃成為控制印度洋經安達曼海通往泰國灣、南中國海到太平洋的海權國家，亦無規劃發展海權相對應所需的空中武力和制空權。目前緬甸陸、海、空軍佔總兵力的比例分別為 92%、3.9%、3.7%，兵力比為 25：1.07：1，即可看出武裝部隊僅重視以地面部隊執行內部反叛亂任務，以及藉其掌控聯邦政治權力與經濟利益；尤其，武裝部隊公然經營企業、謀取商業利益的行徑，更是舉世所未見。

其次，緬甸軍方為了全面掌控聯邦政、經大權，達到軍事獨裁統治的有利局面，毫無民主國家文人統制的概念與設計，不僅軍政與軍令未一元化，且本末倒置由軍令系統的國防軍總司令反過來任免軍政系統的國防部長及其所屬官員，國防部長在聯邦的國防組織架構中毫無地位。國防軍總司令依據對其有利的憲政體制設計，甚至實際控制國防部、內政部和邊境事務部，以及深入地方基層的公、私部門，貪得無厭的完全獨裁統治昭然若揭。

緬甸武裝部隊的權力膨脹舉世皆知，因此 2021 年 2 月 1 日由軍事強人 Min Aung Hlaing 主導再度發動軍事政變實難避免。政變後武裝部隊以反叛亂為名實施軍事鎮壓，原本應該受到民主國家與鄰近東協國家的抵制，但是除了部份民主國家對軍政府實施經濟制裁外，周邊大國如中國、印度、和日本，基於在緬甸的長期利益，並未發揮應有的影響力。

面對緬甸政治危機，可發揮實質響力的東協各國卻因各國利益不同，以及在「東協方式」的刻板框架下，以不干涉彼此的內政為由，各自明哲保身，使得緬甸反對軍政府團體組成的民族團結政府孤立無援。此外，緬甸遍布各層級的軍事勢力根深蒂固，且有目前憲法的保障，這是結構設計所造成的問題，在可預見的未來，需賴強有力的文人領導者主導且徹底修改不合民主精神的憲政架構，緬甸的未來才有希望可期。

參考文獻

外交部，2022。〈緬甸聯邦共和國〉5 月 15 日（https://www.mofa.gov.tw/Country Info.aspx?CASN=5&n=5&sms=33&s=69）（2022/5/15）。

李飛、成升魁、于會錄，秦奇、劉曉潔、徐增讓、吳良、張丹、李欣、初冬梅，2016。〈國家地緣脆弱性探索——緬甸案例及對中國地緣戰略啓示〉《地理科學進展》（http://www.geog.com.cn/article/2016/1007-6301/1007-6301-35-6-737.shtml）（2022/6/9）。

徐遵慈，2021。〈經濟制裁緬甸・歐美國家陷兩難〉《聯合報》5 月 7 日（https://udn.com/news/story/121739/5439503）（2022/7/3）。

Adetunji, Jo. 2021. "Myanmar: Could Defecting Security Forces Bring Down the Military Regime?" *The Conversation*, April 14 (https://theconversation. com/myanmar-could-defecting-security-forces-bring-down-the-military-regi me-158909) (2022/5/21)

Ambarkhane, Saket, and Sanjay Valentine Gathia. 2022. "Over a Year Later, Myanmar's Military Coup Threatens India's National Security." United States Institute of Peace, May 10 (https://www.usip.org/publications/2022/ 05/over-year-later-myanmars-military-coup-threatens-indias-national-security) (2022/5/21)

Central Intelligence Agency. 2022a. "The World Factbook: Burma - People and Society." (https://www.cia.gov/the-world-factbook/countries/burma/) (2022/6/8)

Central Intelligence Agency. 2022b. "The World Factbook: Burma - Geography." (https://www.cia.gov/the-world-factbook/countries/burma/) (2022/6/8)

Central Intelligence Agency. 2022c. "The World Factbook: Burma - Map." (https://www.cia.gov/the-world-factbook/countries/burma/map) (2022/6/9)

Central Intelligence Agency. 2022d. "The World Factbook: Burma - Government." (https://www.cia.gov/the-world-factbook/countries/burma/) (2022/6/8)

Central Intelligence Agency. 2022e. "The World Factbook: Burma - Introducation." (https://www.cia.gov/the-world-factbook/countries/burma/) (2022/6/8)

Central Intelligence Agency. 2022f. "The World Factbook: Burma - Military and Security." (https://www.cia.gov/the-world-factbook/countries/burma/) (2022/6/8)

Chan, Aye, and Billy Ford. 2022. "As Myanmar Coup Spurs National Resistance, a Unified Nation Could Emerge." United States Institute of Peace, April 19 (https://www.usip.org/publications/2022/04/myanmar-coup-spurs-national-resistance-unified-nation-could-emerge) (2022/5/16)

Clapp, Priscilla A., and Jason Tower. 2022. "U.S.-ASEAN Summit: A Chance to Explore New Steps to Resolve Myanmar's Conflict." United States Institute of Peace, May 12 (https://www.usip.org/publications/2022/05/us-asean-summit-chance-explore-new-steps-resolve-myanmars-conflict) (2022/5/21)

Constitute. 2022. "Myanmar's Constitution of 2008." (https://www.constitute project.org/constitution/Myanmar_2008.pdf?lang=en) (2022/5/15)

GlobalFirePower. 2022a. "2021 Thailand Military Strength - Geography." (https://www.globalfirepower.com/country-military-strength-detail.php?cou ntry_id=myanmar) (2022/6/10)

GlobalFirePower. 2022b. "2022 Myanmar Military Strength - Manpower." (https://www.globalfirepower.com/country-military-strength-detail.php?cou ntry_id=myanmar) (2022/5/15)

GlobalFirePower. 2022c. "Active Military Manpower (2022)." (https://www. globalfirepower.com/active-military-manpower.php) (2022/7/7)

GlobalFirePower. 2022d. "2022 Myanmar Military Strength - Land Forces."

(https://www.globalfirepower.com/country-military-strength-detail.php?cou ntry_id=myanmar) (2022/5/15)

GlobalFirePower. 2022e. "2022 Myanmar Military Strength - Naval Forces." (https://www.globalfirepower.com/country-military-strength-detail.php?cou ntry_id=myanmar) (2022/5/15)

GlobalFirePower. 2022f. "2022 Myanmar Military Strength - Airpower." (https://www.globalfirepower.com/country-military-strength-detail.php?cou ntry_id=myanmar) (2022/5/15)

GlobalSecurity. 2021. "Myanmar / Burma - Introduction." (https://www. globalsecurity.org/military/world/myanmar/intro.htm) (2022/6/8)

GlobalSecurity. 2022a. "Myanmar History." (https://www.globalsecurity.org/ military/world/myanmar/history.htm) (2022/6/8)

GlobalSecurity. 2022b. "Tatmadaw - Defense Services / Armed Forces." (https://www.globalsecurity.org/military/world/myanmar/tatmadaw.htm) (2022/5/15)

GlobalSecurity. 2022c. "Myanmar - Army." (https://www.globalsecurity. org/military/world/myanmar/army.htm) (2022/5/15)

GlobalSecurity. 2022d. "Army Regional Military Commands." (https://www. globalsecurity.org/military/world/myanmar/army-orbat-1.htm) (2022/7/7)

GlobalSecurity. 2022e. "Myanmar Army Equipment." (https://www.globals ecurity.org/military/world/myanmar/army-equipment.htm) (2022/5/15)

GlobalSecurity. 2022f. "Myanmar - Navy." (https://www.globalsecurity.org/ military/world/myanmar/navy.htm) (2022/5/15)

GlobalSecurity. 2022g. "Myanmar Navy Equipment." (https://www.globals ecurity.org/military/world/myanmar/navy.htm) (2022/5/15)

GlobalSecurity. 2022h. "Myanmar - Air Force." (https://www.globalsecurity. org/military/world/myanmar/air-force.htm) (2022/5/15)

GlobalSecurity. 2022i. "Air Force Equipment." (https://www.globalsecurity. org/military/world/myanmar/air-force-equipment.htm) (2022/5/15)

Goldman, Russell. 2022. "Myanmar's Coup, Explained." *New York Times*, April 27 (https://www.nytimes.com/article/myanmar-news-protests-coup. html) (2022/5/16)

Harding, Brian, and Jason Tower. 2021. "Myanmar Coup Weakens Southeast Asia Security and Cooperation." United States Institute of Peace, April 13 (https://www.usip.org/publications/2021/04/myanmar-coup-weakens-southe ast-asia-security-and-cooperation) (2022/5/21)

Horsey, Richard. 2022. "One Year On from the Myanmar Coup." International Crisis Group, January 25 (https://www.crisisgroup.org/asia/ south-east-asia/myanmar/one-year-myanmar-coup) (2022/5/16)

International Institute for Strategic Studies. 2021. *The Military Balance 2021*. London: Routledge.

Jolliffe, Kim. 2017. "Security integration in Myanmar: Past Experiences and Future Visions." *SaferWorld*, May (https://www.saferworld.org.uk/ downloads/pubdocs/security-integration-in-myanmar.pdf) (2022/5/15)

Lieberman, Victor B. 2003. *Strange Parallels: Southeast Asia in Global Context, c. 800-1830*, Vol. 1, *Integration on the Mainland*. Cambridge: Cambridge University Press.

Maizland, Lindsay. 2022. "Myanmar's Troubled History: Coups, Military Rule, and Ethnic Conflict." Council on Foreign Relations, January 31 (https://www.cfr.org/backgrounder/myanmar-history-coup-military-rule-ethn ic-conflict-rohingya) (2022/5/18)

Ministry of Defence. 2015. *The Republic of the Union of Myanmar, Defence White Paper*. Naypyitaw: Ministry of Defence.

Ministry of Defence. 2022. "MOD Myanmar." (https://MODMyanmar) (2022/5/15)

Myanmar National Portal. 2022. "Ministry of Defence." (Ministry of Defense (myanmar.gov.mm)) (2022/7/5)

Myint, Tun. 2022. "How the Coup Shattered the Image of Myanmar's Military." *Diplomat*, April 21 (https://thediplomat.com/2022/04/how-the-coup-shattered-the-image-of-myanmars-military/) (2022/5/18)

Myint-U, Thant. 2006. *The River of Lost Footsteps: Histories of Burma. Farrar*. New York: Farrar, Straus & Giroux.

Myint-U, Thant. 2012. *Where China meets India: Burma and the new crossroads of Asia*. New York: Farrar, Straus & Giroux.

Myoe, Maung Aung. 2009. *Building the Tatmadaw: Myanmar Armed Forces since 1948*. Singapore: Institute of Southeast Asian Studies.

Myoe, Maung Aung. 2016. "Myanmar military's White Paper Highlights Growing Openness." *Nikkei Asia*, March 28 (https://asia.nikkei.com/Politics/Maung-Aung-Myoe-Myanmar-military-s-white-paper-highlights-growing-openness) (2022/7/2)

Myoe, Maung Aung. 2018. "Myanmar's Perspectives on National Security," in Ron Huiskened, ed. *Regional Security Outlook 2018*, pp. 38-40 (http://www.cscap.org/uploads/docs/CRSO/CSCAP2018WEB.pdf) (2022/5/15)

Selth, Andrew. 2013. "Burma's Security Forces: Performing, Reforming or Transforming?" Griffith Asia Institute. Regional Outlook Paper, No. 45 (https://www.files.ethz.ch/isn/173085/Regional-Outlook-Paper-45-Selth.pdf) (2022/7/12)

Wai Wai Nu. 2022. "The World Has Failed to Stand With Myanmar." *Foreign Policy*, February 1 (https://foreignpolicy.com/2022/02/01/myanmar-coup-military-anniversary-rohingya-violence-protests-un-security-council/) (2022/5/18)

絲路不是只有一條
滇緬之路早已開通，兼論中緬關係史

嚴智宏
暨南大學東南亞學系副教授

壹、前言

　　「絲綢之路」（Silk Road）通常是指西元前二世紀到十五世紀中葉，橫跨歐亞大陸的經濟文化通路。「絲綢之路」這個名詞在 1877 年由德國地理學家李希霍芬（Ferdinand von Richthofen）在其五大冊的地圖集裡首次出版，之後廣爲學界採用（National Geographic Society, 2022）。基本上，這條通道東起中國漢唐時代的京城長安／洛陽，經過戈壁沙漠、帕米爾高原、到今日的阿富汗、伊朗、伊拉克、敍利亞等國，到達地中海，再往西到義大利（羅馬是商品的集散中心，商品可以再往西運銷）。在整個路途中，有許多分支的路線，例如在天山就分南北路，全長 6,400 多公里。

　　絲路最興盛的時期，大約是從西元前 120 年代，一直到 1453 年奧圖曼帝國（Ottoman Empire, 1299-1922）滅掉東羅馬帝國、並關閉與西方的貿易爲止。這條路上絡繹不絕、往來販售的代表性貨物，主要是絲綢，以及寶石、珠玉、瓷器、茶葉、香料等。歷史上，取道這條

「絲綢之路」的人甚多，例如，東晉的法顯（337?-422）到印度去時，唐朝的玄奘（602-64）往返西天取經時，都走這條；義大利威尼斯人馬可波羅（Marco Polo, 1254-1324）東到元朝時也採這條路。

其次，有一條穿過東南亞的「海上絲綢之路」。它也有許多分支路線。例如，它可由印度東北沿著下緬甸航行，可到馬來半島、新加坡，再往北，到泰國、柬埔寨、越南的南端，之後折往東北，到中國、韓國、日本。反之亦然，可由日本、韓國、中國南下，經東南亞，再往印度[1]。歷史上取道此路的人不少。如東晉的法顯自印度返國時，禪宗祖師菩提達摩（Bodhidharma, ?-535?）東渡中國時，唐朝的義淨（635-713）、不空（Amoghavajra, 705-74）幾次來回印度、東南亞時，都採這條路。

第三，有一條古籍所稱的「蜀身毒道」（圖 1）（「身毒」是漢代對印度的譯名），有時也被稱為「南方絲路」或「西南絲路」。它從成都附近出發，穿越四川、雲貴／青藏、緬甸北部／泰北、孟加拉、印度東部，再延伸到印度北部、巴基斯坦、阿富汗，再到中亞。它與上述兩條同樣有許多分支。俯瞰之時，可知它是一個縱橫交錯的網路，繞經崇山峻嶺，穿越高山深谷；但是隨著時間推移，其路線也有變動。據《大唐西域求法高僧傳》，三世紀時，約二十個僧侶從四川牂牁道西行，往印度取經；牂牁道北起四川宜賓，南至雲南曲靖；從曲靖折往西，過昆明、大理，入緬甸，再到印度（義淨，1985）。只不過，此路較少被人採行[2]。

---

[1] 　可在某些地段上岸，經由大陸東南亞的河川或陸地來走，未必完全在海上。

[2] 　也有人主張，更北的草原上（破如蒙古大草原、歐洲東部的大草原）另有一條絲路。

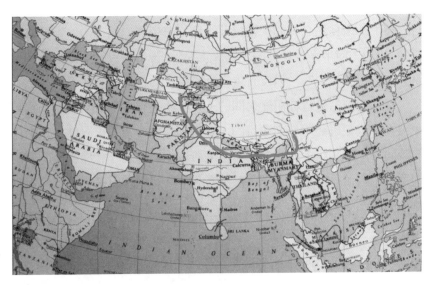

來源：Reed International Books（1993: 27）。

圖 1：連接川、滇、緬、印度、中亞的「蜀身毒道」

　　至今爲止，最爲人所知的「絲路」是「陸上絲綢之路」。如果藉由搜尋引擎來尋找，在中文的部分，最常被找到的結果往往是「絲路」＝「絲綢之路」，也等於「陸上絲綢之路」。其次，如果鍵入「海上絲綢之路」，系統會出現數以萬計的條目，其中主要是談論經過東南亞（如越、柬、泰、緬等）、南亞的海上通路，而且經常把它當成「陸上絲綢之路」的延伸或附屬者。例如，維基百科「海上絲綢之路」這條的首句就是「也叫陶瓷之路、香藥之路，是陸上絲綢之路的延伸」（維基百科，2022a）。至於經過緬甸北部、孟加拉、印度的「蜀身毒道」，則較不受重視[3]。這幾年，中國倡議的「一帶一路」大約就是陸上、海上絲

---

[3]　其可能的原因，本文在結語有簡要論及。

路的翻版；因為該名詞的全稱是「絲綢之路經濟帶和二十一世紀海上絲綢之路」，前半大致是「陸上絲綢之路」，後半大致是「海上絲綢之路」（盧冠安，2017），但沒有重視行經滇緬的古道。

本文要談的是行經滇緬之間的「蜀身毒道」。相對而言，歷來它較少被提起或被研究。本文之目的，在指出這個古道的重要性、其出現的時間（早於「陸上絲綢之路」）、其所經過的路途、它出境後所碰到的第一個國家（緬甸）、該國與中國的關係，以及中方在歷史書寫上對緬甸的態度等。

貳、文獻探討與分析架構

一、「蜀身毒道」及中緬關係

西方學界有人研究行經滇緬的相關通路。首先，法國的著名漢學家伯希和（Paul Pelliot, 1878-1945）考證出由交州、廣州到印度的古道。他的研究結果是，從廣州、越南的北部，確實有經過緬甸、通往印度之路：安南（越南）－交趾（越南）－太平－忠城－多利州－朱貴州－古涌步－湯泉州－曲江（廣東省）－通海鎮（雲南省）－安寧故城（雲南省）－靈南城－白崖城－蒙舍城（雲南省）－龍尾城－太和城－永昌郡（雲南省）－諸葛亮城（雲南省，近中緬邊界）－悉利城－驃國（今緬甸）－東天竺（今印度東部）－中天竺（今印度中部）（伯希和，2003）。其次，英國歷史學家哈威在《緬甸史》裡說，自西元前二世紀以來，中國以緬甸為通往西南方的國際貿易通路，其一路循著伊洛瓦底江，另一路循著薩爾溫江，此外還有一路循著彌諾江

（Chindwinr，今親敦江）經過曼尼普爾（Mannipur）乘馬需要三個月，到阿富汗（Harvey, 2003）。據此可知，西元前二世紀已有這條古道。

東漢史書明確記載了中緬兩國外交的概況。和帝永元六年（94年），永昌郡外敦忍乙王（緬王）遣使送犀牛、大象。永元九年（97年），撣國王（應該在今緬甸）遣重譯，奉國珍寶送到東漢首都。安帝永寧元年（120年），撣國王再次遣使到洛陽，送樂團及魔術師，其能變化、吐火、自行支解身體、更換牛馬頭顱，魔術師自稱海西人，海西就是大秦（羅馬帝國），撣國西南可通大秦（范曄，1986，《後漢書·南蠻西南夷傳》）。敦忍乙王在永昌郡（今保山）外，應該位於今緬甸境內。唐代時，驃國（緬甸）頗為強盛。唐朝史書記載了驃國的政治、經濟、地理、歷史及其與唐王朝的關係。德宗貞元十八年（805年），驃國王遣使把在地的音樂、歌曲、舞蹈團送到唐朝首都長安，使節團規模頗大，隨帶樂工 35 人，樂器 22 種，奏曲 12 種。憲宗元和元年（806），驃國再次遣使到唐王朝（歐陽修，1986，《新唐書·驃國傳》）。

綜上所述可知，在四川、緬北、印度間，在紀元前就有長途通道。這些羊腸小徑在高山、溪谷、莽林、溪澗之間，逶迤盤旋著，綿延至少三千多公里。它們大多起自四川（成都、雅安），經過雲南（昆明、普洱），延伸到西藏、東南亞（緬北）、印度（Forbes & Henley, 2011a）。它行經橫斷山脈、青藏高原，跨過或沿著幾條大河，例如金沙江（長江上游）、瀾滄江（湄公河上游）、怒江（緬甸的薩爾溫江之上游）、雅魯藏布江（布拉馬普特拉河上游）、伊洛瓦底江（緬甸）等。

在這些古道上運送的貨品，包括茶、馬、布匹、瓷器、鹽、羊毛、藥材、金銀等。這與地理有關：先以食物為例，一方面，青藏高原下，氣候較為溫暖濕潤，常有雲霧繚繞，這環境適合茶葉生長；而且雲南百姓嫻熟於種植茶樹，擅長把茶葉壓製成餅（如普洱茶），使其便於儲藏及運送。另一方面，在高山及高原地區的住民，受限於自然環境，而且離海較遠，空氣稀薄，日夜溫差大，因此蔬果生長不容易（也不產茶）；由於經常天寒地凍，於是需要高熱量的食物、油脂，因此在飲食上以食肉飲乳為主，又由於離海較遠，因此營養上缺了碘／鹽，日常少了蔬菜水果，維生素等養分的來源並不多元。而茶葉具有幫助消化、分解油膩脂肪的特殊功能，也可用於補充住民所需的特定養分，這正是高山及高原住民或遊牧民族所需的。在此情況下，茶葉、鹽巴等，是他們非常歡迎的物品。

再以其他產品為例。一方面，平原、丘陵、低窪等地方，大多已開墾為農田、水塘或作為民間住屋之用，無法用於畜牧；而無論是官方機構、民間商旅或役使都需要馬、騾等動物作為運輸工具，或為國防之用，其需求量甚大，通常供不應求。在另一方面，山上住著放牧者或遊牧民族，那裡盛產羊毛、馬匹、獸皮、藥材、麝香。又如，山上也出產稀有礦物、寶石、珠玉等，這在高原下通常能找到市場；例如，緬甸玉就是遠近馳名的熱門商品。另外，山下盛產布匹，項目有棉布、麻布、絲綢等，還有品目繁多的日常用品，像是鍋碗瓢盆、簍筐、服飾、化妝品、手杖等不勝枚舉，這些生活用品或奢侈品，山上較不容易取得。

於是，互有不同需求、彼此能夠提供、具互補性的貿易應運而生。換句話說，一方面是許多人有需要，另一方面也有許多人能夠供應，因此雙方的經濟貿易交流就此展開；買賣、運送的人群應運而生，他們把各種商品（如茶葉、羊毛、布匹等）川流不息地運送於四川、雲南、緬甸、印度之間。兩千一百多年以前，這些通路已經存在，張騫可以作證；大約一千年前，這些古道也已經是四川到印度之間的活絡通道。上述的古代通道並不只一條（line），而是一個面積廣大的網路（network），有主幹道，也有眾多支線，主附路線構成網狀的道路系統，不只是橫跨川、滇、黔、青、藏，還縱向延伸到緬甸、印度（孟加拉）、中亞。

再從考古文物來看「蜀身毒道」。雲南晉寧西漢（西元前 206-西元 8 年）墓出土了數以萬計的環貝；晉寧位在群山高地間，既不臨海也不產海貝。這些外來的大量環貝，應該是輾轉從印度、緬甸（以上位在晉寧西邊）運到的，或由交、廣（以上位在晉寧東邊）、中原（位在晉寧東北方）運達。若把晉寧、鄰近出土海貝之各個地點給連接起來（例如四川岷江上游、雲南大理、楚雄、昆明、曲靖、乃至緬甸），則可劃出一條經濟文化的通路。這條路是「蜀身毒道」的一部分。

簡言之，自西元前二世紀以來，緬甸就是國際交通網路上很重要的國家。緬甸是中、印之間的通道，該國可以使商貿通，應該也可以使商貿停止（如上述的「昆明夷」那樣）。以上是中、緬、印之間早期的往來交通之概況，也可算是中緬之間的外交關係史之一。

二、中緬關係

在既有論說中，早期的中緬關係較少引起注意，中方本身也不很注重。在當今廣泛被人檢閱的維基百科裡，「中緬關係」條最早的一項是「三國」，內文只有短短一句「蜀漢在益州南方置永昌郡，範圍包含緬甸克欽邦」。接著跳到「元朝」，忽略蜀漢（221-63）到元朝（1271-1368）之間一千多的年歷史。「元朝」項下的內文，只有「1277 年至 1287 年間，元帝國元世祖忽必烈率軍攻打緬甸蒲甘王朝而引發的戰爭。戰爭以元軍勝利、元軍占領蒲甘城後蒲甘王朝淪爲元朝附庸國」。

近現代的中緬關係較引起注意，但在立場上偏向中方。例如，維基的「明朝」項下有三段，篇幅比之前的稍多，第一段是「1381 年（明太祖洪武十四年），朱元璋派大將沐英出擊雲南擊敗忠於元朝的梁王把匣剌瓦爾密勢力後…明軍將雲南納入版圖」，第二段提到「明廷在雲南『外圍』設有六個鬆散的土司宣慰司」，其位置大都在緬甸境內，「1446年形成三宣六慰」，第三段的結尾是「萬曆初年（1573- ）…六慰都已爲東吁所有」。接著在「清朝」項下是「1762 年-1769 年…清朝與緬甸激戰，結果是雙方簽訂和約，清軍退回雲南」。「中華民國時期」項下講述二戰時期遠征軍收復滇西，以及國共內戰後蔣中正要求部屬滯留泰北、成爲孤軍。中共時期（1949-）講排華、領導人訪緬以及對緬之各種援助。

從上述文字可知中方的態度[4]。該條以「中緬關係」爲題，處理中緬雙方近兩千的關係史。一，編寫者在「三國」條裡沒提到張騫通西域時所蒐集、關於緬甸早期的一手資料；那些資料顯示，緬甸在紀元前二世紀就已經存在，並在國貿上扮演重要角色。二，該條沒提到雙方在三國（220-80）與元朝（1271-1368）之間千年的關係，其原因可能是南北朝時（約 317-589）中方內亂，無暇顧及緬甸；唐朝時（618-907）除了緬甸「進貢」幾次外，雙方沒有多少正式外交；五代宋時（907-1271）積弱不振，自顧不暇。三，該條提到元朝曾經打敗緬甸使其淪爲附庸國，此乃中緬開戰、中國戰勝的少數例子，因此必須書寫，但沒提到

---

[4] 該條的立場偏向中方，其所引用的資料大多屬於中共官方、媒體及學界的，在篇幅上以中共爲重（佔三分之一強），因此應該是中國人所寫的。

之後元朝撤兵之事。接著提到明朝把雲南納入版圖，因其為「光榮」之事，故而必須寫；又指緬甸不斷進攻明土司、吞併屬地，明朝所設之宣慰司大都失守。接著提到清緬激戰，之後雙方簽訂和約，但沒提到中方傷亡甚慘。最後提及緬甸排華，但沒提到為何被排斥。四，紀元後共約兩千年的時間，只佔該條篇幅三分之一，而「中共」的部分就佔了三分之一強。綜上所述可知，該條為中方之看法，重視政軍層面，較多講述中方「優勝」事，尤其是中共成立後對緬甸的友好支持。

從該條文字也可以看出中方的深層心態。一，雖然名為「中緬關係」，但是基本上站在中方的立場，並未考量到緬甸的立場。二，以較高的位階來觀看緬甸；比如在遣詞用字上出現「置…郡」，意指官方的政治勢力已達該地，又如緬甸淪為「附庸國」，意指中方為緬甸的宗主國。換言之，就是中方以管理者或征服者之姿去看待緬方。三，把緬甸視為難纏的對手、麻煩的製造者或不易處理的對象；比如說其不斷進攻明朝直接間接所管轄之屬地，又如 1960 年代緬甸出現大量排華活動。四，大都引用中方資料，幾乎沒有使用緬方資料。五，偏向講述中方「引以為榮」之事件（包括今天能影響緬方），很少提到負面（如清緬之爭屢戰屢敗），也忽略緬方之成就，沒提到對方在合情合理合法的情況下之作為。六，在時間上，偏重短時間的、對中方有利的事件，沒有談之後的、長期的情況（如緬方成為「附庸國」之後再度脫離控制）；也就是說，忽略了過去共約兩千年的時間裡的常態。

要言之，它試圖以單一的點去連成線，再以線去組成面，藉以形構全面的印象。其目的似乎在於，要形成一個印象：兩千年來緬甸就是被中方所掌控。然而本文要說，長期以來，中方不大能掌控緬甸（近幾十年來除外）。

三、分析架構

我們所讀的歷史書，經常是勝利者、征服者所寫的。官版史書裡所記載的，不一定是眞正的事情；而眞實的事情，未必被寫在官版史書裡。官版史書所強調的，可能有其背後隱藏之目的；而官版史書所不樂意論述或沒提到的，很可能是其痛處或瘡疤。歷史書寫可能會無中生有，刻意建構出一些過去不存在的傳統；它可以創造久遠的過去，可以扯上歷史事件，可用半虛構的小說化手法讓「傳統」出現，也就是引用過往的歷史來對自己目前所做的事情自圓其說、凝聚共識（霍布斯邦等，2002）。

另一方面，官版史書可能會掩蓋事實。例如，根據中共官方的歷史書寫，西藏自古屬於中國，至少從「五胡亂華」（四世紀初）、文成公主（623-80 年）入藏以來都是，因此西藏是中國不可分割的一部分。中國把西藏併入版圖、納入其世界觀的框架裡，這漠視了、隱蔽了西藏本身的歷史。在地的藏人認爲，西藏是一個獨立的國家，並非任何其他國家不可分割的一部分；認爲西藏是中國一部分的思維，源自中國的「普天之下，莫非王土」論述。因此，我們在研讀歷史書寫時，必須保持清醒的眼光。

俄人庫日茗（S. L. Kuzmin）《被隱藏的西藏：獨立古老王國與被佔領的歷史軌跡》一書，就有這樣的精神。他檢閱了世界各國對西藏史的不同敘述，並提出其分析，認爲西藏是個古老的王國，自古不屬於中原，其本身的歷史被中共官方蓄意隱蔽了。中共堅持認爲，中共繼承了大蒙古帝國、滿清帝國的「遺產」，在那「遺產」的架構裡，西藏是兩大帝國的邊疆、一小部分。然而作者認爲，那是中共所建構的歷史論述，那種論述是經得起檢驗的嗎？中共將西藏納入其版圖，實不合法。庫日茗（2021）還認為，西藏是一個被佔領的國家。

參、蜀身毒道

一、西漢朝

本文將在古籍的基礎上，討論中緬關係。上述行經滇、緬、印度、孟加拉等地的古道有其重要性。時間上，它在通常所說的「陸上絲綢之路」出現之前，就已經存在了。至於它比「陸上絲綢之路」早多久的時間出現？目前我們無法確定，然而可以確定的是，它肯定比「陸上絲綢之路」更早。從張騫通西域的紀錄中，就可證明這件事。

張騫出使西域，回到西漢朝廷時，在元狩元年（西元前 122 年）向武帝稟報。他說（司馬遷，1986，《史記‧大宛傳》）：

> 臣在大夏時，見邛竹杖、蜀布，問曰，「安得此？」大夏國人曰：「吾賈人往市之身毒，身毒在大夏東南可數千里，其俗土著，大與大夏同，而卑濕暑熱云。其人民乘象以戰，其國臨大水焉。」以騫度之，大夏去漢萬二千里，居漢西南，今身毒國又居大夏東南數千里，有蜀物，此其去蜀不遠矣。」

類似的記載，張騫向漢武帝報告說（班固，1986，《漢書‧西南夷傳》）：

> 居大夏時，見蜀布、邛竹杖，問所從來，曰，「從東南身毒國，可數千里，得蜀賈人市。」或聞邛西可二千里，有身毒國。騫因盛言，大夏在漢西南，慕中國，患匈奴隔其道，誠通蜀身毒國，道便近，有利無害。」

綜合上面兩段引文可知：張騫出使西域，被匈奴居留十年後，趁機逃往大夏國（在今中亞），在該國市場上見到由川邛地區輾轉運到大夏的蜀布、邛竹杖，他很驚訝，問它們是哪來的？大夏國的人回答說，「我們的商人到身毒（印度）去做生意，買到這些川邛地區的商品；身毒國位在大夏國的東南方，有數千里之遙⋯那裡濕度高、天氣熱⋯他們國家瀕臨大海。」張騫又獲知，川邛以西約二千里就是身毒國；他據此判斷身毒國與四川之間，在空間距離上並不遠，因此他建議武帝試通蜀身毒，那樣就可以再往北、通到大夏，不必經過中國北方（北方有匈奴）。

從上述兩條資料可知，四川、印度間，在張騫到達大夏之前（西元前 129 年）必定已有往來，而且應該有經過緬甸。一，蜀布、邛竹杖是大夏國商人在印度買到的，因此四川、印度之間必有直接或間接的往來。由於雙方有往來，因此大夏國商人方有可能在印度買到蜀布、邛竹杖，它們才會輾轉再被運送到大夏。如果四川、印度之間沒有往來，則張騫在大夏時不可能見到蜀布、邛竹杖。二，從四川出發，經緬甸、到印度，應該會比老遠繞一大圈、由四川北上、經由「河西走廊」再往西北到大夏更為方便。三，當時若要老遠繞一圈，通過「河西走廊」到大廈，很可能在路途中被匈奴所執（匈奴當時據有中國的北方、西北方土地），就如張騫被匈奴居留十年（西元前 139 至西元前 129 年）。四，在張騫到大夏之前，蜀布、邛竹杖先一步到了；其所憑藉之路是「蜀身毒道」而非「陸上絲綢之路」。

「蜀身毒道」至少分為南、西兩道。首先，南道由四川成都出發，到宜賓、昭通、曲靖、昆明、楚雄、大理、保山（永昌），在騰衝或德宏附近出境，進入緬甸（撣國），再到印度（身毒）。其次，西道由四川成都出發，到邛崍、蘆山、瀘沽、西昌、鹽源、大姚、祥雲、大理，接著與南道會合，往西，進入緬甸（維基百科，2022b）。

這些路上，常有攔路虎。漢武帝派張騫往西南開路，張騫從蜀地到夜郎（今貴州省），希望能通到印度，但是被路上的「昆明夷」阻擋，無法通行，因為「昆明夷」也想經營漢朝與印度之間的國際貿易。由於漢使被阻，於是西元前109年，漢武帝發動巴蜀軍，攻打「昆明夷」，雖然斬首對方數十萬人，但是依然不能通行。由此可知「昆明夷」的力量頗為可觀，而且一路上理當還有其他勢力，類似「昆明夷」那樣攔路。東漢明帝永平十二年（西元69年），漢朝的勢力才達到滇西邊境，設立永昌郡，管轄雲南、緬甸北部一帶，直接與緬甸接觸（東初，1972）。

二、漢朝之後

由於篇幅及時間所限，本文只以代表性的事件（清緬之戰）為例。清緬之戰是清、貢榜王朝（1752-1885）為了邊界的領土及資源控制權，爆發了一連串戰事。這場戰爭（1765-69）可以說是清史上最慘烈的邊疆戰爭之一（Dai, 2004），其結果是雙方簽訂和約。

有趣的地方是，雙方記載不同，而且差異不少。1758年緬王雍籍牙（1752-1760在位）要求兩國邊界的土司們繳交稅款糧食，並且歸順，以擴增創立未久的王朝之財勢；其中，有土司不願意繳稅也不想臣服，於是向雲南官府請求保護，而當時乾隆帝（1736-95在位）忙於新疆戰事，故而傾向息事寧人，最好無事。但1765年由於緬甸攻打暹羅（泰國），需要巨額糧食、大量經費，因此向各地索錢要糧、徵用民伕。

　　清緬雙方對第一次戰役的記載不同。1765 年乾隆已忙完新疆戰事，於是雲貴總督劉藻派兵緬甸，但無功而返。之後緬軍又深入雲南境內，甚至向清朝宣稱車里（今西雙版納）已被納為緬甸之領土。劉藻派兵馳援車里，但是被緬軍包圍，其部屬所率領的清兵也陷入緬軍的埋伏、潰散，乾隆聞奏大怒（趙爾巽等，2021，《清史稿‧屬國三‧緬甸》）。緬方的記載是，緬甸聖上派遣兩萬軍旅前往討伐暹羅；緬軍出發後，清朝雲貴總督劉藻進襲緬甸，守軍堅守城門，接著打敗圍城的大批清軍，之後一路追殺、攻到雲南普洱，並於普洱擊敗清軍（Myint-U, 2006: 100-101）。

　　第二次戰役，雙方的記載有很多不同。清方的紀錄是，1766 年乾隆改派楊應琚擔任雲貴總督；楊總督認為緬軍是土匪，散沙一盤。其就任之後，趁緬兵撤兵之時攻入緬境，兩個土司管轄地被清兵佔領，於是總督志得意滿，地方官員也認為戰事甚為樂觀。楊又進兵，號稱「發兵五十萬，大炮千樽」（其實清兵當時總數不足千人）。然而緬兵撤退時一路堅壁清野，清兵幾無所獲。後來兩軍遭遇，緬兵發動攻擊，緬方有洋槍，而且對水土、環境都能適應及熟悉；交戰數日，互有傷亡，但是清兵受傷較慘。緬軍人數不到六千，但清兵以「殺敵六千、大捷」上報。

　　此時清方仍想征服緬甸，而緬兵（自知主力部隊遠在泰國、暫時無法趕回），無心戀戰，於是請和。可是清兵要求緬甸投降、奉表稱臣，雙方的終極底線不合，談判破裂；清兵已無法久留，於是撤退。緬軍進軍，清兵「轉進」，但楊總督仍以捷報上奏。1767 年，二千清兵馳援，遭遇緬軍，損失頗大，但楊總督上報殺敵四千。這種情況被派往雲南巡訪的宮中侍衛得知，乾隆獲報後震怒，將楊總督逮捕進京賜死。

乾隆仍輕視緬甸，還在思考征服緬甸之後將如何統治，同時命兩廣總督告知暹羅，若緬王戰敗逃往暹羅，務必追拿；乾隆不知暹羅已被緬軍滅亡，還改派明瑞接任雲貴總督（趙爾巽等，2021，《清史稿·屬國三·緬甸》）。

緬方的記載不同。1766 年夏，楊應琚接任雲貴總督，直取上緬甸，並計畫征服全緬。緬方早已探知其計畫也預作準備，他們誘使清軍深入緬境再予以圍攻；於是先放棄某陣地，移防至恭屯，恭屯有俘獲的法國火砲部隊。清軍很快佔領某陣地，遂有輕敵之心，並轉至恭屯，但是被緬軍包圍，其退路甚至被緬軍截斷。當時清軍已水土不服，數千士兵染病，千人之中有八百死於疫病；清軍糧道斷絕、士卒苦病，又遭緬軍夾攻，終於大敗，緬軍隨後進入雲南，佔領八個土司城（Myint-U, 2006: 100-101）。

第三次戰役的記載也有許多差異。1767 年，明瑞到任，獲援兵二萬五千，於是分兩路進軍。明瑞認為若直搗緬甸首都，即大功告成。兩軍遭遇，初時清兵告捷，乾隆聞訊大喜，明瑞則更為輕敵，繼續深入。數日之後，因為緬軍堅壁清野，而清兵糧已盡、人已乏、馬已疲，無力攻城。緬軍探知，於是反攻，清軍將士多人戰死或被俘。1768 年（緬甸已把泰國滅掉），緬兵數萬把清兵團團圍困，明瑞突圍、身受重傷，自縊而死；乾隆聞訊非常憤恨。此時緬甸由於征戰多年，已無心再戰，於是發文議和，而乾隆憤恨，置之不理，下令增兵，準備再度進軍。此時部屬有人上奏，提出異議，指征緬困難，不如招安；乾隆憤而將其降職調任（趙爾巽等，2021）。

緬軍記載的是，1767 年緬軍由某甲守恭屯，抵禦北來的清軍，由某乙帶兵抵抗東北方的清軍。起初清軍獲勝，緬王下令在泰的部隊回國。1768 年初，緬甸王力排群臣勸諫逃亡之議，親率緬軍與清軍作戰；游擊隊則破壞清軍的補給線。清軍改攻為守，北路清軍戰敗。從暹羅回防的緬軍大大增加戰力，一部分乘勝追擊清軍，一部分抄近路攔截清軍後路，結果清軍大敗，三萬清軍大都戰死，被虜兩千五百人（Myint-U, 2006: 102-103）。

　　第四次戰役的記載有更多差異。1769 年，乾隆派傅恆征緬，預計兵分兩路，直取首都。但因為氣候不適，忽晴忽雨，山高地滑，道路泥濘，因此大舉征緬的消息已經先到一年，而傅恆久久未抵緬甸。緬兵已探知清兵進攻之方向，因此調集了主力，準備與清兵對峙。清兵號稱六萬，但實際到前線者只有一萬八千多人。日益加重的瘴癘之氣，使清軍士卒頗多病疫。緬軍的人數應有三萬，他們挖掘許多深坑，讓士卒隱藏目標、躲避炮火；清兵從遠處觀察，誤以為緬兵甚少，於是發動攻擊，但多次進攻都被擊退。兩軍水師也交戰，緬兵遜色，一時清兵士氣大振，但陸上用兵都失敗。此時大批緬兵馳援，炮轟清兵水師致其被迫撤退。此時，清緬雙方都已作戰多年，精疲力盡；緬兵要求停戰，傅恆之部屬大都無意再打，於是同意停戰。（上奏乾隆「因本年瘴癘過甚，交多未減」，兵三萬一千，僅存一萬三千餘（實際前線清兵不到一萬九，為了誇大疫情，因此浮報前線兵員人數，傅恆本人也臥床）。幾經交涉後，雙方正式簽約議和，於 1770 年結束戰爭（趙爾巽等，2021，《清史稿‧屬國三‧緬甸》）。

　　緬甸的記載較為詳細。1768 年，傅恆抵達雲南，麾下約六萬人。緬軍計畫把清軍阻絕於境外，不讓清軍深入緬甸；他們遣將分兵，以對抗入侵之清軍，另外有一支部隊負責截斷清軍補給線。緬軍內部，還有一支由法國人帶領的火槍隊。1768 年底，清軍攻佔八莫並建造堡壘、戰船，然而預計沿伊洛瓦底江兩岸南下的清軍並未成功，西岸清軍遭遇緬軍之後撤退，東岸清軍也無進展。江中的清軍戰船全被緬軍戰船擊沉。清軍轉攻恭屯，但緬軍堅守一個月，擋住清軍的數波進攻。這時，清軍遭受疾病襲擊，情況嚴重，傷亡甚多，傅恆本人一病不起。截斷清軍補給路線之舉奏效，軍隊隨後攻擊清軍背後，清軍完全被包圍。緬軍進攻，奪下清軍的堡壘。

由於清軍損失約兩萬兵力、多數裝備，因此要求和談。很多緬軍將領反對和談，因為他們認為清軍已經無法再戰，緬軍可以甕中捉鱉，輕易殲滅清軍。但是統帥曾經與明瑞總督作戰，認為剿滅清軍只會使清廷派更多軍隊來攻，他預測如果與清朝打長久的消耗戰，將會把自己的國家帶向毀滅；他在尚未呈報緬王的情況下，與清軍和談。1769年12月兩軍簽訂和約，之後清軍離境北歸（Myint-U, 2006: 103-104）。

和約內容的差異甚大。清緬和約之正本並沒有被保留下來，雙方軍旅向各自君主呈報的內容也有出入，雙方戰後之往來交涉，還拖延了二十年。清朝方面的記載是：

1. 緬甸遵照古禮，奉表進貢。
2. 緬甸釋放所有戰俘。
3. 緬甸永不侵犯天朝邊境。

而緬甸方的記載則是：

1. 逃往雲南的所有緬屬土司，清朝都須交還給緬甸，並承認緬甸對所屬土司的主權。
2. 所有戰俘一律釋放。
3. 商道重新開放，准許兩國商販自由貿易。

4. 每隔十年，兩國君主交換使節，互通友善書信，並致贈禮物。

這個和約的問題很大。從表面上看起來，略似乎「一個和約，各自表述」（亦即文字相同，但是各自解讀），如果是這樣，那還比較容易處理。然而嚴重的地方是，文字內容上有很多不同處。從和約的文字內容可知，雙方各挑有利於自己的來列舉，開出自己所要的條件。清廷非常注重面子，要緬甸善盡自古以來的禮數，要對清廷低頭，而且永遠不可以侵犯邊境；既然如此，清廷當然不承認緬甸對於邊境土司的主權。而緬甸很注意裡子，也就是要讓兩國人民可以自由貿易（中方內需市場大，因此關起門來也可以過活，常常認為不需要與「番邦」進行貿易）；既然如此，緬甸百姓就可以自由地進行國際貿易，而不必只依靠「進貢」的方式由特定人士或群體來從國貿。清緬雙方唯一的共識，是要釋放戰俘。

從和約裡，可以看出清廷的思維。一，心理及階序上，清廷以高姿態及高位階來俯視緬甸。在停戰和約裡，清廷自稱「天朝」，而其背後的意思是，相對來說，緬甸是屬國（此乃中方引以為榮之事）而不是「上國」。對此，緬甸當然不同意。二，行動上，清廷要緬甸奉表進貢。要奉表（不是平等的兩國文書）則應該稱臣，要進貢（不是贈送小小的伴手禮）則必須向天朝皇帝磕頭；如果這樣，就確認了緬甸之位階低於清廷，是「附庸國」，證明清廷的影響力已達該國。對此，緬甸沒有寫在條約裡。三，位置上，清廷是中央，而緬甸在邊陲。之所以說緬甸在邊陲，是因為和約裡寫著「永不犯天朝邊境」，亦即緬甸位在邊境外，清廷要緬甸看邊進貢、永不侵犯天朝的邊境。若把它放在「曼陀羅」的概念來觀察，則清廷位在曼陀羅中心，而緬甸位在邊陲。

對此，緬甸沒有寫在條約裡。四，管轄權上，清廷認為土司是其管轄的對象之一，有人及土司「慕義來歸」、「既來之則安之」，豈有退還給夷邦之理。而緬方要清廷把逃往雲南的緬屬土司全都交還，並承認緬方對所屬土司（可能緬甸剛取得某些土司）主權。對此，清廷沒有寫在條約裡。五，性質上，緬甸是難纏對手、麻煩製造者或不易控制的對象。在兩國多年的戰爭裡，緬甸讓清廷吃足苦頭，造成人力、物力、財力的巨大損失，因此清廷要緬甸「永不犯天朝邊境」，亦即（內心知悉緬甸之強悍）以條約要求其不再製造麻煩，最好能被中方掌控。對此，緬甸沒有寫在條約裡。

簡言之，在這個和約裡，雙方各說各話。清廷乾隆皇帝要禮數，要面子，自認清朝是高高在上的「天朝」，連邊境都不可被侵犯，何況是內地。緬方要的是裡子，要兩國平起平坐，每隔一段時間兩國的首長交換使節、互贈禮物（不是「進貢」），人民也可以享受自由互市之利。雙方唯一同意的是釋放戰俘。必須特別說明的是，乾隆在 1767年時已被緬甸打敗數次，但仍輕視緬方，甚至思考征服緬甸之後將如何統治緬甸，同時命令兩廣總督通知暹羅說，如果緬王戰敗、逃往暹羅，一定要追拿，渾不知暹羅已被緬軍滅掉。之後，乾隆皇帝（自稱「十全老人」）把征緬當成其「十全武功」之一（莊吉發，1987），自己往臉上貼金。

必須說明的是，緬甸的戰鬥力很強。例如，清緬戰爭時，一方面，乾隆皇帝數次調派重兵大將，以該國的精銳部隊奔赴戰場、「征討」緬甸，但並未成功，反而屢戰屢敗；另一方面，緬甸真正的主力部隊當時遠在暹羅攻打阿瑜陀耶王朝（1350-1767 年），並對該王朝及國家予以毀滅性打擊（Wyatt, 2003）。因此，緬甸以守備部隊就打敗清廷的勁旅；當然，主力部隊回防後戰鬥力更強。數十年後，緬甸在與大英帝國的戰爭裡（1824-1826）曾經擊退英軍，但後來英國增兵、以最新槍炮馳援，所以緬甸先勝後敗（Blackburn, 2009）。雖然如此，仍然可以見到緬甸的強勁。

肆、結語

世上的「絲路」至少有三大系統，一是「陸上絲綢之路」，二是「海上絲綢之路」，三是「蜀身毒道」。中方非常樂意講第一個，但不很樂意講第三個，雖然在時間上它最早開通；隱藏在此背後的心結是，中方不大能掌控它，在過去兩千年的時間裡也常常不能掌控緬甸（由於地緣政治、因緣際會，近幾十年可以強力影響緬甸，於是中方要強調這一段）。

本文從「蜀身毒道」出發，談此一古道的角色（該古道經過緬甸，更精確地說，是一出了國境就到緬甸），兼論中緬關係。中方熟知緬甸之強，緬方往往不聽中方的指令，反而期待「平起平坐」（畢竟緬甸常有主體性，不願意聽中方命令），而「平起平坐」、「不聽號令」是中方無法忍受的。因為依照中方的世界觀或世界體系，中國在正中，階層最高、權力及能力最大、資源最豐富，而其他國家是弱小番邦、位在邊陲。在談論兩國關係時，中方常常只談論短暫的、有利於己的「點」，但是不樂於提到長期、常態、無法控制緬甸的「線、面」。如果談，有損其「光榮」。

在中方的歷史書寫裡也是。有些是中方所不樂意寫的。例如，緬甸雄強的部分經常被中方漠視，連帶也不喜歡談「蜀身毒道」：一，在起始點上，此道並非從京城出發（而官方所喜歡的「絲路」是由帝國京城出發的，是最富庶／最高貴／最精華的長安城出發的，也是中央政府所能掌控的）。二，在年代上，此道比官方喜歡談的路更早（張騫通西域、武帝征服「河西走廊」後，才開通官方愛談的路）。三，在角色扮演上，此道是由地方、商人、外族和外國所經營的（也就是光憑外族及外國就能妥當經管，而不是靠帝國／帝王來經營主導的）。四，在商品上，此道所流通的，是地方特產的布匹、老人或身障人士用的拐杖、平地人不看重的鹽等（而官方喜歡的路上所出口的核心商品，是國際認可、高端、高價、搶手的絲綢）。

在「自我中心、唯我獨大」的心態下，「蜀身毒道」相對而言是不被看重的，也是其不樂意多談的。實際上，從中方自己留下的資料可知，早在「陸上絲綢之路」出現以前，滇緬之間已有（至少）一古道存在；但尷尬的是，在時間上，那條庶出的、並非嫡系的「蜀身毒道」竟然比官方所經管的、令其備感光榮的「陸上絲綢之路」還早出現。那麼，如果承認並強調此「蜀身毒道」，那就等於承認並強調上國天朝在掌控主要的政經國貿文化等事務的能力上、在時間或辦事速度上、在高瞻遠矚及運籌帷幄上、在所流通的主要商品上，不如外族及外國。簡言之，中方往往無法完全控制此道，含此道的第一站（緬甸）。想要說什麼，就拿出有利自己的資料，但是忘了還有其他資料在，那些資料是該國本身早在兩千年前就留下的[5]。

本文還以清緬之戰為例，來談中緬關係史，以證中方的上述態度。乾隆帝在幾度吃了敗仗之後，說，「堂堂大清勢當全盛，殄此醜類，於

---

[5] 「絲綢之路」往東還可連接韓國、日本，但是常被中方忽略。

力有何不給,而肯效掩耳盜鈴,恬不爲恥耶?」(趙爾巽等,2021,《清史稿・屬國三・緬甸》)意思是鼎盛的大清帝國,當然有能力滅掉此醜惡之類(指緬甸),怎可不知羞恥?乾隆更深層的心態是,堂堂上國天朝(其爲天朝的今上)卻多次敗給了他瞧不起的邊疆小邦,他掩不住那奇恥大辱,豈能就此束手、善罷甘休?他惱羞成怒,憤恨難消,認爲清朝當然有辦法處理掉「醜類」,他非雪恥復仇不可;於是他一再徵集重兵,揮軍緬甸,但是依然無法征服。他之後的行爲有些掩耳盜鈴,稱自己征服緬甸,還把它列爲「十全武功」之一,而沒有說勞民傷財、死傷慘重的狀況。

　　清緬之戰再度證明緬甸的強勁,以及中方常常無法掌控緬甸。在此之前,其實中方只能短暫掌握、但往往無法控制緬甸(例如,從漢朝至明朝至少一千七百年以上時間)。在此之後,中方也經常無法控制緬北、泰北的勢力(例如,無法應對近代英法兩國在那裡的影響力、二十世紀中葉的反共軍旅等)。順帶一提,晚近類似(但並非緬甸)的情況是:中共查禁「習維尼」、「習禁評」、「反送中」、「港獨」、「法輪功」等名詞,不勝枚舉;新近的例子是,普廷查禁烏俄戰爭裡「烏克蘭較優」的消息,還曲解「烏克蘭老婦執俄國國旗」的事件。期待那些國家跳脫「自我中心、唯我獨大」思維,平等對待其他國家,瞭解各國的在地思維、地方知識,以開拓其多元豐富的知識結構。

參考文獻

司馬遷，1986。《史記》。台北：商務印書館。

伯希和（馮承鈞譯），2003。《交廣印度兩道考》。中國北京：中華書局。

范曄，1986。《後漢書》。台北：商務印書館。

東初，1972。《中印佛教交通史》。台北：中華佛教文化館。

班固，1986。《漢書》。台北：商務印書館。

庫日茗（S. L. Kuzmin，賴育寧譯），2021。《被隱藏的西藏：獨立古老王國與被佔領的歷史軌跡》。台北：雪域出版社。

莊吉發，1987。《清高宗十全武功研究》。台北：中華書局。

義淨，1985。《大唐西域求法高僧傳》。台北：商務印書館。

趙爾巽等，2021。《清史稿》。中國北京：中華書局。

維基百科，2022a。〈海上絲綢之路〉（https://zh.wikipedia.org/zh-tw/海上丝绸之路）（2022/9/19）。

維基百科，2022b。〈蜀身毒道〉（https://zh.wikipedia.org/zh-tw/蜀身毒道）（2022/9/19）。

歐陽修，1986。《新唐書》。台北：商務印書館。

霍布斯邦等（陳思仁等譯），2002。《被發明的傳統》。台北：貓頭鷹出版社。

盧冠安，2017。〈一帶一路為何難以成功？「絲路」大建設的事實與虛幻〉換日線，5月22日（https://crossing.cw.com.tw/article/8037）（2022/9/6）。

Blackburn, Terence R. 2009. *The Defeat of Ava: The First Anglo-Burmese War, 1824-26.* Bangkok: White Lotus.

Dai, Yingcong. 2004. *A Disguised Defeat: The Myanmar Campaign of the Qing Dynasty.* Cambridge: Cambridge University Press.

Forbes, Andrew, and David Henley. 2011. *Traders of the Golden Triangle: A Study of the Traditional Yunnanese Mule Caravan Trade*. Chiang Mai: Cognoscenti Books.

Harvey, G. E. 2018. *History of Burma: From the Earliest Times to 10 March 1824: The Beginning of the English Conquest*. Oxford: Routledge.

Myint-U, Thant. 2006. *The River of Lost Footsteps: Histories of Burma*. New York: Farrar, Straus & Giroux.

National Geographic Society. 2022. "The Silk Road." (https://education. nationalgeographic.org/resource/silk-road) (2022/9/6)

Reed International Books, 1993. *Philip's World Atlas*. London: George Philip.

Wyatt, David K. 2003. *History of Thailand*, 2nd ed. New Haven, Conn.: Yale University Press.

緬甸語言教育政策的「內部殖民」現象

林大鈞
暨南國際大學東南亞學系碩士班研究生

壹、緒論

緬甸語言教育政策的制定方向，與近代緬甸在推行「緬族化運動」的「國族建構」過程高度相關；而緬甸國族建構的原因，又可以追溯到十九世紀末英國的殖民統治對其造成的影響：殖民印記所帶來的民族恥辱感、「分而治之」（divide and rule）政策造成各民族間存在差異感與低度向心力，加之「民族主義」思想的傳入，都成爲影響日後翁山（Aung San）、吳努（U Nu）、及奈溫（Ne Win）等曾經求學於仰光大學的往後各時期的領導人們在施政方針上的催化劑。緬族政府試圖透過以緬語爲霸權主體的單一語言教育政策，壓迫少數民族的「他者」，希冀藉此達到「我們」的民族建構目標，認爲此舉可以達成一個穩定的國家。然而，從施政的整個過程與結果來看，種種的壓迫並沒有達成預期的目標，反而離目標越來越遠。

由於語言教育政策的發展有很大部分是取決於當時的政治背景，因此，本文的論述軸線將以政治史的角度作爲時代劃分的歷史維度，嘗試透過「政治歷史背景」、「語言教育政策」、「內部殖民現象分析」等三個層次的劃分，先從英國殖民時期（1886-1948）爬梳，了解語言教育政策在制定上的根源遠因，再到近代緬甸的政治與政策發展以理解當時執行語言教育政策時的思想根據；再透過各時期語言教育政策的脈絡梳理，進一步分析與回答緬族政府對於少數民族在其母語教授、學習、使用上的種種「內部殖民現象」所帶來的各種壓迫，並提出反思。

貳、英國殖民時期：緬語霸權教育政策形成的遠因

近代緬甸在先後遭遇英國三次的侵略戰爭（1824-26、1852、1885）後，英國取代原先統治緬甸的貢榜王朝（1752-1885），展開殖民統治。在治理上有意識地採取「分而治之」的民族分裂政策[1]，亦即，將緬甸的主體民族「緬族」以及其他少數民族採取相異的政策及統治方式：在緬族居住區域進行「直接統治」，廢除貢榜王朝的封建政治體系；而在少數民族區域則實施「間接統治」，少數民族得以在不影響英國最高統治權的大前提下，保有其原先的社會政治組織、經濟體制及語言文

---

[1] 在殖民時期以前，緬甸這塊土地基本上是以緬族為主體的多民族國家，各民族都有其獨特的社會組織形式；而緬族所建立的歷代封建王朝對於少數民族地區亦採行「間接統治」的方式（梁志明，1999：289）。然而之所以採取間接統治的原因卻大不相同：緬族王朝是基於封建體制，而英國殖民者是為了分化緬族跟少數民族—主要藉由「社會制度與文化保存權利」、「基督宗教信仰傳播」與「資格僅限部分少數民族的軍警訓練」以塑造少數民族對英國的忠誠，此一忠誠除了用以穩定秩序，軍警對內被用以鎮壓緬族，對外可訓練為帝國軍隊向外征戰（Cockett, 2016: 161-64；梁志明，1999：288-90）。

化（梁志明，1999：289）。

　　而這樣的施政前提也因此影響了殖民時期的語言教育政策，「英語」被規定為官方語言，主要民族緬族的「緬語」在行政系統中受到抵制，其地位被當局不斷打壓；而少數民族則可以相較不受壓迫地使用和學習自己的民族語言[2]（Khin Khin Aye & Sercombe, 2014；李佳，2009：76）；該時期的學校大致可分成四種類型：英語學校、英－緬語學校、本土學校和寺廟（Davis, 2020: 5）；該時期英語已逐漸成為緬甸人獲取訊息、族際交流的工具，影響著緬甸人的日常生活（劉澤海，2016：40-41）。

　　英國的殖民造成緬族文化、語言以及宗教教育的衰落，緬族人的語言教育受到壓制，隨之而來的是以殖民者的英語成為正規教育與日常中頻繁出現的語言，少數民族的語言教育則相對受到的影響較小；而這也成為獨立後緬族政府將「緬語」作為「官方語言」的原因之一；因為在歷史上，「被佔領」是一個全新的經驗，對於獨立後掌權的緬族人而言是一個莫大的屈辱，因此將軍們傾盡心力想將這些殖民遺緒徹底根除（Cockett, 2016: 114-15）；另一方面，由於殖民時期「分而治之」的政策強化了緬族與少數民族之間的差異性與獨立感，在少數民族眼中，不存在「一個緬甸」的意識（或者非常薄弱），因此在獨立後的語言教育政策上，政府也刻意忽視，乃至禁止少數民族語言的教育權利。

---

[2]　1824 年英國入侵緬甸後，基督教傳教士的傳教活動逐漸擴及至原本信奉原始宗教的少數民族區域（梁志明，1999：290）；傳教士們為便於傳教，先後還以他們的語言為其創建文字；如 1832 年牧師依據緬族文寫法創制克倫文、20 世紀初英國牧師卡森創造欽文、1895 年美國牧師漢森用拉丁字母拼寫成克欽文等（劉澤海，2016：41）。

參、吳努政府時期：在「緬族國族建構」與實行少數民族「文化語言保障」的雙軌道路上

在 1947 年 2 月 7 日，翁山將軍和英國自治領事務國務次官波通里（A.G. Bottomley）前往緬甸撣邦的彬龍（Panglong），和撣族土司、撣族、克欽族、欽族代表商議；同年 2 月 12 日，翁山將軍和上述代表們簽署『彬龍協議』（*Panglong Agreement*）；協議中除了表明三族將和緬族人合作，聯合起來一同為脫離英國殖民統治奮鬥，成立一個將國防和外交交給聯邦政府的聯邦國家，允諾獨立後將給予撣邦及克欽邦自治地位等條件外，同時也承諾少數民族的語言應該被承認為官方語言（陳鴻瑜，2016：181；Thein Lwin, 2011: 10）。

1948 年 1 月 4 日，緬甸正式脫離英國殖民者獨立建國，至 1962 年主要由吳努政府主政（1948-62），期間推行了一些為全國各個民族設想的計畫，隱約承認與同意緬甸並非由緬族所獨占；然而整體仍是朝著以緬族為核心的語言、文化與宗教等層面的同質化道路上推進（Cockett, 2016: 118-19）。緬甸獨立之初所頒布的『緬甸聯邦憲法』在民族國家構建的核心思想上，有增強聯邦中央政府的權力，削弱少數民族的權力／權利的傾向[3]，但當中也提及了一些語言相關的權利維護：所有的公民都有權利實踐自己的文化和宗教（Ganesan & Kyaw Yin

---

[3] 站在少數民族的角度而言，該部憲法給予他們的權力、及權利遠少於在彬龍會議上緬族代表所做出的承諾；在對比聯邦憲法和『彬龍協議』的內容後，少數民族視前者為多數對少數的暴政工具，而不是保護工具（劉務，2014：45-56）；由此可知，緬族政府在獨立前就沒有想過要完全遵守協議；而在帶有這種中心思想的前提下，後續無論是吳努或奈溫政府所做的民族國家整合政策，以及為何少數民族會有所不滿並引發各種武裝衝突，也就不令人意外。

Hlaing, 2007）；因此在吳努政府執政的這段時期，少數民族邦內的公立中小學，可以教授當地主要少數民族的語言（如欽語、撣語、克耶語、克倫語、孟語），並以此作爲教學媒介語言；此外，政府對於少數民族的文化生活與民族出版物採取默許的態度，例如在中部地區有 11 家使用少數民族語言辦的報紙（李佳，2009：77）；政府也在 1950 年代編寫了許多少數民族語言版本的教科書（McCormick, 2019: 247-48），國家的廣播電台在這段時期播送時，曾有約二十種的民族語言（Cockett, 2016: 118）。

然而，另一方面憲法卻只將緬語列爲官方語言[4]，在全國用各種策略提高緬語的普及率及使用率，刻意灌輸、形塑特定的價值觀，例如大量出版歷史、藝術、緬甸文化、教育知識、科學等緬語相關書籍、從 1949 年開始舉辦文學作品評獎的年度活動等（李佳，2009：77）。在 1958 年，教育部制定新的語言教育政策規定，緬語被使用爲所有公立學校的教學媒介語言，英語只能在五年級才開始教授。儘管如此，這段時期少數民族的語言在教學上仍很大程度地被允許，此時全國各地有廣泛的公、私立、基督教和佛教寺院學校正合法地運作，其中許多私立和基督教學校從小學開始就教授英語。另一方面，緬語成爲大學所有科目的教學語言，而碩士班和榮譽班則是使用英語（Thin Zar, 2018; Pon Nya Mon, 2014）。

雖然在吳努執政時期少數民族能夠教授與學習自己的民族母語，但是政府規定在公家、司法、學校裡一律必須使用緬語，國家考試選

---

[4] 憲法第十三章第 216 條中規定「聯邦的官方語言是緬甸語，但也允許使用英語」（The official language of the Union shall be Burmese, provided that the use of the English language may be permitted.）（Davis, 2020: 4）。

才上也是一律規定使用緬語；這個條件對於少數民族而言非常不利，這表示如果要透過考試入公家機關服務，就勢必得先學會緬語；然而，對當時剛成立不久的緬甸聯邦而言，可說是一個「沒有民族意識的國家」（a state without a sense of nation），本質上是由眾多不同語言、文化特徵的「民族」組成（Bigagli, 2019: 4），因此緬語流通的範圍實際上並不廣泛，主要只有緬族人分布的區域在使用；緬語對大多數少數民族而言是一個「陌生」的語言；因此，少數民族在公立學校的入學考試中的及格率直線下降，據統計，1952 年入學考試的及格率為 19%，到了 1957 已下降至 6%，而考入大學的比例也曾低於 1%；政府為因應這種現象而調低入學錄取門檻，但實際上也只是治標不治本；在國家公務員考試上，也因為必須完全使用緬語而導致少數民族很難進入政府部門工作（歷史有風，2022）。面臨這種狀況，少數民族只有 2 種選擇，一是學習緬語，二是放棄考入公部門、公立學校的可能。政府並沒有完整兌現憲法中賦予的「有權利實踐自己的文化」的承諾，雖然承諾保障能學習母語，另一方面卻又半強迫地使少數民族學習緬語，否則會有其他方面權利的犧牲。

　　總體而言，吳努政府執政時期在國族建構上是「以緬族作為國族建構核心」與「對少數民族的語言文化等權利上的保障」雙軌同時進行的，憲法法規一方面有明文保障各民族得以學習自己的母語，但另一方面又將主要民族緬族人的母語——緬語定位為官方語言；雖然少數民族得以使用母語出版刊物，但另一方面政府卻大量出版緬語與緬族相關書籍，沒有主動以政府的力量推廣「多元文化」的發展；儘管少數民族被保證能自由學習母語，但因為正規學校無論在入學考試、授課媒介語言、教授語言都是緬語，少數民族因此被影響進入公立學校就讀的機會；公家機關亦復如是。因此，在這段時期少數民族學習母語的權利雖然有明文保障，實際上也有執行，但可說是只有被實踐一部分，甚至還被政府以其他方式轉而必須改學習緬語或多學一種語言；凡此種種，皆顯示「內部殖民」現象自吳努執政時期就已經存在，且在語言教育上也是明顯地持續在進行。

肆、軍政府時期：「內部殖民」現象的高峰：緬語地位的極致與少數民族語言的禁止

1962 年 3 月，奈溫將軍率領軍方發動軍事政變[5]，推翻由選舉產生的吳努政權，並成立革命委員會與革命政府接管政權，宣稱此舉為維護國家的統一與阻止各少數民族脫離聯邦；他認為聯邦主義會毀滅整個緬甸聯盟，放棄聯邦主義與多黨民主，才能夠鞏固國家的安全與統一。隨之，『緬甸聯邦憲法』被廢除，原先政府與各少數民族之間簽訂的法律協議、各邦委員會、特別區（special division）也被廢止，行政、立法、司法三權集中於革命委員會主席，「緬甸聯邦」在法律意義上已不復存在。4 月 30 日，實施「緬甸式社會主義路線」（Burmese Way

---

[5] 在 1958 年 5 月，主宰當時緬甸政權的「反法西斯人民自由同盟」（Anti-Fascist People's Freedom League）內部由於軍、文彼此間的矛盾，分裂為以吳努為首的「乾淨派」（Clean AFPFL），以及以社會主義黨領袖吳巴瑞為首的「穩定派」（Stable AFPFL）兩派；「乾淨派」於 1960 年 2 月的選舉中獲得大勝，並計畫與克耶邦及撣邦代表討論增加其自治權等事宜，使軍方擔心此舉可能分裂國家，不利形成「統一的緬甸」；此外由於吳努政府治下的緬甸政局仍然不穩，少數民族持續與政府進行武裝對抗等因素（陳鴻瑜，2016），都成為醞釀奈溫發動軍事政變的因素。

to Socialism）[6] 的政治與經濟指導原則，推行「國有化」以加強集權管理、實施「計畫經濟」與「排除外國」對緬甸的影響；在政變後的三年內，奈溫政府除了國有化本國與外國的銀行、製造業、醫院、教會學校等事業，也控制、關閉報章媒體與出版，並將各級學校與文化組織進行直接管理[7]（陳鴻瑜，2016：194、204-10）；在此背景下，奈溫政府大力推行「大緬族主義」（Burmese chauvinism）[8]，試圖建構一個高度中央集權，以及種族、文化與宗教同質化的緬甸，意圖「洗刷屈辱的殖民記憶」、「防止國家四分五裂」；而以此中心思想所做出的其中之一執行政策，也就是制定「國家語言政策」（National Language Policy），進而推行「單一語言教育」（Monolingual Education）（Bigagli, 2019: 6）。

奈溫主政期間（1962-88），以「大緬族主義」爲核心意識形態的「緬族化運動」[9] 如火如荼地展開，在文化、語言政策的大方向上，

---

[6] 由隨後成立的緬甸社會主義綱領黨（Burmese Socialist Program Party）領導執行，其思想融合馬克思主義、佛教和人道主義。

[7] 1962 年 11 月的「國家文藝會議」（National Literary Conference）中強調，應由國家來主導文化發展，鞏固緬甸文化而不受外國文化影響。1965 年 4 月頒布「私立學校國有化條例」。

[8] 奈溫政府參考了巴莫（日佔緬甸期間於 1943-45 年所扶植的緬甸領導人）復興緬族的政治藍圖，意圖建立一個以緬族爲強勢文化的全面緬族國家。該想法嚴重排除了少數民族在其文化、語言、宗教等方面表述的可能性（Cockett, 2016: 116-17）。

[9] 「緬族化運動」是一場在軍政府執政時期，以國家力量透過武力（如 1960 年代中期切斷少數民族武裝團體在「食物、資金、訊息、兵源」獲取管道的「四斷」政策）、教育、新聞出版審查等方式，對於國內各少數民族的宗教、文化、語言與生存等方面的一連串、長時間地壓迫行動，目的是爲了要建立一個在各方面以緬族文化爲主體的同質國家（Cockett, 2016: 101-53）。

遠離外國文化影響並壓制本土少數民族文化，執政初期便將所有學校
國有化（Bigagli, 2019），教會學校的大部分外籍教師被驅逐出校園
（Cockett, 2016: 123），並將教會學校、私立學校、英語授課學校、雙
語學校和少數民族學校都改造成為一個統一的教育體系（Davis, 2020:
5）；1964 年，基於「國家語言政策」，政府宣布大學、中小學課程均
使用緬語教授，緬語成為全國所有的教育體系中唯一可以「使用」、「教
授」和「學習」的語言，其地位被提升至最高點，英語的地位從僅次
於緬語的「第二語言」降為「外語」，而各少數民族的語言則被禁止在
學校教授[10]（Cockett, 2016; Thein Lwin, 2011: 10）。儘管 1966 年政府
頒布的『教育法』（*Basic Education Law*）規定少數民族區的公立小學
在二年級前須開辦母語教學，二年級以上若要開設語言課程，可以在
正常上課之外的時間使用公立學校教室授課；教育部也印製了孟語、
撣語、欽語、克欽語等教學課本，然而，這些計畫在實際執行上卻非
常困難，因為政府並沒有在少數民族區域的公立學校規劃「法律規定」
的母語教育執行的經費，因此除非可以招聘到或是既有的一般教師本
來就會（同時也願意教、知道如何教，以及考量其他實際執行情形）
少數民族的語言，在既有經費基礎的教師編制上是無法執行計畫的；
因此許多學校被迫停止，或從來沒有開設過母語課程。換言之，由於
缺乏政治與財政的支持力量，『教育法』對於少數民族母語教育所承諾
的權利可以說是「看得到，但基本上吃不到」的一塊大餅。當公立學
校無法提供母語教育時，學生學習母語的方式除了家庭中的非正式學

---

[10] 緬甸聯邦至少三種語系（藏緬語系、孟-高棉語系、傣語系）、一百多種語言；
因此緬文對於少數民族如克倫族和欽族而言，可以說是不折不扣的「外語」
（Cockett, 2016: 120）。

習，尚且能在傳統的寺廟和西方教堂學習（李佳，2009：77-78）。

有克欽族長輩回憶過 1960 年代的時期，由於中央直接指派過來克欽族地區學校任教的教師都是不會說克欽語、也不關心在地母語保存的緬族人，克欽語除了依規定不能被教授與使用，學校也張貼海報警告「說學校老師聽不懂的語言是無禮的」。在這種教育環境下，學生只得學習緬語，即便私底下也不敢說克欽母語。1940 年代末出生的克倫族發言人之一 Alan Saw U 曾表示，該政策最令所有少數民族氣憤的點在於，他們竟然不能教、也不能學習自己的母語，對於過去數十年與緬族政府間的武裝衝突實為火上加油（Cockett, 2016: 120-21）。

1974 年 1 月奈溫政府正式頒佈並實施新憲法，確立走社會主義民主路線，「緬甸聯邦」改名為「緬甸聯邦社會主義共和國」（Socialist Republic of the Union of Burma），並走向一黨專政，緬甸社會主義綱領黨成為緬甸唯一的合法政黨。新憲法的第二章「基本原則」中第 21 節（b）款中規定（Davis, 2020: 4）：

> 各民族享有信奉其宗教，使用和發展其語言、文學、文化，遵循其珍視的傳統和習俗的自由，只要任何此類自由的享有不違反法律或公共利益。

> The national races shall enjoy the freedom to profess their religion, use and develop their language, literature and culture, follow their cherished traditions and customs, provided that the enjoyment of any such freedom does not offend the laws or the public interest.

以及在第十一章第 152 節（b）款中規定：「緬甸語是通用語言，其他族群的語言也可以被教授」（Burmese is the common language. Languages of the other national races may also be taught.）（Davis, 2020: 4）。

然而，顯然奈溫政府並沒有打算為其所制定的法規買單，在對於少數民族的語言教育上，仍然缺乏政治與財政上的具體支持；1960 年代到 1970 年代，一些少數民族分離主義者利用推行母語教育來促進和加強種族民族主義的意識（ethno-nationalist identities），塑造少數民族的自我身分認同以抗衡軍政府（1962-2011）的語言同化政策（South & Lall, 2016: 138）。根據東南亞教育部長組織（SEAMEO）的說法，政府在 1980 年代末減緩了對原先少數民族語言政策的實施（Young & Kosonen, 2009: 30）。1990 年代時，許多少數民族（如撣族、克倫族、孟族等）所組成的民族文學與文化委員會（ethnic literature and culture committee）擴大推行民族語言掃盲計畫（ethnic language literacy programmes），在武裝衝突的少數民族控制地區，發展自己的教育制度，提供母語教學；各團體組織在課程的教授內容等方面都有顯著不同；但此舉在緬族政府訂定的法律面前不被承認為正規的學校教育。有些少數民族武裝團隊在 1990 年代中期先後與軍政府簽訂停火協議後，在母語教育上與政府取得一些共識並展開新的教育計劃，如孟族國家教育委員會（Mon National Education Committee）和克欽獨立組織教育部門（KIO Education Department），採用了政府的翻譯課程，並結合教授少數民族的歷史和母語；小學階段以本族母語、歷史文化教學為主，在國中與高中階段則加入政府的教育系統，也能繼續學習其母語和歷史文化課程；當時少數民族普遍上認同這種變革的價值（South & Lall, 2016: 137-39）。

2008 年軍政府推出新憲法，作為民主路線圖的一部分；根據新憲法第 354 節（d）款（Thein Lwin, 2011: 9）：

緬甸公民在不影響一個民族與另一個民族之間或民族之間以及其他信仰的關係的前提下，有發展他們的語言、文學，他們所珍視的文化、他們所信奉的宗教和習俗的自由。

.... citizens of Myanmar have the liberty to develop their language, literature, culture they cherish, religion they profess, and customs without prejudice to the relations between one national race and another or among national races and to other faiths.

　　儘管緬甸政府多次在新頒布的憲法中明文保障國家的民族文化發展多樣性，但卻不在憲法中承認少數民族語言爲其所在地區的官方語言（official language）（Thein Lwin, 2011: 9）。在實際執行層面上，政府並沒有積極地保護與發展少數民族語言，且聲稱沒有責任爲少數民族發展相關教材；許多少數民族地區學校因爲沒有政府提供經費，仍需要自己籌措（Davis, 2020: 4-5）。

　　從 1962 年以來，少數民族的語言一直沒有得到政府的正式承認；軍政府統治期間所實施的語言教育政策，比吳努時期所推行的程度更爲強烈；即便自 1948 年以來，緬語就被規定爲公立學校的教學語言，但至少在 1962 年以前，少數民族得以在民族區域自辦、非公立正式學校學習母語，但奈溫上台後，就被完全地禁止。軍政府以犧牲少數民族的語言和身份爲代價進行緬甸化，試圖同化（assimilate）而不是整合（integrate）種族多樣性；此外，國家考試與公立學校入學在語言方面也因爲仍然只限定必須使用緬語，而造成少數民族在考試上的低錄取率與高輟學率（Thein Lwin, 2011; Bigagli, 2019）。此外，被派往少數民族地區公立學校教學的教師品質普遍不佳，由於幾乎清一色是只會說緬語的緬族人，教學品質不佳、教師缺勤等現象，對少數民族學生而言可說是一場教育災難（Bigagli, 2019）。

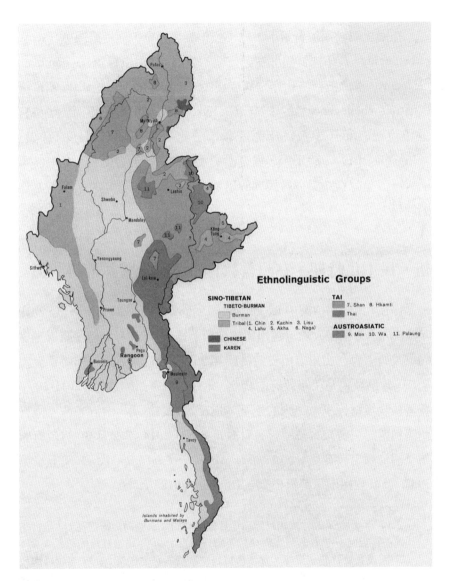

資料來源：Hult 等人（2009: xx）。

圖 1：緬甸三大語系及各民族語言使用分布情形（1972）

在殖民與後殖民背景下，爲了強化凝聚社會，促進歸屬感（sense of belonging）及不同群體間在各方面的整合，採用主導語言（dominant language）常常被合法化作爲國族建設（nation-building）與國家維護（nation-maintenance）的工具（Ulasiuk, et al., 2018）。然而，並沒有經驗證據表明「少數民族語言教學一定會削弱政治團結的意識」（Bigagli, 2019）。只不過，對奈溫，及後續的統治者蘇貌、丹瑞將軍而言，似乎認爲「對少數民族的壓迫」與「國家的穩定性」有著必然的關係。

伍、民主化時期：在語言教育改革路上嘗試取得共識

作爲「民主路線圖」（Roadmap to Democracy）[11] 的其中一步，2010年 11 月緬甸舉辦大選，選出新國會與新總統；2011 年丹瑞將軍主導的軍政府下台，由軍方所支持的聯邦鞏固發展黨領導人、前將軍登盛繼任，象徵緬甸結束軍政府的統治，走在民主道路的進程（2011-20）。登盛執政後進行了一系列的變革，推行效率之迅速，令許多政府高官們感到驚訝。就教育及語言教育政策而言，2014 年 9 月 30 日政府頒布『緬甸國家教育法』（*Myanmar National Education Law*）第七章第39 節（a）款指出，其目標是（Thin Zar, 2018）：

---

[11] 在 2003 年 8 月 30 日，緬甸政府爲了打破當時的政治僵局與國際壓力，推行了「民主路線圖」，包含七個步驟：(1) 重新召開自 1996 年以來終止的國民大會；(2) 國民大會召開結束後，逐步落實民主制度的必要任務；(3) 將根據國民大會所制定的原則起草一部新憲法；(4) 憲法草案公布後，交由公民投票複決；(5) 依據新憲法舉行自由公正的選舉；(6) 召開民選國會；(7) 由國會選舉出緬甸國家領導人，並組織新政府（陳鴻瑜，2016：231-32）。

賦予每個民族豐富的文學、文化、藝術、傳統和歷史遺產的能力，
以及每個公民應具備的價值觀。

.... giving the ability to raise each ethnic group's rich literature,
culture, arts, traditions and historical heritage along with the values
that every citizen should have.

其他法規提到，在基礎教育階段，在「必要時」可以在使用緬甸
語的同時，使用一種民族語言作為教學語言；以及民族語言和文學的
教學可由省或邦政府實施，從小學開始，逐步擴展（Thin Zar, 2018）；
然而，學生、教師團體和民間社會團體從一開始就批評了這項法律，
其中，包括民族教育團體在內的廣泛社會階層的組織「全國教育改革
網絡」（National Network for Educational Reform, NNER），也與政府開
過幾次會議（McCormick, 2019: 254-55）；2015 年，學生針對該法規要
求增加對於地方少數民族課程及語言教學方面的權限，減少中央的控
制；政府後續對法規做了一些修正（Bigagli, 2019）。然而，最後政府
結束了協商，並鎮壓了學生的抗議。

另一方面，政府也制定『2016-21 年國家教育策略計劃』（2016-2021
National Education Strategic Plan），雖然內容提倡由各少數民族邦自行
制定帶有「地方內容」的具體課程，但在小學課程中，每週只能為與
當地民族相關的內容上 5 堂課。部分少數民族出於對於政府、以及所
實施教育政策的不信任，仍然不願意將孩童送去政府所辦的公立學校
（Jolliffe & Mears, 2016）。2016 年 2 月，由翁山蘇姬領導的全國民主
聯盟（National League for Democracy, NLD）上台執政，在教育政策的
改革上，政府開始了全面教育部門審查（Comprehensive Education
Sector Review, CESR），以改造教育系統。此外，除了有些少數民族與

政府針對母語教育問題進行過意見交換，一些國際組織，如聯合國兒童基金會（UNICEF）也向少數民族給予制度制定方向上的建議。政府雖然表面上對於新的協商進程保持開放態度，然而到目前為止，大多數想法都還沒有出現在政府政策中。一般認為，未來會進行的方式，會以小學階段使用少數民族當地母語授課與學習，待升上中學階段則轉為國家語言為發展方向，就像孟族的民族學校一樣（McCormick, 2019）。

總體而言，民主化時期的政府，無論是登盛、或者 2016-21 年執政的翁山蘇姬政府，雖然先後都有限地下放了母語在學校教育的規定，對比於吳努、奈溫軍政府時期有歸還較多語言教育權利，但必須說，如果以少數民族的角度而言，對於能夠將自己的母語成為當地的官方語言，不受壓迫地學習自己的母語，在改革的道路上仍然有很大的進展空間。

陸、結語

英國殖民時期埋下了民族主義的種子，而後續各時期的政府或多或少都受到此意識形態影響，在獨立後以此意識形態為大前提下，開展了獨尊緬語的單一語言教育政策；吳努時期為了取得緬族國族建構與兌現對少數民族的承諾之間的平衡，而實行雙軌並行的施政方向；軍政府時期嚴厲執行緬族化運動，導致各少數民族被禁止在學校學習與使用母語，該時期的語言教育政策的「內部殖民」現象也達到最高峰；及至民選政府時期，雖然開始與少數民族對話，但距離少數民族能夠真正按其意願發展自己的語言，仍有進步空間。

　　歷屆政權總是站在「一個緬甸」的總目標前提下來制定語言教育政策，都未能站在少數民族的立場圓滿地解決問題，過去是，現在也仍然是。回顧近代緬甸動盪的歷史，將特定的民族文化──緬族文化強加於人，企圖以此建立一個國家的「共同認同感」以維護國家的統一與安全，往往是事與願違，只會使國家陷入長期的衝突、動亂與族群間的不信任，產生更多的受苦者，陷入無止境的惡性循環。能為國家帶來真正和諧的不是靠壓迫與同化，而是尊重多元文化的發展，同理各族群的心聲，如此才能真正達到和諧安定的緬甸。

參考文獻

李佳，2009。〈緬甸的語言政策和語言教育〉《東南亞南亞研究》2 期，頁 75-79。

梁志明，1999。《殖民主義史：東南亞卷》。中國北京：北京大學出版社。

陳鴻瑜，2016。《緬甸史》。新店：台灣商務印書館。

劉務，2014。《1988 年以來緬甸民族國家構建》。中國北京：社會科學文獻出版社。

劉澤海，2016。〈緬甸語言教育政策的發展特徵及趨勢〉《學術探索》11 期，頁 40-44。

歷史有風，2022。〈緬甸停止英語教育後，降低的不止是教育水平，更撕裂脆弱的社會〉《網易》6 月 30 日（https://www.163.com/dy/article/HB4J0V6D05439BHR.html30）（2022/9/5）。

Bigagli, Francesco. 2019. "School, Ethnicity and Nation-Building in Post-Colonial Myanmar." *Open Access Journal*, Vol. 1, No. 1, pp. 1-16.

Cockett, Richard（廖婉如譯），2016。《變臉的緬甸》。台北：馬可孛羅。

Davis, Tyler D. 2020. "Mother Tongue-Based Education in Myanmar: A Literature Review." (https://www.academia.edu/43255536/Mother_Tongue_Based_Education_in_Myanmar_A_literature_review) (2022/9/3)

Ganesan, N., and Kyaw Yin Hlaing. 2007. *Myanmar: State, Society and Ethnicity*. Singapore: ISEAS-Yusof Ishak Institute.

Hult, Francis, Serafin Colonel-Molina, Rusiko Amirejibi, Candace Luebbering, and Kathy Howard. 2009. "Language Maps and Ethnicity Maps." (http://ccat.sas.upenn.edu/plc/clpp/images/langmaps/index.html) (2022/9/12)

McCormick, Patrick. 2019. *The Routledge International Handbook of Language Education Policy in Asia*. New York: Routledge.

Sercombe, Peter, and Khin Khin Aye. 2014. "Language, Education and Nation-Building in Myanmar" (https://link.springer.com/chapter/10.1057/9781137455536_8) (2022/8/22)

South, Ashley, and Marie Lall. 2016. "Language, Education and the Peace Process in Myanmar." *Contemporary Southeast Asia*, Vol. 38, No. 1, pp. 128-53.

South, Ashley, and Marie Lall. 2016. "Schooling and Conflict: Ethnic Education and Mother-tongue Based Teaching in Myanmar." (https://asiafoundation.org/wp-content/uploads/2016/12/Policy-Brief_Schooling-and-Conflict-Ethnic-Education-and-Mother-Tongue-Based-Teaching-in-Myanmar_ENG.pdf) (2022/9/21)

South, Ashley, and Marie Lall. 2018. "Power Dynamics of Language and Education Policy in Myanmar's Contested Transition." (https://discovery.ucl.ac.uk/id/eprint/10050289/1/699655.pdf) (2022/8/22)

Thein Lwin. 2011. "Languages, Identities, and Education – in Relation to Burma/Myanmar." (http://www.thinkingclassroom.org/uploads/4/3/9/0/43900311/9._lwin_t.__2011__language_article__english__15thoct2011.pdf) (2022/8/15)

Thin Zar, E. 2018. "Myanmar Language Education Policy" (http://www.languageeducationpolicy.org/regionasia/myanmar.html) (2022/9/3)

Ulasiuk, Iryna, Laurenţiu Hadîrcă, and William Romans. 2018. *Language Policy and Conflict Prevention.* Leiden: Martinus Nijhoff.

Young, Catherine, and Kimmo Kosonen. 2009. *Mother Tongue as Bridge Language of Instruction: Policies and Experiences in Southeast Asia.* Bankok: SEAMEO.

緬甸開放改革與農村的巨變
撣邦東枝 Naung Lay 村落個案

彭霓霓

暨南國際大學東南亞學系講師

壹、緬甸開放與經濟改革

2010 年，一場由軍人主導的選舉之後，前陸軍將軍登盛脫下了軍裝，成爲緬甸自 1962 年軍人政變後的第一位總統。在登盛領導下的半文職新政府，引入了快速的經濟改革。經過二十年的軍事統治，改革的速度最初幾乎讓所有人都感到驚訝，並產生了極大的謹慎與樂觀。政府啓動了一系列政治、經濟和行政改革，其速度和廣度令國內外許多觀察家感到驚訝。政府試圖扭轉半個世紀以來，國家的停滯和被國際的孤立。一開始爲了穩固匯率，讓中央銀行獨立，並統一匯率。經濟改革方面，包括貿易和投資自由化、允許將農田用作抵押品、提高財政透明度、開放電訊牌照授予外國電信公司、設立多個經濟特區以鼓勵投資等。2013 年，緬甸經濟增長率爲 8.4%。亞洲開發銀行（Asian Development Bank, 2012）的一項研究推測，緬甸將成爲繼亞快速增長的經濟體之後的下一個後起之秀，預計緬甸經濟每年將以 7-8% 速度增長，該研究還對緬甸成爲中等收入國家持樂觀態度，作出 2030 年，緬甸的人均收入將增加兩倍等預測。

經濟改革中，還強調良好治理、公開透明、問責，以吸引國外投資（FDI），並推行貿易自由化、加強區域經濟合作、降低國家對經濟發展的干預，和提高生產力等措施。隨著西方實施的大部分懲罰性制裁被取消後，也開啟了金融、銀行、貿易和投資等相關部門的自由化，不再受政府干預。加上緬甸豐富的自然資源，和未開發的市場，讓緬甸成為了當時國際商界市場中，受青睞的新興市場之一。也有專家曾預計，緬甸的這些經濟改革政策將顯著影響緬甸的產出和生產力，並將提高多數公民的生活。這種相當樂觀的前景預測，前提是緬甸能進一步廣泛實施基礎改革、克服發展過程中遇到的挑戰。國際危機組織（2012b）認為改革和民主化是不可逆轉的，特別是 以「現代化」為基礎的轉型，正快速地給緬甸社會帶來巨大的變化。

在 2011-15 年，筆者寒暑假期間到緬甸，即體驗到明顯的變化。其中最明顯的就是汽車進口自由化後，仰光交通快速增長，舊車被淘汰，馬路上的車變新、變多了。「電信革命」也使手機迅速普及，主要是智慧型可上網的手機。SIM 卡的價格從 2004 年的 4,000 美元和 2012 年前的 1,500 美元，下降到 2013 年的 1.50 美元。在 2012 年電信改革啟動之前，只有不到 200 萬人使用網路。但到了 2015-16 年，有 3,900 萬戶使用網路。到 2020 年 1 月，更一度上升到 6,800 萬用戶。改革的第二階段，當 2015 年 11 月全國民主聯盟（NLD）在選舉中獲勝、真正民選文人政府執政後，當時國內國外的人們，對緬甸的改革和改變更加樂觀。

其實，在 2014 年，世界銀行與全球對緬甸經濟發展狀況的態度漸趨保留；世界銀行在其關於營商便利度的年度報告中，將緬甸的商業環境在 189 個國家中列為第 182，國際觀察家開始對緬甸的轉型抱持不樂觀態度（*Economist*, 2014）。由於長時間教育不普及，缺乏有能力的人力資源，加上軍方強力的保守內向傾向，不願與 2015 年上台的民盟新政府合作和建議，使得改革難於繼續執行，整體經濟轉型未能達到預期。同時也有貧富差距擴大的警告，稱緬甸的經濟轉型不會一帆風順，因為過去數十年對國家的高壓統治管理不當和忽視，遺留下許多社會、族群和政治衝突等結構性問題和挑戰（Tin Maung Maung Than, 2014）。儘管起草並宣布了進一步的改革和發展框架，但並未實施。也有專家認為，由於緬甸長達半個世紀的孤立，和二十多年的國際制裁，難以在短時間內逆轉經濟態勢，並指出第一屆登盛政府已經「摘下了容易摘的果子」（picked all the low hanging fruits），也就是實施了簡單的改革。此外，在緬甸北部、東北部和西部的一些地方（例如克欽邦、北撣邦地區、若開邦）的族群武裝衝突，以及一些嚴重侵犯人權行為，也加劇了緬甸內部的衝突，最初開放的熱情漸漸消退，許多西方國家投資者擱置了對緬甸後續的投資計劃。緬甸低廉的勞動力成本，和最初民主化和自由化，看似成功的轉型，使緬甸成為國外投資非常有吸引力的目標。然而，雖然開放市場、允許外資進入等政策帶來了經濟改善，但因資源分配不均，短短幾年間，緬甸的貧富差距和城鄉人口差距反而擴大。

緬甸開放後國外大量資金匯入，分別為三大類別，國際援助和國人國外打工匯入、國外投資。各類數據顯示，在開放後 2011-22 個時期，是緬甸自獨立以來，經濟最蓬勃發展的時期。三項數據中只有國人國外打工匯入是呈現持續上漲的，特別是在第二任政府選舉時期，高達一百五十萬有紀錄到國外打工的緬甸公民，這些還不包含在國外工作的白領，以及流亡定居國外的家人匯入的資金。國際援助資金，不像國外投資有諸多侷限，所以開放後的國際援助，平均是持續上漲的。因此在緬甸宣布全面政治改革為文人政府，到第二任政黨輪替期間，國際援助的金額平均是上漲的。直到 2021 年的政變後，西方才全面停止對緬甸的國際援助。國外投資額明顯在開放後第二階段下降，因為緬甸基礎設施不完善，導致商業考察後，只表現了「四個 L」（landing, looking, listening, leaving），多數決定不投資，但對偏鄉農民來說，將土地變賣、經濟卻又開始停擺後，他們又該如何應變開放後這一系列的社會變化和影響？

表 1：國人國外打工匯入、國際援助、國外投資

單位：億美元

年份	2010	2011	2012	2013	2014	2015	2016	2017	2018	2019	2020
匯入	1.15	1.30	2.75	16.4	18.1	19.3	22.5	24.5	26.7	25.5	22.5
援助	3.54	3.80	5.04	39.4	13.8	11.7	15.4	15.4	17.1	2.04	28.7
投資	9.01	25.2	13.3	22.5	21.8	40.8	32.8	4.8	17.7	17.4	18.3

來源：World Bank（2022a, 2022b, 2022c）。

貳、經濟開放與土地商品化

　　東南亞的農業土地利用正在迅速轉變，這通常得到主要以經濟增長為目標的發展政策的支持。農業用地變化是東南亞的主要轉型趨勢，不同類型的土地利用變化同時發生。在小農的農業系統中，這些變化包括：從自給農業到市場化農業的轉變、游耕種植到集約化的轉

變。此外，東南亞地區的幾個國家中，發現為經濟發展用途（economic land concessions, ELCs）的土地面積有增加的現象，這些土地規模通常非常大，是作為企業而非傳統的家庭農業。這些 ELC 有時會取代現有的生產景觀，以小農田、果園和森林為主，但通常也會導致農業用地擴展到未使用的森林區域（Appelt, et al., 2022）。

緬甸的土地包括農業用地，也正在迅速的轉變，從世界銀行的數據，緬甸的農業用土地面積的比例，自 2000 年的 16.7% 上升到 2019 年 2 月的 19.7%，森林土地面積從 2000 年 53.4% 減縮到 2000 年 43.7%（World Bank, 2021）。從數據來看，緬甸的農業用地是增加的，不過位於城市邊緣地帶的農村，卻因都市化過程中都市空間的擴大而漸漸消失（Statista, 2022）。本研究地點 Naung Lay 村落位於東枝市外圍，在 2011 年開放後，雖然不像仰光有多個工業區，也不像曼德勒是上下緬甸的經濟樞紐，不像這些大城市開放後，帶來了工作機會和經濟效益，但也間接影響到城市邊緣的鄉村。鄉村最開始的轉變就是土地商品化（land commodification），而鄉村土地商品化後帶來的後果，包含鄉村面貌的改變、族群文化的改變、生計多元面貌轉型、外來人口和企業進入到村莊等。除了這些明顯的硬體上「看得到的轉變」外，村莊內的人們是如何應對這些轉變，他們對這些轉變有什麼評價？

緬甸在各項發展所需的電、公路和接待外國人旅館等基礎設備都沒有準備，也沒有替代方案的情況下開放，忽然的開放帶入各類資金的湧入，雖然帶動了經濟也帶動了房價、地價，和土地買賣的投機（land speculation）機會。城市外圍村莊的土地首當其衝，投資者結合市鎮土地事務的政府官員（雖然鄉村土地還未納入市鎮的管轄，為開發劃分土地以便取信散客），和熟悉村莊的仲介，聯合說服村莊的大老或宗教領袖對村莊傳統領地進行，非傳統種植或分給村里新婚家庭，將土地分隔爲標準住戶 40ft×60ft 大小進行買賣[1]。自 2011 後，緬甸城市外圍村莊，很明顯可以觀察到，大規模農地或林地，被整整齊齊的分割後，用水泥柱子圍起來，這樣土地商品化場景到處可見。

鄉村土地的商品化也是傳統鄉村改變和轉變的開始，鄉村土地商品化主要是因開放後土地價格上漲，地價一次性的收入，相較於農民在該農地耕作幾十年、甚至一生的收入還多，吸引了農民賣地。如 TNI 2016 的年度報告中所說，土地除了是農民生技的來源，對傳統農民來說，對土地的情感，是複雜多樣的。無奈幾個世紀以來，緬甸的經濟，特別是農民們面臨著長期做農卻沒有保障的嚴重經濟問題，這成爲很多農民變賣原耕作土地的原因之一。

土地價格上漲的同時，農業用所需的肥料、農藥等農業投入價格也上漲，這些客觀的因素，加上村裡買賣土地的現象十分熱絡，皆促使農民將土地出售給城市中產階級投資者或是仲介。然後，這些農民經常使用可觀的一次性收入來建造「現代」砂磚、水泥屋，新增新型態的生計，購買汽車和電器，以加入現代化生活。但很快地，已變賣的土地價格，和現代生活性象徵的必須消費品價格走向反方向：土地價格在五年內上漲了四、五倍，可惜的是村民們等不到。而汽車以及一般電子消耗品，在開放前封閉的市場時期是保值的，在 2011 年開放後到 2020 年之間，汽車以及一般電子消耗品不再保值[2]。雖然說一般

---

[1] 和 Hpa Yar Phyu 村民的訪談（2014/1/20）。

[2] 作者於 2000 年回到緬甸工作，當時以 50 萬緬幣買了一台 1964 年產的金龜車，每日可以 150ks 緬幣到加油站，以配額制加 3 加侖汽油，而當時黑市的油價一加侖是 350ks 緬幣。除此之外作者於 2003 年換車時以 150 萬緬甸賣出金龜車。

電子消耗品，如最便宜的一支手機價格 10 萬緬幣，買一次可以用幾年，不過這支手機後續需要上網的費用，就會壓縮到家庭開銷，在以往人們會存錢買黃金作爲不時之需，特別是醫療費用。

參、緬甸農民和農民的特性

緬甸是一個農業社會，不過緬甸的農民（famer）大多都是小農（peasant），還未進入所謂商業耕作的農民階段，還停留在小農的階段[3]。本研究對象 Naung Lay 村落小農的農民特性，是以 Edelman（2013）所列出的第二類別，以社會科學和人類學的角度切入加以解釋，有別於歷史上莊園形式的農民、參與相關農民運等激進團體的農民、以及具有規範性定義，包括民間社會組織和人權理事會諮詢委員農民。在本質主義下，農村和農民的特性（peasantry）被本質主義建構爲落後的，而農民這個名詞或是職業，相較城市也代表著，下層的階級。然而，長期以來，也有批評者一直認爲，本質主義也沒有充分考慮到農民融入國家和國際的、社會、政治和經濟結構中（Wolf, 1966; Mintz, 1956）。

世界銀行在 2018 年就世界各地農村中，農民佔大多數已成爲人們普遍認知。然而「農民」和「農民的特性」這兩個詞的定義，在學術

---

[3] 緬甸的農產品，品質不一，產量不一定，價格波動大，不易出口。龍哥：仰光有機農場的訪談（2017/8/18）。根據台灣紅茶商林先生，緬甸茶葉的品質很好，不過茶農對茶葉的銷售有些奇怪，如果只購買一些價格是合理的，如果要全部購買，其他茶農就會跟著漲價，所以很難大規模生產高品質的有機紅茶（仰光唐人街訪談，2014/10/20）。

上仍然有很大程度爭議，不同時期的學者提出不同的要件。最早對農民的定義，源自提供食物供給，第一個市集的農民特質，一些學者也廣泛地納入地主、擁有土地使用權的農民、佃農或農村勞動力等加以區分（Wolf, 1969）。本研究對農民的定義將根據 Shanin（1987）所提出相關農民的四點基本要素，以家戶為基礎單元、抵禦著一個強大的外在社會和環境、和當地社區有特定的社會文化、農業耕作是主要的生計來源，而這些基本要素相互交織在一起。本研究的村落、族群、生計、和文化的發展和改變，一直以來受到東枝市的影響，也正是 Shanin（1987）定義中的農民。Ellis（1993）對現代農民的定義增加了「農民家戶的生計只有部分來自農業，主要家庭勞動力利用在農場生產中、整合家庭生產和消費活動以及決策等，其特點是家庭成員僅參與了部份農業市場的生產和供應」。

緬甸農民，也不是一個同質的社會群體或階級。特別是小農，他們的生計和文化是多樣的，他們除了種植，也從事非全日制農業活動，例如：開店、跑車、水泥工、木工、養雞等多種活動，來增加收入，這些活動大多是小規模和非正規經濟。而這些活動很少使用資本，主要是依賴家庭勞動力。換言之，他們部分的生計融入了非正式和不完整的市場，所以透過市場，農戶的收入，一部分是來自他們的土地資源中所生產，一部分則透過社區社會網絡的非農業收入。這些特質都呼應了 Ellis（1993）對農民的定義，只是 Naung Lay 村落農民，參加非農作生產是到 2011 經濟開放後，才大量的增加，例如土地商品化後，需要大量的水泥工、拉石子的車的司機和挖石子的工人、商店、小吃或家庭小餐館內等。

農民雖然並不是完全依賴社會經濟群體，因此不會當下直接受到政策改變的影響，但過一段時間後，政策的影響會蔓延到鄉村。就本研究中所提的村落，緬甸在 2011 年開放後，一開始受到影響的是村里較有錢的農民，因有錢農民的社會資本和社會網絡比較廣，所以是村裡最先改變的一群人。2015 年後，這個改變才慢慢影響到整個村落，但對農戶來說仍是迅速的轉變，且幾乎家家戶戶都參與到，土地買賣或買賣土地所連帶的買賣。

肆、去農民化、再農民化

社會變遷是隨著人與人互動的時間，而改變了經濟、社會和文化制度的方式，反過來，社會變遷也受到經濟、政治和文化制度改變的影響。鄉下與城市的兩極分化，是社會生活的普遍現象，可以被理解爲嵌入在「農業轉型」（agrarian transition, agrarian change, agrarian transformation）的框架內。農民，農村「鄉下」的居民，是大社會文化的一部分，當他們與其他群體接觸融社會時，他們保留著他們自己獨特的文化和身份認同，同時仍然保有自己社會的規範和習俗（Edelman, 2013）。幾個世紀以來，由於資本主義的興起，在不同階段以去農村化（de-ruralization）、去農業化（de-agrarianization）、去農民化（de-peasantization）、和再農民化（re-peasantisazion）的現象的概念，改變和塑造了傳統鄉村農民的社會團體（Bernstein, 2010; van der Ploeg, 2008）。

農業轉型是一個持續而普遍的過程，其中全球化和現代化，大致可以解釋，如何將農村農業社會轉變爲日益城市化的社會一系列的過程，而這種轉變其實是受到，更大的社會結構轉型有著錯綜複雜的聯繫。這類農業轉型、市場一體化和全球化進程的影響，在東南亞一些地區居的居民，爲了保護土地和持續他們的生計，以不合作的方式反抗抵制體制帶來的轉型（Scott, 1985; Caouette & Tuner, 2009）。緬甸在2011開放國門後，農村面臨了突如其來的改變，對緬甸農村產生的影響和後果，農民們又是如何應對？

東南亞的鄉村在過去五、六十年間，經歷了巨大的轉變，農業已經從維持生計轉向商業生產，這對傳統（前）農村社會的社會文化和人口，都造成了巨大的動盪和變化，這些資本主義農業轉型的過程被認爲導致了社會階級的「去農化」的轉型，最終農民或小農變成了農民、工人或是一般的公民（Rigg, 2006; Walker, 2012; Evans, 1995; Rehbein, 2010; Elson, 1997）。而 2011-20 年間，緬甸鄉村的轉變和轉型又是何？有那些影響？

緬甸在 2011 年前，對國外學術研究都不開放，2011 年開放後，才放寬了學術研究，和全國民生調查的限制[4]。世界銀行和亞洲開發銀行紛紛進入做基本的民生調查，也對農業、農地、農田的使用法律、以及糧食安相關面向進行調查（Oberndorf, 2012; Franco, et al., 2015）。相關鄉村和農民生計的研究，在地理上的分布從北部的撣邦（Shan State）、西部的欽邦（Chin State）、東部的克耶邦（Kayah）和孟邦（Mon State）、以及緬甸南部的伊洛瓦底三角洲（Ayeyarwady Delta）地區，其中以撣邦（Shan State）的研究受到了最多的學術關。研究範圍包含

---

[4] 原則上得透過與緬甸教育部合作，個人研究則是以商務簽證或是旅遊簽證的方式進入緬甸，國家檔案館和仰光大學圖書館，也都不對外開放，仰光大學圖書館到 2018 才開始對外開放。國立暨南國際大學雖多次有到仰光大學考察，不過在 2016-19 之間，有學習緬甸語的學生，曾申請到仰光大學做交換，因爲國家層次和教育部沒有教育合作，所以仰光大學到學生畢業時都沒有回應。

緬甸開放後因為土地使用權的改變，從游耕種植到集約化種植的轉變，而影響到糧食安全、集約化耕種影響生態保育、如何提升和刺激開放後因勞動力外移，導致當地農業生產下降。這些議題主要是為了未來以更有效的方式和政府合作，執行緬甸可持續性生計發展、和長遠的經濟發展計畫為目的行動研究（Aldebert, 2013; Soe Soe Htway, et al., 2015; Thin Nwe Htwe, et al., 2015; Mark, et al., 2018; Phyu Phyu Lwin, 2018; Matsuda, 2019）。

本研究的場域 Naung Lay 村落社區位於東枝市城邊陲的轉變，包括土地利用、經濟活動的變化，很明顯的並非是緬甸經濟開放後，由資本主義集約化和農業生產投資的驅動而改變而是由其他因素如土地投資和土地投機而驅動。我們以半結構式的訪談、觀察和問卷方式，試圖勾勒出在振奮人心、宏觀國家發展的經濟政策下，草根農民如何對國家政策帶來的影響作出應變，以此呈現緬甸農民在面臨突如其來的「現代化」社會環境中，所遭遇諸多變遷中的部分面向。並且，Naung Lay 村農民的經驗故事不僅是撣邦，更是整個緬甸國內偏鄉，高達 80% 弱勢農民家庭的縮影。

伍、緬甸南撣邦東枝的轉變

東枝是撣邦的首都，位於撣邦的南部。東枝這個名字在緬語中的意思是「大山」。東枝市人口從 1983 年的 108,000 人，到了 2014 年增長到 382,000 人（Department of Population, Ministry of Labour, Immigration and Population, 2017: 7）。這座城市位於海拔 4,712 英尺的高原上，東面是一座山，西面和北面是懸崖，東枝的入口和出口從西北（曼德勒）方向進入市區，然後從東南方向（景東）離開。儘管東枝是撣邦的首府，但居住在東枝的大多數居民是自 Pa'O 族。除鎮中心外，東枝鎮外圍大部分地區，Pha Yar Phyu、May Phyu village、及 Mingalar Oo 等，最初都是 Pa'O 族人居住的地方。東枝中心的許多農產品交易的商行都屬於 Pa'O 族，他們的商店位於鎮中心，靠近市區到附近鄉鎮的公車集中站。東枝是南撣邦許多農產品的轉運點，主要農產品是菸葉（cheroot leaves 類似雪茄葉）、馬鈴薯、豆類、大蒜、水果（草莓、酪梨、東枝梨、柿子）和季節性蔬菜（最有名的就是花椰菜和高麗菜）。東枝沒有重要的工業，農業是該地區主要的經濟活動，這座城市在軍人執政的 1962-90 年鎖國時期，透過泰緬邊境，從泰國走私到緬甸民生用品的集散中心，再分散到緬甸各地。

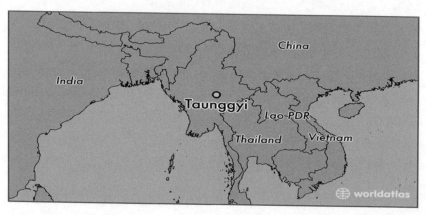

來源：World Atlas（2015）。

圖1：緬甸東枝地理位置圖

　　隨著東枝人口的增長，東枝市內傳統節慶活動、基礎設施的增建，城市中心慢慢往外放射性擴張，傳統上圍繞市中心的農業社區緩慢消失，在 2014 年的人口普查資料中，這些農業社區，已經被規劃爲東枝市的社區。東枝市的北部和西部是懸崖，土地多爲石質和丘陵，而南面、東南面和東北面的土壤較好，傳統上是種植東枝梨和菸葉，慢慢的這些地區的農業逐漸轉變爲住宅區，以適應不斷增長的人口。南面的平地比東南面多，由於南面繼續走出去沒有大城鎮，所以南面的發展，如土地開發、城市化、商業投資和政府機構沒有進入，所以南面並沒有很明顯的改變。

　　在 2011 年後，許多政府機構、公司和銀行類的私人投資，原著貫穿東枝市的馬路，往東枝東南方向，離市區三英里檢查站（2011 年後拆除），開始往外擴張。貫穿市中心主要的馬路，和通往泰國、中國和老撾的 Pyi Thaung Su 高速公路連接，這也是軍人 1962 到 1990 年鎖國時期，緬甸地下經濟主要的道路。源路有如：五星級飯店，東枝醫學院、公路運輸部的遠程公車總站、卡車總站（包括公路巴士站和用於裝卸貨物的卡車休息室）、加油站、東枝拘留所、東枝區地方法院、東枝區消防局、發電廠、住宅區，南撣邦工商會，東枝區勞工辦公室，撣邦選舉辦公室，撣邦農村發展辦公室，審計中心，邊境事務部教育培訓中心，東枝商務中心，公務員廉價住宅，鐵皮工廠，東枝電腦資訊大學。大部份這些新開發私人或和政府辦公的建築物，都位於高速公路的右側（左側是高山），連接到六英里 Naung Lay 村落，所有這些新增的設施，都是在 2011 年經濟開放之後才有。最明顯規模也最大三個主要項目是社區住宅，其中兩個是私人豪宅開發項目，一個是政府公務員廉價住房項目，截至 2020 年 2 月，只有政府廉價租住宅區完成併入駐。另一個是「Pan Cherry」廉價住房的開發項目於 2012 年實施，作為全國低成本住房計畫的一部分，該計畫首先在仰光和曼德勒等主要城市實施，計畫主要是減輕低收入家庭以及無任何房屋資產的家庭的經濟負擔。但在東枝，事實上只有政府公務人員才有機會在這些計畫下獲得公寓。面對廉價公寓正前方是東枝商業中心 TBC，商業中心規劃有，別墅、公寓、學校、商場、可舉辦大型商業活動的廣場，以及南撣邦長途公車的總站。到 2020 年 2 只有兩排商店的部分完工，商店中間的路布置的很花俏，就算商場還沒有全部營業，已經是東枝年輕人認定為現代商場打卡的點。

陸、Naung Lay 村落

緬甸政府結構的行政部門中村 village 是不存在的，實際上，村是傳統緬甸農村社會中最小的社會單位。村落有一名行政官員（village tract administrator, VTA）村落管理員，根據『2012 年村落管理選舉法』（*The Ward or Village Tract Administration Law, 2012*），由各村村民通過選舉產生。VTA 最主要的職責是村長一起工作，如果中央政府有任何指示，例如收集人口普查數據和處理選舉。在 2012 年之後，VTA 負責 2012 年之前村長的職務如；戶籍、結婚、升學、土地買賣的見證人。在傳統上，村長是由各村自己選出有聲望、有領導能力的長者，近年也有也有村莊會選出年輕受過教育的男性當村長，有些村里的村長會一年換一任，也有幾十年來都由一位村長負責的村。

表 1：緬甸的行政架構圖

第一級	第二級	第三級	第四級	非正式
region 縣、state 邦	district 鎮	township 鄉	ward 區（都會）	
			village tract 村落（鄉下）	village 村（鄉下）

來源：整理自 Myanmar Information Management Unit（2008）。

　　東枝東南方向，位於「六英里」有兩個村落，分別是 Nawng Lay 和 Nam See 位於東枝和 HoPone 的中間，也被稱爲「六里村」，在高速公路兩旁面對面，路的北邊是 Naung Lay 村落，南邊是 Nam See 村落。Nam See 村落沒平地和東枝連在一起，南面是死胡同，它的發展只有 Naung Lay 村落的十分之一。所以我選擇 Naung Lay 村落爲我的研究地點，另外，Naung Lay 村落向北延伸，有一條路和東枝新的環市道路連接連接，到達東枝東北面。於 2014 年的普查資料，Naung Lay 村落一共有 19 個村莊，兩個佛教的廟 Mae Thaung 廟和 Sai Khai 廟，一個基督教 Zetkhae 教堂，1,278 戶總人口 5,683 人（Department of Population, Ministry of Labour, Immigration and Population, 2017: 10），Naung Lay 村落，地理和行政上直接與東枝接壤的城市邊陲的鄉村前線。另外在 Naung Lay 村落下的 Mae Thaung 村，離東枝更近，它有自己的一座廟，不過供奉這個廟的幾個村，距離高速公路有一公里，這些村的改變的發展，不像供奉 Sai Khai 廟的那些村那麼明顯。

　　寺廟在緬甸的鄉村是非常重要，它是村民的社會、宗教和文化中心，一些大而富有的村莊有能力自己建一座屬於自己的村寺廟，較貧窮和較小的村莊可以聯合起共同供奉持一個寺廟。Sa Khai 廟就是由六個村一同供奉，選擇 Sa Khai 廟爲這研究地點，主要是，多數供奉這個寺廟的村，都位於高速公路旁，或是有連接到東枝的道路。再來這些村也是再 2011 年後，有明顯變化和改變的村。所以本研究只聚焦在 Naung Lay 村落下 19 個村中的 6 個村，包括 Bin Nyaung、Htee Ohn、Htee Tha Phya、Mu Yaung、Htee Song、和 Sa Khai 村。這六個村的村民，只參加 Sa Khai 寺廟所舉辦的宗教節慶和社交活動，剛好和 Sa Khai 寺廟的同一個村，有一個也是這一區唯一的 Ezekiel 教堂，爲來自不同的村落或村的 30

來源：Nawng Lay 村落行政
　　　官員提供（2020）。

圖 2：Nawng Lay 村落地圖
　　　黃色螢光為研究地點

多戶家庭服務。本研究所選擇的六個村的性質也不完全一樣，Mu Yaung 和 Htee Song 位於「Pyi Thaung Su」高速公路上。在 Mu Yaung 村，有一條路向北分叉，穿過 Htee Tha Phya、Htee Ohn 和 BinNyaung 三個村連接到東枝的東北。另一條又穿過 Htee Song 和 Sa Khai 向北延伸到更遠的其他村落，這種多樣性將豐富本項研究在 2011 年以改革不同村所產生不同的影響。

柒、六英里地區的改變

　　六英里地區自 2015 年以來，有許多新商店、路邊攤販、餐廳、五金建築行和青菜水果的攤販，數量一直在緩慢增加。一些是臨時搭建的帳篷攤販，多數在馬路旁的住戶，有些自己開店，有些把地出租給企業後，以混凝土建造永久的商店，為當地人和外地路過進入東枝的人們提供服務。早期軍人執政的 1962-90 時期，村民們不喜歡居住在馬路旁邊，因為當馬路上只有軍人和軍車通過，軍人常常找村民的麻煩和強行帶走需要的物資。所以馬路旁只有一家給大車加水站，2000年後，增加了一家蔬菜店、一家雜貨店、一家麵店和一家賣似小米酒的茅草屋。到 2020 年 2 月蔬菜店增加了四家，新開了一家類似酒吧的三層樓酒舖，原來的小米酒關了，在原地蓋了規模算大的混水泥屋子，分別由原來的農民地主的四個小孩分別經營（有一張床的診所、藥房、餐廳和雜貨）多功能商店，外地人投資的金屬屋頂工廠，外地人投資的一家大型三層建築材料店，外地人投資的現代化三層樓旅館附設有餐廳和游泳池（還可在旅館欣賞六英里地區的美景），新增了每週一次的豬肉攤位，一些出售香蕉、草莓和草莓花盆的家庭花園水果等臨時攤位。高速公路沿線還有其他小型街頭食品店、飲料店和兩個洗車場。這裡出售的大部分商品，包括一些新鮮蔬菜，都是從東枝或是 HoPone購買的，因為當地的農民，集體在特定的季節種植同一種蔬菜，農民需要購買其他類別的蔬菜。

　　當進入村中，感覺整個村是一個正在進行大型建築工地，有的在蓋圍欄，有的在蓋新的水泥房屋。從觀察和訪談中，了解到靠近馬路的農民第二代，已經從以土地為基礎的農業生技，慢慢的轉向非農業的買賣。村外圍原本耕種作物的區域，也都整整齊齊地被劃為格子，用水泥柱子圍著。在土地買賣的高峰期，村里許多村民也參與投資土地的買賣，不然就是當仲介，如果買賣成交，就可以抽佣金，一個格子單位的地成交就可以抽 10 萬緬甸的佣金。有些地主會在地上挖水井、拉電線，以便可以賣更好的價錢。所以，2015-17 當時整個村落就好像是土地買賣的市場，多達 90%的成年人都參與了不同形式相關的土地買賣的行列一些外地村的仲介或是土地開發買賣的商人，甚至臨時搭建簡易的小屋 hut，駐守在已分割好的地內，以便一早就會有人來看地。2017 年後，賣地生意一落千丈，很多仲介離開村子，留下一間間的臨時小屋，有些小屋到 2020 年 2 月田野時還存在。Naung Lay 村落自 2015 年後，在一波波的土地商品化後，村落的樣貌也開始轉變，村里家戶間水泥圍欄取代了綠色植物的圍欄，村里的屋子從茅草屋變成水泥屋。這一場景可以明顯的從衛星地圖看到，傳統鄉村和轉變中鄉村的差別。只有一條馬路之隔，兩邊的發展狀況不一樣。

捌、Naung Lay 村落的轉變

綜觀以上資料可明顯的看出，Naung Lay 村落在 2011 年開放後，所帶來的轉變中，家戶的增加屬自然增加的現象，水泥房屋的改變，在這個十年改變很大，從 2010 年的個位數到 2020 年幾乎全村都改建為水泥房屋。在交通工具的部分，車子和摩托車的數量也是劇增，到 2020 年的時候，幾乎是家家戶戶都有水泥房屋、車子和摩托車，相反下降的是村里耕種的土地，減少為原來的一半。2017 以後，當土地買賣冷卻，村裡到處留下格子的地，從增加的家戶數也可以推算移入的家戶數量並不多，開發成住宅用地。說穿了也就是商人、村領導、和政府土地部門結合起來，利用土地投機的浪潮賺一筆。

表 2：Naung Lay 村落 2010-20 年之間的改變

Village	Sa Khai	Htee Song	Mu Yaung	Htee Tha Phya	Htee Ohn	Bin Nyaung	Remark
H/H	2010/30 2020/38	2010/47 2020/55	2010/22 2020/34	2010/30 2020/46	2010/50 2020/60	2010/30 2020/40	Year/no
Concrete House	2010/1 2020/38	2010/0 2020/53	2010/1 2020/30	2010/4 2020/45	2010/0 2020/50	2010/0 2020/39	Year/no
Car	2010/2 2020/20	2010/2 2020/40	2010/1 2020/15	2010/4 2020/30	2010/1 2020/35	2010/1 2020/20	Year/no
Motocycle	2010/3 2020/28	2010/2 2020/45	2010/3 2020/32	2010/5 2020/50	2010/10 2020/50	2010/10 2020/30	Year/no
TV				2005	2000	2005	Year
Agruculture Land (acre)	2010/5 2020/3	2010/40 2020/24	2010/10 2020/5	2010/45 2020/22	2010/40 2020/22	2010/40 2020/24	Year/no
Water	-	-	-	-	-	-	
Electricity	2006	2006	2006	2007	2007	2007	Year
Road	2019	2019	2021	2022	2021	2022	Year
School	-	1970 primary school	-	-	1986 primary school	-	Year
Internet	2014	2014	2014	2014	2014	2014	Year'
Telephone	2010 Hnad Ph	2007 land line	2010 Hnad Ph	2010 Hnad Ph	2010 Hnad Ph	2010 Hnad Ph	Year

來源：整理自和各村長訪談資料（2020 年 2 月）。

　　在土地商品化的同時，帶給村民水泥工、拖砂石、砂石買賣、木工和土地仲介等的工作機會，這些短暫的工作，除非要做買賣，不然不需要本錢，只要出勞力，當天就可以得到報酬，所以農民們也紛紛投入這些非農作的工作，特別是第二代年輕的農民，在經過 2015 年到 2017 年這短短的幾年後，又得恢復回歸到原來種地的工作。對已經沒有土地的農民，有些到更遠更便宜的村落去繼續耕種，很多也繼續在已賣出的土地上，以幫忙土地投資者照顧土地爲由繼續耕種，多數年輕第二代的農民，有車的轉行爲司機拉車，沒車的會希望繼續做日工，只是當土地買賣冷卻後不易找到零時工。

　　Naung Lay 村落的農民，在 2017 年後除了種地遇到臨時工也會繼續做，這也是 Naung Lay 村落特殊的農民的特性，本來它的去農民化和一般受到資本主義影響而大量投入生產就不一樣，兩三年後它的再農民化也不是爲了保護物種，還是保護特別的耕作方式。Naung Lay 的改變是突如其來高漲的地價，加速了讓農村樣貌的轉變，而農業的轉型確在土地商品化熱潮後，又回歸農民原來的生計的同時，還繼續找尋其他的工作。國家宏觀政策的改變，短暫帶了農民和農村欣欣向榮的忙碌，看似 Naung Lay 村落已經開始走向現代社會的路上，當土地買賣的熱潮褪去以後，留下的是無耕地農民的增加、在被分割的土地圍欄內種植的景象，以及到處掛著「售本地」的招牌。

參考文獻

Aldebert, Audrey, and Gauvain Meulle. 2013. "Agrarian Transitions in Two Agroecosystems of Kayah State, Myanmar: Loikaw Township." (https://www.burmalibrary.org/docs22/Report_Agrarian_Transitions_Diagnosis_in_Kayah_State_Mercy_Corps_Nov2013.pdf) (2022/9/21)

Appelt, Jonas L., Diana C. Garcia Rojas, Peter H. Verburg, and Jasper van Vliet. 2022. "Socioeconomic Outcomes of Agricultural Land Use Change in Southeast Asia." *Ambio*, Vol. 51, pp. 1094-1109.

Asian Development Bank (ADB). 2012. *Myanmar in Transition: Opportunities and Challenges.* Manila: Asian Development Bank.

Bernstein, Henry. 2010. *Class Dynamics and Agrarian Change.* Black Point, Nova Scotia: Fernwood Publishing.

Caouette, Dominique, and Sarah Turner, eds. 2009. *Agrarian Angst and Rural Resistance in Contemporary Southeast Asia.* London: Routledge.

Department of Population, Ministry of Labour, Immigration and Population. 2017. "The 2014 Myanmar Population and Housing Census, Shan State, Taunggyi District, Taunggyi Township Report." (https://themimu.info/sites/themimu.info/files/documents/TspProfiles_Census_Taunggyi_2014_ENG.pdf) (2022/10/8)

Economist. 2014. "Reality Check: Optimism about Business Prospects on the Final Frontier May Be Overblown" January 4 (https://www.economist.com/asia/2014/01/04/reality-check) (2022/10/10)

Ellis, Frank. 1993. *Peasant Economics: Farm Households and Agrarian Development.* Cambridge: Cambridge University Press.

Elson, R. E. 1997. *The End of the Peasantry in Southeast Asia: A Social and Economic History of Peasant Livelihood, 1800-1990s.* Basingstoke, Hampshire: Palgrave Macmillan.

Evans, Grant. 1995. *Lao Peasants under Socialism and Post-Socialism.* New Haven, Conn.: Yale University Press.

Edelman, Marc. 2013. "What Is a Peasant? What Are Peasantries? A Briefing Paper on Issues of Definition." Paper prepared for the first session of the Intergovernmental Working Group on a United Nations Declaration on the Rights of Peasants and Other People Working in Rural Areas, Geneva, July 15-19 (https://www.ohchr.org/sites/default/files/Documents/HRBodies/HR Council/WGPleasants/MarcEdelman.pdf) (2022/9/21)

Franco, Jenny, Hannah Twomey, Khu Khu Ju, Pietje Vervest, and Tom Kramer. 2016. "The Meaning of Land in Myanmar: A Primer." (https://www.tni. org/files/publication-downloads/tni_primer-burma-digitaal.pdf) (2022/9/21)

Mark Vicol, Bill Pritchard, and, Yu Yu Htay. 2018. "Rethinking the Role of Agriculture as a Driver of Social and Economic Transformation in Southeast Asia's Upland Regions: The View from Chin State, Myanmar." *Land Use Policy*, Vol. 72, pp. 451-60.

Matsuda, Masahiko. 2019. "Cheroots in Myanmar: Rural Development behind the Government Policy." (https://repository.kulib.kyoto-u.ac.jp/ dspace/bitstream/2433/236279/1/tdwps_4.pdf) (2022/9/21)

Mintz, Sidney. 1956. "The Role of Middlemen in the Internal Distribution System of the Caribbean' Peasant Economy." *Human Organization*, Vol. 15, No. 2, pp. 18-23.

Myanmar Information Management Unit. 2008. "Myanmar Administrative Structure as per 2008 Constitution." (https://themimu.info/sites/themimu. info/files/documents/Administrative_Structure_2008Constitution_20Mar202 0.pdf) (2022/8/21)

Oberndorf, Robert B. 2012. "Legal Review of Recently Enacted Farmland Law and Vacant, Fallow and Virgin Lands Management Law: Improving the Legal and Policy Frameworks Relating to Land Management in Myanmar." (https://www.forest-trends.org/wp-content/uploads/imported/fswg_lcg_legal

-review-of-farmland-law-and-vacant-fallow-and-virgin-land-management-la w-nov-2012-eng-2-pdf.pdf) (2022/9/21)

Phyu Phyu Lwin. 2018. "Land-use Changes Caused by Livelihood Transitions and Their Impact on Tropical Lower Montane Forest in Shan State, Myanmar." Ph.D. Dissertation, Kyoto University.

Rehbein, Boike. 2010. *Globalization, Culture and Society in Laos.* London: Routledge.

Rigg, Jonathan. 2006. "Land, Farming, Livelihoods, and Poverty: Rethinking the Links in the Rural South." *World Development*, Vol. 34, No. 1, pp. 180-202.

Scott, James C. 1985. *Weapons of the Weak: Everyday Forms of Peasant Resistance.* New Haven, Conn.: Yale University press.

Shanin, Teodor. 1987. *Peasants and Peasant Societies: Selected Readings.* Oxford: Basil Blackwell.

Soe Soe Htway, Aye Sandar Phyo, Clemens M. Grünbühel. 2016. "Changing Livelihoods of Farming and Landless Households in Ayeyarwady Delta of Myanmar." (file:///C:/Users/Genuine/Downloads/ICBMS_ConferencePaper. pdf) (2022/9/21)

Statista. 2022. "Myanmar: Urbanization from 2011 to 2021." (https://www. statista.com/statistics/526518/urbanization-in-myanmar/#:~:text=This%20st atistic%20shows%20the%20degree%20of%20urbanization%20in,total%20p opulation%20lived%20in%20urban%20areas%20and%20cities.) (2022/9/21)

Tin Maung Maung Than. 2014. "Introductory Overview: Myanmar's Economic Reforms." *Journal of Southeast Asian Economies*, Vol. 31, No. 2, pp. 165-72.

Thin Nwe Htwe, Myo Kyweb, Andreas Buerkerta and Katja Brinkmanna. 2015. "Transformation Processes in Farming Systems and surrounding Areas of Inle Lake, Myanmar, during the Last 40 Years." *Journal of Land Use*

Science, Vol. 10, No. 2, pp. 205-23.

Van der Ploeg, Jan Douwe. 2008. *The New Peasantries: Struggles for Autonomy and Sustainability in an Era of Empire and Globalization.* London: Earthscan.

Walker, Andrew. 2012. *Thailand's Political Peasants: Power in the Modern Rural Economy.* Madison: Wisconsin University Press.

Wolf, Eric R. 1966. *Peasants.* Englewood Cliffs, N.J.: Prentice Hall.

Wolf, Eric R. 1969. *Peasant Wars of the Twentieth Century.* New York: Harper & Row.

World Atlas. 2015. "Where Is Taunggyi, Myanmar?" (https://www.worldatlas.com/as/mm/17/where-is-taunggyi.html) (2022/10/8)

World Bank. 2021. "Forest area (% of land area) –Myanmar." (https://data.worldbank.org/indicator/AG.LND.FRST.ZS?locations=MM) (2022/9/21)

World Bank. 2022a. "Personal Remittances, Received (Current US$) - Myanmar." (https://data.worldbank.org/indicator/BX.TRF.PWKR.CD.DT?locations=MM) (2022/10/8)

World Bank. 2022b. "Net Official Development Assistance Received (Current US$) - Myanmar." (https://data.worldbank.org/indicator/DT.ODA.ODAT.CD?locations=MM) (2022/10/8)

World Bank. 2022c. "Foreign Direct Investment, Net Inflows (Bop, Current US$) - Myanmar." (https://data.worldbank.org/indicator/BX.KLT.DINV.CD.WD?locations=MM) (2022/9/21)